课堂教学持续改进研究丛书

总主编　吴俊

U0812599

周　周　王又新 | 主编

课改：走在语文课例研修的路上

(国培版 · 初中)

西南交通大学出版社
·成　都·

图书在版编目（CIP）数据

课改：走在语文课例研修的路上：国培版. 初中 / 周周，王又新主编. —成都：西南交通大学出版社，2017.1
（课堂教学持续改进研究丛书）
ISBN 978-7-5643-5150-2

Ⅰ. ①课… Ⅱ. ①周… ②王… Ⅲ. ①中学语文课－课堂教学－教学研究－初中 Ⅳ. ①G633.302

中国版本图书馆 CIP 数据核字（2016）第 296493 号

课堂教学持续改进研究丛书
课改：走在语文课例研修的路上
（国培版·初中）
周 周 王又新 主编

责任编辑	吴 迪
助理编辑	左凌涛
封面设计	原谋书装
出版发行	西南交通大学出版社 （四川省成都市二环路北一段 111 号 西南交通大学创新大厦 21 楼）
发行部电话	028-87600564 028-87600533
邮政编码	610031
网 址	http://www.xnjdcbs.com
印 刷	四川煤田地质制图印刷厂
成品尺寸	165 mm × 230 mm
印 张	17.75
字 数	280 千
版 次	2017 年 1 月第 1 版
印 次	2017 年 1 月第 1 次
书 号	ISBN 978-7-5643-5150-2
定 价	68.00 元

P 序
reface

课例研修，教师专业成长的抓手。

从2010年国家实行“国培计划”以来，贵州师范学院文学院每年都会承担一定量中小学语文教师培训项目，包括农村中小学教师置换脱产研修、农村中小学骨干教师短期集中研修、农村中小学特岗教师、送培下县、送教下乡等项目。面对来自贵州大山深处的乡村语文教师，“拿什么来奉献给你”便成了文学院专家团队时常追问自己的问题。近些年，根据培训需求调研，我们将项目聚焦在教师课堂行为的改善上，围绕这个主要目标，进行有针对性的培训课程设置，采用实践参与为主的培训形式，帮助农村一线教师开阔视野、更新理念、改善教学行为。这些培训课程与形式受到学员认可，特别是专家指导下的集体备课、说课、上课、观课、议课等培训活动，学员认为对他们建立以学生为中心的意识、提高课堂教学能力帮助很大。但是，通过对项目的后续跟踪，我们发现，这样的培训还是有些问题：我们关注学员动手实践多，但关注学员实践后的反思却不够；我们致力于学员磨课结果的产生，但却没有指导学员将为何这样进行教学“背后的故事”提炼出来；某些实践活动的设计聚焦度不够，比如说观评课，观评目的混杂，评价标准泛化等。以上这些，不利于促进学员反思，不利于学员课堂教学行为的持续改善，不利于学员在研究自身经验和改进教学教学行为的过程中实现理论上的提升。

寻找一种有效的方式，使培训效果最大化，不仅让学员有“吹糠见米”的收获，还能让学员在行动中学会反思，使之由感性化的观感层次上升到理性化的认知层面，实现教师可持续化专业成长。带着这样的追求，这两年，我们开始尝试以“课例研修”为抓手的培训，以课例为载体，以语文教育的课程和教学问题为主题，加强学员“设计—行动—观察—反思和重新规划”全过程的实践指导，并通过任务驱动的方式，指导学员将每一步骤的学习成果显性化。大大提升了学员的专业意识，也提高了我们培训的专业性。

本书所呈现的便是“国培计划（2015）贵州省初中教师培训团队置换脱产研修项目”39位学员在跟岗研修阶段的学习成果。我们的具体做法是：将本项目39位学员分成8个组，每组5个人，每个组指派2名指导教师（高校1名，基地学校1名）。每个组围绕一个主题，选取相应的教学内容，进行“集体备课-说课议课-反思-行动-反思和重新设计”的行动研修，在行动中每位学员都有具体的写作任务，需要将集体研究的过程和思考尽量显性表达出来，体现研修纪实性和过程性。如此，本书就有八个课例研修报告。八个研修报告以阅读教学为主，人教版教材七、八、九年级均有，研修主题主要包含两大类：一类是王荣生教授的教材选文功能分类的课程问题研修，另一类是以学生发展为本的教学问题研修。阅读教学研修的文本体式有散文、诗歌、小说、实用性文章，涉及“例文”和“样本”的教学研修、阅读活动的有效性、教学环节过渡、课堂教学过程优化、课堂提问有效性、教师课堂语言技巧、多媒体运用的有效性等具体问题的探讨。

虽然，这些课例研修报告，由于时间与水平有限，尚存许多粗浅不足之处，比如：主题的选择还可以更加明确，报告的体例还需要进一步统一，问题的探讨还可以进一步深化，部分报告存在述多析少现象，等等。但毕竟，这些凝聚着指导教师和学员心血的课例研修报告，是学员在观察他人或自己的课堂教学实际中，对照相关教育教学理论和理念，对自身的课堂教学行为进行反思的成果，是培训的创生性的资源成果，是学员在专业化成长的路上，迈出的坚实的一步，这是明确方向、提高认识、尝试变革的重要一步，具有重要的现实意义。这本书为我们培训组织者检验培训效果提供了重要反馈，是学员自己进一步反思教育教学、共享交流的重要资料，也是鼓励培训者和学员不断迈向新高的冲锋号角。同时，它还可以为广大语文教师的教学实践提供参考，为乡村学校的校本教研提供借鉴，为教育理论研究者的教育教学研究提供素材。

我们相信，初尝甜头的学员们，将会带着这份沉甸甸的成果，继续走向语文教育的探究之路，在实现自己专业成长的同时，去成就农村孩子们的成长；将怀揣这颗课例研修的种子，去辐射和引领身边更多的教师，从而推动乡村学校平等、民主、对话的教研文化的形成。

实践告诉我们，以“课例研修”为抓手的教师培训，促进了学员思考，为学员共同改进教学提供了平台，为深化教学研究提供了有效途径，是教师研修的适切之途，是培训告别平庸、走向卓越的不二法门。我们将不断总结经验和不足，坚定地走下去！

王义新

2016年10月

目录 Contents

走在课例研究的路上

周　周

每次和国培学员谈课改，讨论教师培训，谈论教师专业发展，似乎都绕不开“新课标”。对于“新课标”，尽管我们对它知之甚多，但是行动起来仍然困难重重。有老师说，新课程理念好是好，可是没有告诉我们“教什么”和“怎么教”。又有老师说“理论”可以告诉我们“教什么”和“怎么教”，可惜不好学，也用不好。我们说，实践证明，有一样能把“理论”和“实践”联系起来的东西可以告诉我们“教什么”和“怎么教”，而且好学好用。有老师回答说那就是“课例”，因为可以模仿学习。我们说有一定道理，但不完全对，现代认知心理学的研究表明，教学技能的确可以通过简单模仿习得，也可以从陈述性知识向程序性知识转化而来。“课例”中的教学行为可供简单模仿，但“课例”本身不会告诉我们“教什么”和“怎么教”。只有通过“研究”课例，揭示出其中的学习论和教学论原理，能说出其中上课的道理来，我们才会更深层次地明白应该“教什么”和“怎么教”。如果再经过练习，就会转化为教学技能。只强调操作，而不强调学习原理理解的主张是不可取的。许多老师表示赞成，也希望多介绍一点我们做“课例研究”的经验。于是，本着取长补短、求同存异的原则，这里就把王荣生团队关于“课例研究”中的一些经历、认识、做法和感悟，和大家一起分享，并求教于方家。

一、什么是“课例研究”？

王荣生团队认为，“课例研究”，就是“课的研究”，即研究中小学特定科目、特定学习内容、以40分钟左右为单位的“课”。(王荣生，高晶，2012（8）：31-36)

这个“课”是真实发生的教学事件（展示了教学事件的演进过程），其中包含有一定的上课的道理(体现为解释教学疑难、教学问题的学理)，可能还具有典型性(通过这个课例，可以在一定程度上说明类似的情况)。

以之为研究对象，所做的工作可能就是 “课例研究”。

“课例研究”，实质上，要点不在“课例”，而在“研究”。

说这堂课上得怎么怎么样，有多少优点、多少缺点、多少亮点，这是评价，而不是研究。一堂课不会无缘无故地好或不好，它一定有道理，通过一系列方法，弄明白了这个道理，分析出了它之所以好或之所以不好的原因，这才是研究。

在研究时，发现这位老师以前的教学设计，用的是这个材料，后来却换了另外一个材料；以前是这样组织学生学习的，后来却换了另外一种学习方法，这还不直接是研究。如果另一个人去分析这堂课，通过种种办法，查明这位老师原来是这么想的，而这么想之所以对，是因为这个或那个道理，最后解决了“为什么要换？换了之后教学效果可能要好些，那是什么道理”之类的问题，这才是研究。（王荣生，高晶，2012（10）：44-49）

观察到学生在学习这个内容时，提不出问题，或乱提问题，这只是做了课堂观察这件事，发现了“学生提不出问题或乱提问题”这个课堂现象，仅仅到这里，还算不上是研究。如果再通过调查、访问或是其他什么方法了解到“为什么在学习这个内容时，学生提不出问题或乱提问题”的原因，针对这个原因提出解决这个问题的策略，并说出这样做的道理，最后果然解决了“学生提不出问题或乱提问题”这个问题，这才是研究。

所以，“课例研究”，简单地说，就是运用一定的研究方法和理论工具说出上课的道理来。

同课异构、拿一堂课来讨论一番、反复修改教案、各抒己见不着边际式的议课，这些算不算课例研究？看一个人做的工作是不是“课例研究”，关键是看其是否在运用一定的研究方法和理论工具在说上课的道理。

语文课例研究是学术化的观课评教，它不同于人们所熟见的“评课”。

语文教学界目前所通行的“评课”，包括现场评课及写成文字的“点评”“简评”等，现在看来，有很多不足之处，其最大的不足，是缺乏学术含量。王荣生教授根据自己的考察曾指出，在各种场合做“点评”的专家，讲的多数是流行的话、应景的话，是“我以为”的话，甚至是自己都不知道在说什么的话。在“点评”“简评”中，人们很少讨论对改善语文课堂教学有重大价值的题目，很少能从学理上切入语文课堂教学的内部，做与专业职称相匹配的分析、阐释和研究。

通行的“评课”，其实是站在评课者的个人立场对课例加以“评判”“点评”或“简评”。一般都讲三点，即“优点”“缺点”和“亮点”。对这三点，又往往单看教师的“教”而不顾学生的“学”，又往往只看其教学方法而很少将之与教学内容联系起来，有时虽将其上升为教学理念，却又往往归结到教师的教学技能或个人化的教学艺术上。

对于像“对优秀成果鉴定和表彰”式的“评课”，“看热闹”式的“观课”，王教授是不认同的。他认为，如果“评课”的目的就是为了证明某教师的教学“好”和“妙”，或者“欠好”“欠妙”，那么意义就非常有限，也很难将之与“学术”挂起钩来。

语文课堂教学似乎人人能听、人人能评，但大多只看热闹，而不去从专业的角度反思，很少从学生的学习收获来理解和评价，其根由在语文课堂教学研究的落后。而落后的标志，是我们一直满足于随感式的“点评”“简评”，而缺乏语文“课例研究”的研究，缺乏足以支撑课例研究的成熟样式。

“课例研究”与上述“观课”“评课”的本质区别，就是它要运用一定的研究方法和理论工具，揭示出课例中所包含的教学内容知识、教学方法知识，以及学生所留驻的经验等隐性的缄默知识来。

顺便补充一句，“课例研究”可以用于教学或培训活动。用于教学或培训活动的“课例研究”，我们把它叫做“课例研修”。

二、为什么要做“课例研究”？

这实际上是问“课例研究”能干什么？“课例研究”究竟能解决教育教学方面的什么现实问题？可以肯定地说，“课例研究”具有许多重要作用，下面简要列出三点。

（一）“课例研究”可以促进教师专业发展

专业发展的标志就是拥有专业知识，凭借专业知识做事。当学习科学家深入到课堂时，他们发现学校教育并没有教授旨在促进智力发展的深层知识。对于一线教师来讲，从过去学校学习中带到现在教学课堂上来的那些知识大多是浅层次的。进行“课例研究”，能够学习到教育教学的深层知识，促进自身的专业发展。早在 20 世纪 80 年代，认知科学家就已经发现，当学习者学习深层知识并且清楚在真实世界和实际情况中如何运用这些知识时，知识会在其头脑中保持得更持久，他们也能够将这些知识运用到广泛的情境中。而学习科学的一大核心主题是，当学习者参与到同一学科专家研究相似的日常活动中时他们就能学到深层知识。（R · 基思 · 索耶，2010：4.）“课例研究”就是类似于学科专家研究的这种日常活动。教师天然是课例的研究者、使用者和反思者。“千百年来，教师通过观察并模仿他们的前辈学会如何教学。他们分享智慧的经验，解决出现的问题。”（[美]乔伊斯等，2003：1.）一位特级教师说：“我自己对教学的悟性，就是从一个个课例的长期积累开始的，不做一个个课例的积累，就永远不具备真正的教学经验。”（齐渝华，2010：17.）“课例”，融合了理论与实践的智慧，是教师学习的认知支架，是教师共同分享经验的平台。“课例研究”既具有改善课堂教学、促进教师专业发展的工具性价值，又是教师必备的一项专业能力。

“课例研究”可以促进教师专业发展，这基本已形成共识。在全国各级各类的教师培训中，无论是哪种类型的教师培训机构，都毫无例外地采用了“课例研修”这种培训方式。以王荣生教授为首席专家的上海师范大学所承担的语文教师培训，是教育部国培计划的示范性项目，其培训课程就是围绕“合宜的教学内容”“有效的教学设计”这两个核心主题，以及“主题学习”“共同备课”“课例研究”三个工作坊来组织安排的。这个培训课程内容，明显地突出了“课例研究”在促进教师专业发展中的重要作用。这与王教授对课例作用的认识是一致的。王荣生教授认为，课例研究，尤其是语文学科，课例研究是一个非常重要的领域，或者说课例研究是这个领域的一个重要的研究途径和研究方法。他尤其看重优秀教师成功课例的研究。

王荣生教授主张把优秀教师的名课经典化。他认为，教师专业的人读这些名课，就应该像文学专业的人读文学名著一样，像文学专业的人熟悉文学名著一样，熟悉我们语文教学的整个历史尤其是最近几年，语文教学舞台上都有哪些优秀教师，他们都有哪些名课。并认为，教师专业真正要得到发展，教师头脑里至少要装有几十甚至上百个优秀教师成功的课例。师范毕业生，对优秀教师的二三十个成功课例，应该能够耳熟能详。这是一个基本的学术训练。这是做专业工作的一个标志。

在实践方面，王荣生教授对名课研习花了不少的工夫，所编的《中学语文名课研习》和《小学语文名课研习》，打算将作为师范生的教材。

（二）“课例研究”可以发现并解决课堂教学中存在的重大问题

王荣生教授常说，“课例研究”能发现语文教学中许多急需解决的问题。比如他所发现的，我国语文教学的问题和困难，主要出在教学内容上，而不仅仅是教学方法上；语文教学的困境是以“教的活动”为基点，而教学设计往往是无效的；教学目标的表述方式是分条排列的表述方式，而这种表述方式往往不符合语文学科的特点；阅读教学的主要问题，是满足于根据外部指令寻找信息的“扫读”，而不能引导学生走向更高层次的理解；关于“议论文教学”，七八九年级的上法都是一样的，没有什么年级不年级的差别；阅读课的上法，多是“找信息、贴标签、瞎拓展、发号召”四部曲，如此等等。所以，他极力主张从教学内容的角度观课评教，从教学内容的角度去考察课堂教学。语文课堂教学，首先要解决的是教学内容的问题，而不是教学方法的问题；解决语文教学的困境，要从以“教的活动”为基点转向以“学的活动”为基点；语文教学目标的表述方式要从分条排列改为综合描述；一堂好的语文课，教学环节2～3个，环节之间呈阶梯状，每一环节的大部分时间，是教师组织学生开展“学的活动”，教学设计主要不是设计“教师的教”而是设计“学生的学”，等等。

这些教学问题和建议，就是王荣生教授在课例研究中不断发现和提出来的，反过来又成为他看待课堂教学的视角和研究课例的工具。

他说：“语文课堂教学，说复杂，非常复杂，千变万化；说简单，其实也很简单，无非归结为两个问题而已。第一个问题，合宜的教学内容；第二个问题，有效的教学设计。”他将之归结为语文课堂教学的两个点。所谓“合宜的教学内容”，就是教学内容要正确，教学内容要对头，教学内容对学生要有用，教学内容学生要能学会，这是第一个点。第二个点是“有效的教学设计”，他认为教学设计已经包含在教学内容里了，所以没有细说。并指出语文教学的问题是“长时期”“大面积”“集团性”的。抓住“语文课堂教学的两个点”，实际上就抓住了问题的根本。

当然，什么是“合宜的教学内容，有效的教学设计”，我们可以借鉴许多的研究，从理论上来加以阐发，但是我们还有一条途径，就是从优秀教师的成功课例当中去揭示。这堂课优秀，这堂课成功，它并不是无缘无故的，它一定有道理，这个道理可以供研究者和广大教师来共享，这个“道理”王荣生教授把它叫做学科教学知识。

（三）“课例研究”是提炼学科教学知识的重要途径

学科教学知识是教师个人教学经验、教师学科内容知识和教育学知识的特殊整合。具体到一篇课文的教学时，体现为判断和设计这篇课文“教什么”和“怎么教”的知识。

在“名课研习”中，王荣生教授曾说，研究语文教学的人应该研究名课。语文老师成功的课例（名课）应该成为我们获取语文教学知识的主要途径。

他说：“利用优秀教师课例或课例库，我们试图来做一件事情：学科教学知识的提炼。目前我们已提炼出60来条，我觉得我们在一个学段比如小学，如果能够提炼300来条，从优秀教师的课例里面提炼出300来条道道来，小学语文教学就会有一个更大的改善。比如，童话教什么？我们在这里提炼3条，在那里提炼2条……然后童话教什么，我们就有了10来条东西。再比如寓言，寓言教什么？寓言是历史故事，教历史故事和教历史，有什么区别？从窦桂梅老师的课例中我们就提炼出非常重要的一条：去感受历史故事背后的意味。原来，上语文课不是讲历史故事，而是讲历史故事背后的意味，如此等等。”这就是他主张的从优秀教师的成功课例中提炼学科教学知识的思路。

还有一个思路，类似于“人种志”的方法，就是以“课例研究”为载体，通过和老师们一起共同备课，一起观课评教，一起讨论，试图进一步更具体地弄清楚：老师到底是怎么想？老师到底在想什么？还想进一步弄明白：当我们认为对的东西（如合宜的教学内容、有效的教学方法），拿去和老师交流，老师也接纳之后，他的课堂会发生什么样的变化？

王荣生教授说，这个从接纳到变化的过程，远不是我们过去所想的直线。这是有证据的。国培期间，我们曾做过一个叫《桥边的老人》的案例，我们和老师讨论教学内容应该教什么，老师也觉得我们说得对，但最后他上课所教的内容，完全不是我们一起所讨论的那个样子。但是老师在说课和反思的时候，他所说的“教学内容”都是我们和他一起讨论过的话。他所做的是那样的事情，但是他所说的是这样的话。他做的时候很认真，他说的时候很真诚。那么，我们就要解释了，这个之间是什么关系？为什么他说了这些话，最后他做了那些事，做了那些事之后，他还是说这些话，那是怎么回事？

要弄清楚是怎么回事，当然需要研究。初步判断是与教师的PCK有关系。如果把类似的许多这样的案例收集起来，仔细地研究，对教师专业知识的认识可能就会更具体、更细致、更深入，回过头来，我们对改善语文课堂教学，就会更有针对性。

基于这样的认识，王荣生团队的成员基本上都把课例研究作为自己学术研究的一个重要组成部分。比如高晶博士的论文《课例研究：语文教师课题PCK的提炼与改善》，就对教师PCK作了专门的研究，而且主要就是运用了“课例研究”的方法。

“课例研究”是解决学科教学难题的活动，同时又是发展学科教学知识的活动。“课例研究”之所以有效，就是因为它能改善课堂教学，能激活、提炼、改善、发展教师的学科教学知识，提高教师专业水平。“课例研究”中的课例功能至少有两个：一是课例作为提炼学科教学知识的材料和建构理论的例证；二是课例作为学习学科教学知识的认知支架和促进个人教学反思、改善教学行为的工具。

三、怎样做“课例研究”？

如何研究一个课例，很大程度上取决于你愿意把这个“课例”看作什么，从哪个角度去看，打算看它的哪些地方，用什么去看并希望从中看出什么来。受现代教学设计理论的影响，我们更愿意把“课例”看作是“目标导向的教学设计”的实施过程，其基本宗旨是找到最好的办法实现某个特定的目标，而这“找到最好的办法”不是来自于生活的发现或者意外之喜，而是通过“设计”和“评价”逐渐得来的。([加]富兰等，2009：42.）因此，我们看“课例”的时候，会看教学目标的设置与陈述，教学内容的分析与选择，教学方法的设计与策略，目标达成情况的测量与评价。用一定的理论工具看并希望从中看出教学目标分类、分层以及目标陈述的行为化，教学内容选择的“合宜”，教学设计的“有效”，教学目标的达成。因此，贯穿我们“课例研究”的一个基本思想是：不同类型的知识有不同的特殊学习过程和条件，执教者首先要做的是对学习目标中的学习结果分类，根据不同类型的学习特点设计相应的学习过程和条件。

（一）“分类”“分层”与“选点”

阅读的过程与教阅读的过程大体上是一致的。在阅读教学中，教师只有先读懂不同类型的文章，理解其写作奥秘，然后才能正确地教学生如何读懂该类文章及其写作的一般规律。不同类型的文章写法不一样，读法不一样，教法自然也不一样。“分类”“分层”与“选点”既是阅读的方法，又是教学的方法。我们做“课例研究”，首先要做的，就是对“课例”进行“分类”“分层”与“选点”考察。

1. 分类

第一，按照文本体式特征分类。

通过体式分类来认识教材选文的体式特征。进一步探索这种体式特征的选文应该“教什么”才“合宜”；应该“怎么教”才“有效”。这是我们通常的做法。

拿到一个“课例”（主要谈阅读教学），先看“课例”所教的选文是文学作品，或是非文学作品，还是散文；再看是这三大部类中的哪一种小类别以及更小的类别，其共性特征是什么；它的内容、结构形式、语言运用、个性风格等方面有什么突出特征；这种类型的文本应该读哪里、怎么读、需要按照什么模式去读，才能读得懂；学习这种类型的文本有什么特殊的学习过程和条件。然后，看执教老师是否按照或怎样按照这种文本体式的类型特征去选择教学内容和进行教学设计的，将其拿来与我们心中的“体式”参照标准比较，最后，说出是什么、为什么、怎么样等上课的道理来。

王荣生教授说，从思维的角度看，无论写作还是阅读，其思维都是体式思维。因此，无论写作教学还是阅读教学，其思维也都是体式思维。也就是说，“教什么”和“怎么教”，是与一定的文本体式相关的。因此，“课例研究”时，我们首先要考察的，就是执教者在教不同体式的文章时，都“教了什么”，是“怎么教”的，“为什么要这么教”。

第二，按照选文功能及其发挥方式分类。

通过功能分类考量选文的教学价值，可以了解到该选文在教材结构中所处的地位、性质、现实作用和作用的发挥方式，进而确定应该“教什么”，应该“怎么教”。

根据对中外语文教材的比较和研究，王荣生教授将语文教材里的选文，大致分为“定篇”“例文”“样本”和“用件”四种类型。“定篇”的功能是“彻底、清晰、明确地领会”课文本身。选哪些“定篇”、对它们作如何分析和评价，包括按什么方法、用哪种方式去分析和评价，是由学术界的研究确定的，是以“全国最有权威的学者”的意见为依据的。也就是说，作为“定篇”的选文，课程的内容，既不是学生对这一“定篇”的感知，不是教师对这一“定篇”的理解，也不是教材编撰者（语文教材专家）“个人对这些作品的把握”，而是文化、文学等专门研究者对该作品的权威阐释。这就是“定篇”类型选文功能及其发挥方式。而“例文”的功能则是使知识得以感性的显现，让学生学习既定的知识；“样本”作为某类选文代表，是用来帮助熟悉同类选文的，在解决理解、欣赏“样品”碰到或应该碰到的问题和困难过程中，使学生学到读文、作文的“方法”；而“用件”，就“语文学习”而言，在这种类型的选文里，学生其实不是去“学”文，而主要是“用”这一篇文里的东西，或者是借该选文学习文章里所讲的那东西，或者是由文章里讲的那东西触发，去从事一些与文章相关性大小不等的学习活动。（倪文锦，2002：253）

这就是从“功能”的角度对教材的分类。通过这样分类，就会发现，当把一篇文章作为不同性质的选文来处置时，就会有不同功能及其功能发挥方式。“定篇”“例文”“样本”选文是学生在语文科里的“学件”——在“定篇”，学习经典的丰厚蕴涵；在“例文”，学习其生动显现的关于诗文和诗文读写的知识；在“样本”，学习其阅读过程中形成的读写“方法”。而“用件”，则是用来学习文章“形式”以外的东西的。拿到一篇“课例”，以此为考察标准，应该“教什么”“怎么教”，心里就大致有数了。

第三，按照所教知识类型分类。

教学是从一般水平的“类属”知识开始，再逐渐地向更详细、更具体的知识过渡的。这就是奥苏贝尔所说的“渐进分化”教学原则。

拿到一个课例，先看教的是什么知识，这种知识属于什么类属，在呈现顺序上是不是由一般到个别，由概括到具体地逐渐分化。

其次，是看教学是不是与这种知识类别习得过程的要求对应，是不是满足这种知识习得的条件。例如，教概念性知识，教学设计时就应该把“例子”考虑进去。因为，众多研究结果表明，“例子”有助于学生形成类别和分类概念（Tennyson，1995）。这里的“例子”，就是教概念性知识的一个条件。

加涅曾把学习结果划分为言语信息、智慧技能、认知策略、动作技能和态度五种类型，并且为每种学习结果类型的学习都提出了相应的独特条件。如，学习“言语信息”，要变化语言和字体，突出信息的主要特征；呈现的信息应便于组块化；要提供有意义的情境促进有效编码。这就是“言语信息”独特的学习条件。（盛群力等，1998：188）

信息加工心理学家将这五种类型的学习结果归类为陈述性知识和程序性知识两大类。陈述性知识回答“是什么”的问题，程序性知识回答“怎么做”的问题。如，怎么遣词造句，怎么写描述性句子，怎么描写景物与事件，怎么写散文，怎么交谈，怎么演讲，怎么阅读诗歌，怎么制订学习计划等，都属于程序性知识。习得“程序性知识”的第一步是掌握符号、概念、规则、原理、定律等做事的工具，怎么掌握呢？就是打开范例，辨别多个例子，从中概括、归纳或发现这一类例子的共同特征、规律、原理、定律。第二步是作变式练习，即把这些概括、归纳或发现出来的特征、规律、原理、定律等运用到不同情境的多个正例和反例当中去。要了解学习者是否会做了，还得观察学习者的行为表现。因此，第三步是迁移运用。能够运用这些“工具”解决实际问题了，就说明这个“工具”被掌握了。这就是程序性知识习得的过程。其中的学习条件就是需要发现“做事的工具”，需要在变化情境中作“变式练习”，需要“及时反馈”。

总之，分类系统是一种特定的框架，一旦做出了分类，该框架中的每一个类别的特征以及其他类别的特征，都有助于教师更好地理解放置于类别之中的内容。对掌握不同的学习结果而言，必须有不同的内部条件和外部条件。课例研究，就是看其是否合理地安排了可靠的外部条件，以支持、激发、促进学习的内部条件。如此，便可说出上课的道理来。

2. 分层

任何一种知识技能都可以分解为更简单的知识技能，简单知识技能本身还可以再分解为更简单的知识技能。这种逐步分解的结果就是加涅所说的“学习的层级”。

我们也是按照阅读理解的层次考察“课例”的学习层次的，即考察执教者在每个阅读理解层次上是组织学生“学什么”和“怎么学”的，“为什么要这么学”。

文本理解本身是有层次的。文章总是由词汇按照一定的语法规则组成。理解文本内容，先要从词汇和语法所构成的字面意思开始。字面意义就是以词汇和语法明显编码的内容。理解字面意思的焦点主要放在文章表层形式的词汇和句子上。

但是，为了经济和保证交流的效率，作者不可能把所要表达和传播的信息，都毫无遗漏地以语言符号明确地编码成要感知的文本，因此，读者需要根据字面明确信息，运用自己对世界的已有知识，推论字里行间隐含或省略了的内容。推论是理解文意最关键的环节，不推论，便没有理解。因此，在阅读过程中，什么时候需要推论，需要推论什么内容，对能否顺利理解文意十分关键。

不过，通过以上两个阅读层次理解到的词意、句意和推论得出的隐含意义，这时候还不是作为一个完整意义单位的篇章所要表达的意义，因为，“理解”的一个特征，是把线性地分布在不同瞬间的意义重新整合成一个共时的完整结构。所以，如果不能把每一瞬间阅读理解到的词意、句意和推论得出的隐含意义，前后衔接、上下衔连贯起来，文章便不能理解。

事实上，阅读过程中的每一个环节，都不必然地顺利，缺乏语文经验，势必影响字面明显意义的建构；缺乏生活经验，某些隐含意义可能也推论不出来；或者篇章内部本身就不一定连贯；或者篇章内容可能与读者已有知识互相冲突，等等。这时候，就得考虑怎么办（如调整理解的节奏与方法），就得考虑是否接纳篇章里的新东西。这其实已是从理解文意转为批评文章：评价篇章呈现意义的方式是否恰当和见效，发现写作上的弱点，辨认出成功的手法；把自己对世界的认识与文中的世界比较，从而对文章表达出抗拒、接受或中立的态度，等等。

“寻找明显讯息”“推论”“综合并解释篇章”“评价篇章内容及语言形式”（谢锡金等，2005：21.），对于文本理解来说，这四个层次是客观存在的，阅读教学过程中教师应明白自己是在做着哪个层次的工作。就教师解读文本而言，同一个文本，除了读出相同的东西外，一定还会读出不同的看法来。有的看法比较肤浅，有的看法则会让人有所启发，有的看法会让人豁然开朗，还有的看法会激发别人继续思考。不同的看法，之所以会有这样的差别，关键在于是否深刻。执教者阅读课文，如果看不到现象之间的各种关系，没有读出其中的本质，也不会教出什么有深度的东西来。因此，阅读教学与观课评教的好坏，很大程度上和执教者以及观评者是否对文本有深刻的认识有关。

学生对文本的阅读，一般也是由浅入深的，可能由于缺少某些语文经验和生活经验，学生原初的阅读可能是看不出、读不到某些东西的，在老师的引导下，才逐渐达到对文本的高层次理解。也就是说，对文本的理解，或者说实现阅读理解教学目标，并不是一蹴而就的，而是一个由浅入深、渐次到达高层次的过程。

由于阅读理解本身的层次性，所以阅读教学本身也应该是有层次性的。所以，“课例研究”就应该按照层次性去考察课例，看执教老师在每个阅读层次里都安排了哪些合宜的阅读教学内容，是如何有效地设计每个层次的教学的。我们就是按照文本阅读本身的层次去对课例进行分层考察的。

3. 选点

像读懂文章需要读懂那些关键点一样，教阅读也需要教到那些关键点，因此，在做“课例研究”时，我们会侧重考察执教者都“教了哪些点”，是“怎么教”的，“为什么要这么教”。我们习惯于把每节阅读教学课的目标叫教学点。因为每节阅读课所完成的教学目标，事实上就是所教的一个一个阅读的知识点。只要当这些知识正是理解、感受这篇课文的关键点的时候，或者它与理解、感受这篇课文的关键点有直接关联的时候，才是阅读教学。确定所教的知识“点”及其经历的过程，我们把它叫做“选点”。我们的前提是，教学也是一种现象，现象的本质就是感知的状态。合适的感知路径才能理解文本的真相，关注课文的什么关键特征就会产生出什么样的理解。对于一篇课文，一定有自己的关键特征，而这些关键特征一定是通过文中的某些关键信息点体现出来。要真正读懂文章，一定要读到这些关键信息点，没有读到或遗漏了某些关键信息点，就不可能完全抓住这篇文章的关键特征，也就不能真正地理解课文的本意。要读到关键，是需要一定阅读知识的，因此是需要教的。

另一个前提就是母语阅读学习的事实。学生学习母语阅读，不是空着脑袋进学校来学习的，换句话说，拿到一篇课文，学生不会是所有地方都读不懂，肯定绝大部分内容他们是能读得懂的，读不懂的地方只会是一些承载关键信息的关键词、关键句等关键的地方。因此，教学一篇课文如果面面俱到肯定不对，但是，胡乱“选点”也肯定是不对的。那些既是体现文章关键特征的关键信息点，又是学生凭借自己原初的阅读能力无论怎么看都看不到、无论怎么读都读不出来的地方，就是需要老师要教的地方，可能就是阅读教学的教学点。

只有当学生尽可能地把文本内容与自己已有的经验（语文经验和生活经验）联系起来，才能保证学习的发生。因此，弄明白了学生所知道的东西，就确定了教学的起点；弄明白对学生有用、学生不会，而又能够教会学生的东西，就确定了教学的目标终点；弄明白到达目标终点需要分为哪几个层次，各个层次的目标落点是什么，又如何有效来完成这些目标落点，这就是教学设计。王荣生教授认为，一堂课的关键是合宜的教学内容，教师备课的功夫，应该花在教学起点的辨认和教学终点的确定以及中间“两三个台阶”（实际上就是两三个层次，因为学习本质上是“改变”，应含上升或层递的因素）的有效设计上。

王荣生教授把“选点”形象地叫做“画黄颜色”和“画绿颜色”。他说，拿到一篇课文，教什么呢？一个简单办法就是，教师在研读文本的过程中，把理解课文“一定要读到的关键信息点”画成“黄颜色”，把学生凭借自己原初的阅读能力无论怎么看都看不到、无论怎么读都读不出来的地方画成“绿颜色”，黄绿颜色交叉的地方就是需要教的“教学点”。

阅读教学，实际上就是选择这样的关键点，合宜的教学内容，实际指的也就是这些教学点的选择，有效的教学设计，也就是如何有效地教这些教学点的设计，即分几步来完成，每一步的目标落点和相应方法是什么。关键点的选择与关键点教学的设计，直接影响教学目标的达成，因此，考察“课例”的“选点”情况，就可以考察该“课例”的教学内容是否“合宜”，教学设计是否“有效”。

关于“课例研究”，我们要经历“分类”“分层”“选点”以及下面将要谈到的“比较”这样一个心理过程。下面举一个例子。

4. 操作举隅

王荣生教授评杭州市采荷实验学校汪湖英老师的《风筝》课例，就是抓住“散文”的类别特征和“选点”教学设计“分层”来进行评析，并与自己的研究成果进行“比较”，阐释该“课例”中上课的道理的。简述于下：

他说，这（《风筝》）是一篇散文，【分类】我们都知道，这篇散文的核心是抒情，读这篇散文的核心是感受理解作者所表达的情感，那么在散文中，作者的情感在哪里？在散文中。如何来把握作者的情感？老师用的方法是点划评注，即用点划评注的方式来把握作者的情感。点划评注是许多人都用的一种方法，但是在哪里点，在哪里划，评什么，注什么？不仅仅是一个方法，实际上是关乎一个教学内容。读任何文章都是抓关键词语，但是，不同体式特点的文章的关键词语在不同的地方，所抓的也是不同的东西。

该老师的教学是三个环节：【分层】

第一步，【一层】起步，自由诵读，把握全文大意。问题一：课文叙述了怎样一件事？问题二：作者怀着怎样的情感来写这篇文章？自由诵读，然后说说这篇文章说了什么。

这一步是做对了。这是在新课程改革中的成就之一，以学生的理解和感受作为教学的起点。所谓学生的理解和感受，无非是两个方面，一方面课文讲了一件什么事？第二，作者是带着什么情感来写这篇文章的？这样，学生进行初步的交流。

第二步，【二层】用点划评注的方式来把握作者的情感。老师做的是给学生提供两个示例：一个是课文的开头。我们知道散文的开头，第一句定基调，也就是情感的基调。所以，他在第一句中划了四个词："积雪、灰黑色、秃、晴朗"。然后他在下面做了评注的示例。他说，"积雪"和"晴朗"给我们的感觉，给我们的印象是一种明亮的、温暖的感觉。在这一句中，中间陡然插入"灰黑色"和"秃"，使这幅画面陡然变得暗淡，这个词语一开头就为文章添上灰色沉重的一笔，使得晴朗的有积雪的冬季变得寒气四射。最后说到，正所谓景为情生，一切景语蕴含着作者沉重悲哀的情感。作者的情感在哪里？就在他的言语当中。就在"积雪、灰黑色、秃、晴朗"这样一个比照对比当中。这给学生举了一个例子：情感不在外面。

然后再给学生举例"他只是很重很重的堕着，堕着"，在这句中，"重"和"堕"，和前面的心变成铅块相照应，可见作者当时心情是多么沉重，这沉重是由于扼杀了弟弟游戏的童心造成的，因为一时无法补过，这块铅始终压在心上，很重，很重，堕着，堕着。作者的情感在哪里？就在这两个词语的重复当中。

然后他接着说，"重""堕"是第四声，读起来就有沉重的感觉。作者的情感在哪里？就在词语的声调中。

然后是学生的点划评注的实践。在老师的示例示范下，同学之间进行交流，小组之间进行交流。

第三步，【三层】老师还希望学生再上一个台阶。所以，他给学生准备了一些拓展性的资源，在上课的时候发给学生 5 个材料。他希望学生借助于这五个材料在一个新的平台上再去读这篇文章，去感受、去理解、去点划评注，去深入感受、理解、把握作者所传递的情感。

这 5 个材料，第一个是关于鲁迅的评论：……（材料略）

之后，再给学生一个示例：又将风轮掷在地上，踏了。

他说，假如我们还原到当时的情景，又气又恨的鲁迅……鲁迅先生曾说的，“我的确时时解剖别人，然而更多的是更无情地解剖我自己”。这种解剖体现在哪里？就在“又将风轮掷在地上，踏了”中间这个逗号里。

学生通过阅读老师所提供的资源，借助老师所提供的新的示例，再次进行点划评注。之后，同学们相互之间作交流。

这是一般普通老师可学的课，学当然不是亦步亦趋学他的做法，而是学其中的道理，这个道理就是老师所选择的合宜的教学内容是什么。《雪》的教学内容是“情感”，教学设计是设计“学”的活动，共 2～3 环节，第一个环节是起步，重点在第二、三环节上，每个环节约占 15～20 分钟，主要是学生的活动。

从名课研习中我们发现，【比较】组织教学环节有两个要点：明确内容落点，组织学的活动。教学环节以 2～3 个为宜，第一个环节是起步，重点在第二第三个环节上，会各占 15～20 分钟，主要是学生活动。语文教师的备课工夫，要花在起点的辨认、终点的确定，2～3 个环节的把握。有效教学组织的两个特征，在纵向上，学生的学习有阶梯的递升或方面的扩展；在横向上，学生们建立相互的关联并形成共同的学习经验。从名课研习中，我们发现了有效教学组织的两个特征：教学环节是组织“学的活动”；教学流程是“学的活动”充分展开。

在这个“课例研究”范例中，王荣生教授先是从散文的文类特征切入考察应该教的教学内容（“把握作者的情感”），再分三步或三个层次考察执教老师的教学设计（“用点划评注的方式来把握”作者的情感），同时考察执教老师是如何选点的（在哪里点，在哪里划，评什么，注什么），再把教学内容的“合宜”性和教学设计的“有效”性与自己对“名课”研究的成果比较，揭示出上课的道理来。给我们展示了研究这篇散文教学课例“分类”“分层”“选点”“比较”的心路历程。

（二）“比较”

为了说出上课的道理，我们常用“比较”的方法。观察到课堂里究竟发生了什么、教师做了些什么、学生经历了些什么，这还不算是把握了课的本质特征。只有依据一定的标准，对课作多角度的分析，比照一定的参照系，说出课堂上教学行为背后上课的道理，才能判断做得对不对，做得好不好，好在哪里，为什么好，这才算是触及到课的核心。对一个课例作价值判断最常用的方法之一就是比较法。

1. 教学行为层面的比较

教学行为的比较，是基础层次的比较，是拿别人的做法和自己的做法比较。旨在对教学行为模式的把握。较高层次的比较，是对教学行为的内在变化特征进行描述，即能够解释他们为什么这么做，其背后的支撑原因是什么，以及在他们的行为模式背后有没有可选择的可能。基础层次比较的任务是描述师生做了什么，怎么做的。看别人上课的过程，就是在内心里把自己的课和别人的课做比较的过程；就是思考的过程，分析的过程；就是取其精华，剔去糟粕的过程。比较哪里呢？比较别人对文章的解读，哪里比自己深入，哪里独具慧眼，哪里是自己没有发现的，重点处理巧妙在哪里，难点化解独特在哪里，当学生遇到问题时，是如何启发、引导、点拨的，板书设计妙在哪里，作业布置为何与众不同，等等。拿别人和自己比较，得对自己非常熟悉。一是要熟悉文本，对文本体式特征、内容、主旨、层次结构以及语言等，要研读到非常熟悉的程度。二是要熟悉自己的教学思路，假如自己教这篇文章，会怎么设计？有几种处理方法？哪种设计更切合学生？哪种设计更独具匠心？等等。前者探讨的是教什么的问题，后者探讨的是怎么教的问题。有了这两项充分的准备，观课评教时就会心中有数，就会从课例中“读到自己”“读出问题”，整个认识课例的过程，就成了拿别人的课和自己之前准备的课做比较、做分析，区别异同，分辨高下的过程。用自己教学行为的眼光去看别人的教学行为，就是课例解释的行为图式，是做课例研究的前提。

2. 教育观念层面的比较

教育观念是对教育的根本看法和态度。有什么样的看法和态度，就有什么样的行为。教学行为的高明与否关键是看教学观念的高明与否。一切行为都可以在观念那里求得解释，所以，抓住了教学观念，即抓住了教学行为的根。

“课例研究”的关键是能够解释课堂行为模式，为什么这么做，不那么做，原因是什么，还有没有其他行为模式可供选择。观念比较一般是从行为入手的，也就是先看其做了什么，第一步干什么，第二步干什么，第三步干什么，结果如何，再去探寻他为什么要这么做，如何想的，如果我去做将会如何去做，效果会如何，为什么我会那样去做，如何想的，想法上比他高明的地方在哪里。这是拿指导别人教学行为的观念和指导自己教学行为的观念比较。

还有就是拿执教老师的课和自己的教学观念比较。他主张课应该怎么上，这种主张对吗；他又是怎么上课的，效果如何，为什么，事实证明，我们该学习他的哪些东西。这是课例研究者所关心的。研究别人的课例，研究他的教育教学观念是其中重要的一个部分。要说出他上课的道理来，抓住他的教育教学观念是最直接的方法。一般来讲，他的教学行为里会弥散着他的教育教学观念，分析他的教学行为，就可以把握他的教学观念。也有反过来的，先看教学观念，再去研究教学行为。这往往用于名师的课例研究中。对于优秀教师成功的课，我们如果先看他的相关著作，了解他的教育观念之后，再去看他的课例就省事得多。我看于永正老师课例的时候，先读了《于永正与五重教学》，了解到于老师“影响”“激励”的教育观，和“重情趣”“重感悟”“重积累”“重迁移”“重习惯”的语文教育观，之后，才去拜读他的课例，便知道他的哪些教学行为可以和他的哪些观念对应起来，就明白他那样教的道理在哪里。著名老师的教育观念，是他们长期从教积淀下来的智慧的结晶，是“课例”研究工具的重要来源。不了解别人的教育观念，往往不容易把别人的课看明白。运用他们的教育观念去看他们的教学行为，是“课例研究”的一条有效途径。

另外，是拿各家的观念放在一起比较。这适合于集体观课评课。国培做的“课例研修”活动就是这样。在“课例研修”活动流程中，我们安排有一个课前“说课”环节、课中“观课”环节和课后“反思”及“观课报告”环节。要求说课环节要说清楚所教课文的文本体式特征和教学内容、学情研判情况、教学目标的设置与陈述、教学设计、教学方法和教学评价，尤其要说清楚这样做的理由。观课老师要说清楚观察到的情况，观课的想法和理由。在教学反思环节，执教老师侧重要反思“教学目标”的达成情况、教学内容的处置情况、教学设计的执行情况，以及教学成功与不足的地方，尤其要讲明白为什么会这样。通过课前“说课”，能了解到执教老师想“教什么”和“怎么教”，以及“为什么要这么教”，就可以预测接下来课堂上将可能会发生的教学行为。通过观课老师各个角度的观察记录，客观地呈现出一堂课在不同视角下的真实面貌。通过课后“反思”，让执教老师自我评价“教得怎么样”。再各抒己见，形成各种观念的碰撞和视野的融合。最后结合课前“说课”、课后“反思”和“课中观察”中观课老师所作的“课堂情况观察报告”，就可以发现执教老师原本“想做什么”，“实际上做了什么”，“学生实际上学到什么”。这样进行“三角验证”后，就可以看出课堂教学的问题出在哪里，提出应该在哪些地方加以改善的意见和建议，就可以说出上课的一系列道理来。

当然，这里讲的教育观念，是指执教老师在实践活动中逐渐获得的经验，其正确与否，本身是需要审议的。

3. 教学理论层面比较

理论层面比较，是专业化的因此也是更高层次的比较。比较都需要一个参照系，前两个层次的比较主要是以经验为参照系，理论层次的比较则是以理论为参照系。观课评课，要凭借理论做事，需要一定的研究作基础，需要有自己的一套理论。

把课例放在理论层面比较，实际上就是把课例放进理论分析框架里去分析。要研究课例，首先就要建构一个课例研究的理论分析框架。

“建构”理论分析框架的过程，本身就是“研究”的过程。

李海林教授到美国观察几所中小学的“课堂正式评估”，发现：美国人评估一堂课是不是好课，是不是成功的课，首先看学生是不是达成了教学目标，判断的依据是学生的活动、学生的作品和教师对学生的评价，而学生的行为表现（如动作、完成作业或作品情况等）是评价的重点；其次是看“教师与学生做了什么，其意义是什么”，即从课程层面来观课评教，重视“课程意义”；最后是看在一堂课里，是不是有评价的因素存在，以及这些评价因素是不是起到了作用、起了什么作用。总的原则是看教学“对学生的学习是否起到了实际的促进作用”。（李海林，2015（9）：39-42）

从这个例子中我们看出，美国人评估一堂好课，是有一堂好课的评估标准即“理论分析框架”的。这个“理论分析框架”是李教授通过观察的研究方法发现出来的，或者说建构起来的，它在美国是判断什么样的课才是好课的标准，当然我们也可以借来一用，作为判断一堂好课的“理论分析框架”。

同时也看出，课例的“理论分析框架”是在一定的研究方法和原理的基础上建构起来的。“建构”理论分析框架的原理，我们把它叫做“上课的道理”。课例研究，简单地说就是运用一定的研究方法和理论框架说出上课的道理来。

下面再举两个课例研究“理论分析框架”的例子。

例子一：拿到一个课例，基本的做法是考察三个关系。一是目标与内容的关系：看有没有教学目标，教学目标定得对不对；教学内容本身把握得是否正确；教学目标与教学内容是否统一。二是目标与方法的关系：教学目标与教学方法是否统一；教学方法运用得熟练不熟练。三是内容与方法的关系：看教学内容把握得是否正确；教学内容与教学方法是否统一。

这是李海林教授的一个课例分析框架，用这个分析框架分析课例后，所要说出的上课的道理是：教学目标、教学内容与教学方法的统一，是一堂合格的课的基本标准。

例子二：拿到一个课例，从教学内容的角度观课评教，有四个基本的标准。最低标准，教师知道自己在教什么：教师对所教内容有自觉的意识；所教的是“语文”的内容；教学内容相对集中。较低标准，教学内容正确：教学内容与听说读写的常态一致；教学内容与学术界认识一致。较高标准，教学内容的现实化：想教的内容与实际在教的内容一致；教的内容与学的内容趋向一致。理想标准，语文课程目标的有效达成：教学内容与课程目标一致；教学内容切合学生的实际需要。

这是王荣生教授的一个课例分析框架，用这个分析框架分析课例后，所要说出的上课的道理是：教学内容的合宜是一堂课的关键。

这两个范例，给我们示范了课例研究的做法，就是拿要研究的课例来和已经研究出的理论分析框架进行比较，或者说是拿预先制定好的这把理论“标尺”去度量“课例”，然后再说出课例中上课的道理来。

4. 教学效果层面的比较

我们做“课例研究”，非常关注各种教学行为带来的教学效果。看一个课例，首先不是看它“教得好不好”，而是先看它“教得对不对”。只有“教得对”才谈得上“教得好”。“教得对不对”可以由教学效果好不好来衡量。我们曾经研究过一篇课文的两种教法：

一种是讲授法，所有内容完全由教师讲授。老师从文章的时代背景讲起，详细分析了文章的思想内容和写作特点，讲解内容力求“讲深讲透”，语言力求生动，让学生听得“津津有味”。所有的新词解释、文章层次的划分、各层次的大意以及文章的中心思想等，全由教师在讲解时抄给学生，学生在听讲的过程中也可以做必要的记录。讲完以后布置学生完成课文后的练习题（课内做）。在做习题前老师还作了详细的指导，因此答案的正确率极高。整个教学过程（包括课内作业）共用了4课时。

另一种是采用由学生自读、思考、讨论，教师只作重点指导的教法。先布置学生自读，要求学生按课文后的练习题所提示的几个方面理解课文，并提出疑难问题。然后由教师把问题综合起来，集中到学生提出的一个有争议的而又是理解课文难点所在的关键问题上。老师要求学生带着这个问题进一步细读课文，尽可能从文章里找出支持自己观点的根据，然后写一个发言提纲，准备在课堂上针对不同意见进行辩论。在整个讨论过程中，老师不作“权威性”的发言，只是提出一些有启发性的问题供学生思考。提醒争论双方不要孤立地评价，而要把课文前后联系起来思考，每发表一个意见都要以课文为依据。学生经过进一步阅读，讨论，最后解决了问题。讨论结束后布置学生按照发言提纲和讨论后的认识，写成文章。整个教学过程也用了4课时，没有做课后练习，但完成了一篇作文。

经过一个学期后，以“突然袭击”的方式用同一份试卷对甲乙两班学生同时进行测试。测验内容以课文后的练习题为主（还补充了少量题目）。测试结果是，没有做过这些练习题的乙班学生的成绩竟然超过了做过这些练习题的甲班学生；乙班优秀答卷占全班学生的70%，而甲班仅占38%；尤其在对课文内容记忆的准确程度以及对有些问题理解的深度上，乙班远远超过了甲班。

这是钱梦龙老师教《一件小事》时做的一个实验（钱梦龙，1994：1.）。甲乙两个班级条件相等，教的都是同一篇课文，两种教法，两种效果。说明其中一种教法一定比另一种教法对。也就是说“完全由教师讲授”这种教法是有问题的。问题在哪里呢？刚好王荣生团队彼时正做一个“以学的活动为基点的课堂教学”课题，有8所学校的3个学段共6类学科参与实验，主要采用课例研习的方式，预计突破的难点是教学设计关注点的转移，即从关注“教”的活动的设计转为关注“学”的活动的设计。于是，我们就从教学活动设计关注点的视角看钱老师的那个实验。

原来，甲班的事情都是由老师来做的，关注点在于如何设计教师的活动；而乙班的事情都是由学生来做的，关注点在于如何设计学生的活动。这就是二者的本质区别。

由此我们判定：以“教”的活动为基点的课堂教学是问题的症结。解决途径是转向以“学”的活动为基点。应该重建以“学的活动”为基点的课堂教学。教学环节组织就是组织“学”的活动，教学流程就是“学的活动”的充分展开。在备课中，要关注学生的学习经验；在教学中，要关注学生的学习状态；在反思中，要关注学生的学业样本。

在这个“课例”研究中，通过实验和教学效果对比的方法，揭示了一个教学道理。这就是我们所说的“用一定的研究方法说出上课的道理来”。

回过头来再谈一下“比较”。研究始于比较，比较是“课例研究”中分析“课例”的一种常用方法，分析是建立在可比性上的，“比较”是进行“课例”分析的前提。“比较”当然可以从不同的层次和不同的方面去进行，上面列出的几种比较可大致归于“同类”比较，“同类”有现成的可比性，为我们进入“课例”分析提供了有利条件，是最简单的比较。如果“课例”较低层次之间缺乏可比性，则需要相当高的抽象力才能在更高的层次上找到可比性。

（三）努力方向

国培开始后，促进教师专业发展是大家经常谈论的话题，其前提是教师行业已然是一个专业，教师已然是一个专业人员。而实际上，教师只有凭着自己的专业知识来做事时，才称得上是一个专业人员。医生干的活，非医生是干不了的，这叫专业。教师干的活，应该也是非教师干不了，这才叫专业。事实上，教学的专业化程度远不及医学。医生可以根据需要控制环境，可以运用各种各样先进的现代化设备，根据一定的标准参数，来精确测量患者的各种体能指标，确诊身体状况，而教育却做不到。医疗保健可以制订出自己的关键路径，而如何有效实现预定的培养目标，教育似乎找不到一条唯一的关键学习指导路径。对于学情的精确把握，环境影响因素的精确测量与掌控，课程资源的开发与利用，学科教学知识的提炼，都没有像医学那样有现代化的技术和设备。因此，教师们所知道的多是常识性的大家都懂的通识知识，根本没有多少外行不懂的学科教学知识可以依凭，甚至于多数老师还是凭着经验去做事，经验丰富的做得好些，经验少点的做得差些。学科教学知识的贫乏，源于课堂教学研究的滞后。正如王荣生教授所言，对语文课堂教学研究的无视和无能，很大程度上将使教育研究、课程与教学论研究、学科教育研究、学科课程与教学论研究，归于虚浮而无效。所以，促进教师专业的发展，归根结底需要做的就是努力发展教师的专业知识，努力发展教师可以依凭的而外行不懂的学科教学知识。

学科教学知识提炼的一条有效途径就是“课例研究”。对此，许多前辈已经作了不同程度的努力，我们要接着往下做，就必须对他们所做过的工作进行梳理和比较。看他们做了什么，是怎么做的，做得如何。孙双金老师曾说，听别人讲座，应听其要点，思其疑点，取其新点。这“三点”论也适用于看别人做“课例研究”。看其要点，就是看他们研究课例用了什么理论工具和研究方法，得出什么样的研究结论；思其疑点，就是思考其有疑问的地方，暂时搞不明白的地方，和别的专家做得不一致的地方。取其“新”点，就是学习其新的角度、新的思想、新的主张、新的策略和做法。不同专家都有自己看课例的不同的理论工具，而运用什么样的理论工具去看课例，就会关注到课例的什么特征，就会看出课例中的什么问题，而关注到课例的什么特征，就会对课例作出什么样的理解和解释。因此，研究前辈，博采众长，开阔视野，是“课例研究”的一个努力方向。

前文说过，“课例研究”，要点不在“课例”，而在“研究”。而课例研究的关键，与其他类型研究有些不一样，最先不在“研究的问题”，而在“研究的方法”，“研究的方法”指具体的做法和理论工具，其中理论工具起决定性的作用。只有掌握了先进的理论工具，才能从课例中说得出深刻、合理的上课的道理来。“工欲善其事，必先利其器”，归结到一点，要把“课例研究”这件事做好，必然需要更好的方法和理论工具。开发出更好的方法或运用更好的理论说出更多的上课的道理，是“课例研究”努力的主要方向。

四、“课例研究”做得如何？

（一）王荣生团队“课例研究”活动

关于“课例研究”，王荣生团队致力于“教什么”（或“学什么”）和“怎么教”（或“怎么学”）两大问题的探索，视角是教学内容，视点是教学内容的“合宜”和教学设计的“有效”，具体分析文本体式的把握和学情的研判以及相应的“学”的活动的组织。

从时间上来讲，已经做了三个阶段的工作。第一阶段做的是名课研习，第二段是利用课例来揭示学科教学知识，第三阶段，是和教师共同备课、讨论的收获和感受，探究教师的学科教学知识结构。相关研究成果可在《听王荣生教授评课》等系列著作当中看到。

在《听王荣生教授评课》这本书中，王教授对课例研究及其研究方法做了一个初步的探索，他按照研究方法的不同，把语文课例研究归纳为名课研习、课例研讨、课例评议、课例兼评和课例综述这样五种样式。

而到目前为止，王荣生团队做得比较多的是名课的研究。王荣生教授将名课分为两种类型：第一种是教师可以作为经典来研究学习的名课，第二种是供教师引起对语文教学进行思考的名课。前一种叫名课研习，即对名课中“合宜的教学内容”和“有效的教学设计”细致解析，供语文教育专业的师范生和语文教师研习，作为获取语文教学知识的主要途径。后一种叫课例研讨，即由一堂课延伸，研讨执教者在理论和实践上的某种主张，讨论其在课程论或教学论上的意义。因为，在语文教师中，有一些很优秀的语文教师，他们有自己的想法，有自己的主张，有自己一系列的实践，但是这样的想法需要审议，他们的主张需要辨析，他们的一系列实践某种程度上对自己的主张进行了一些极端的体现，可能会造成课程教学中的一些问题。所以，这种课例的研讨，目的是引起思考，但是不建议一般老师去学——其实也是很难学的课。

所做第三种课例研究样式是课例评议，即评议比较典型的课，从学理上分析语文课堂教学中值得提倡的做法或普遍存在的问题。其中，做得比较多的是普遍存在的问题部分。王荣生教授认为，语文课堂教学存在很严重的问题，这种问题用三个词来概括就是：大面积的、长时期的、集团性的。换句话说，语文教学存在的问题，往往不是教师个人的问题，它带有很大的普遍性，这样我们只能得出一种结论，它是我们语文课程语文教材研究的问题，是语文教师专业知识的问题。所以我们来分析一些较典型的课，揭示语文课程和教学中存在的一些问题，并谋求解决的方法。

第四种课例研究的样式是课例兼评，分析语文教学的某种现象，兼及对一些课例的评议。

最后一种是课例综述，这种课例研究样式，是就某一篇课文或某一课题（作文和口语交际等）的教学，对其公开发表的材料，作一个比较全面的扫描、梳理、分析、整理、评议，以呈现该课文或专题教学的一个整体的面貌。通常的课例解读有一个缺点，就是孤立地、单独地分析一个课例内部特征，其深刻的内涵难以充分显示出来。而同类课例的比较可以解决这个矛盾。也就是说，课例解读，应该是成系列的。因为有比较才有鉴别，将同类题材风格不同的一系列课例放在一处解读，就容易看到这些课例所体现出来的共同规律以及每个课例的优劣高下。“课例综述”更像是为某一目的而收集信息、分析信息、寻找规律、归纳出一定的结论的系统过程。所以它的研究过程大致由“确定问题-查阅文献-收集资料-分析资料-得出结论”等一连贯有因果关系的步骤构成。

此外，以大量“课例研究”成果为基础，王荣生团队还开发了《阅读教学教什么》《写作教学教什么》《散文教学教什么》《小说教学教什么》等系列丛书。

（二）贵州师范学院的“课例研修”活动

最先把上海师大“课例研修”培训模式引用到贵师院国培活动中的是王又新老师。另一位推崇王荣生理论的是吴在东老师。2015 年，吴老师作为“国培计划（2015）贵州省初中教师培训团队置换脱产研修项目”负责人，在培训课程中设置了“课例研修”部分，把“课例研究”作为研修的内容，以“课例研究”的方式来组织参与培训的学员进行研修活动。意在让学员参与到同语文学科专业研究相似的日常活动中，经历“课例研究”的过程，学到学科教学的深层知识。

由于变式练习是知识转化为能力的关键，所以本次“课例研修”课程设计以变式练习为主导原则，强调“做中学”，让学员在“课例研究”过程中学会“课例研究”；在进行某种教学的“课例研究”过程中学会某种教学。我们着重组织学员开展了“样本”教学和“例文”教学的课例研究，绝大部分学员的确就是在进行“例文”教学的“课例研究”过程中学会“例文”教学，在进行“样本”教学的“课例研究”过程中学会“样本”教学的。

变式练习活动有个人备课（写教案）、说课、听课、评课、编写案例与分析案例等形式，还有学员上汇报课，学习优秀教师成功的课例，观摩同伴的展示课或专家型老师的示范课，专家参与的小组“共同备课”等。

用来进行研修活动的“课例”，具有鲜明的教学意图，典型、聚焦、针对性强，适合研修主题的展开和深入，利于解决老师们在教学中遇到的疑难问题。

研讨的内容是围绕要研修的主题和预解决的问题选择的，是预先确定的，参与研讨的相关人员都作了事先的充分准备，必要时专家团队还会作反复的研讨，对研修活动中可能出现的情况有较透彻的了解，并备有相应的对策。

鉴于陈述性知识可以自学，而陈述性知识向程序性知识转化需要变式练习，练习中需要外来的指导、信息反馈，故难以自学等原因，我们在“课例研修”活动中，突出了专业引领和同伴互助的作用，每次活动都有相关的专家参加，专家成了“课例研修”活动中不可或缺的参与者、合作者与指导者，其作用是负责为研修活动提供专家视角的意见、建议和指导。

研修成果呈现为多种样态。可以是教学中遇到的疑难问题的解决或得到某种程度的解决，表现为获得某种解决方案；也可以是某种观念看法的转变、教案设计的改进、教学行为的改善，并在一定的独立完成的研修作业或教学行为中体现出来；还可以是经历一个交流的过程、触动原有的观念或是引起对自己以往教学的反思，等等。

由于国培时间紧、任务重，大家又是第一次合作，所以本次课例研修活动有所得，但也存在许多不足。用吴在东老师所总结的话来说就是“有追求、有实践、有认识”，直接的成果之一就是促成了本书的诞生。但是课例研究“不规范”，各组搞出来的东西“纵式”不像纵式，“横式”也过于简单；缺少运用一定的研究方法和理论工具分析课例的意识；另外，行文上也五花八门。不过，“初生之物，其形必丑”，是可以理解的。

末了，再回过头总结一下。经历“课例研究”不断的实践、探索，我们逐渐认识和感悟到其中的一些东西。“课例研究”，简单地说，就是运用一定的研究方法和理论工具说出上课的道理来。“课例研究”适合解决“怎么样”和“为什么”这样的问题类型。“课例研究”以叙事为主要方式，对特定教学情境及其意义进行描述和诠释，重在说明而不是证明。“课例研究”的效度，多半是建立在合乎逻辑的基础上的。“课例研究”有许多方法，将“课例”进行“分类”“分层”“选点”与“比较”考察，再结合一定理论说出上课的道理来，是我们通常的做法。

课例研究的路很长，我们正走在路上。

参考文献

[1] 王荣生. 语文课例研究及其样式[J]. 语文教学通讯，2007（10）.

[2] 王荣生，高晶. “课例研究”：本土经验及多种形态（上）[J]. 教育发展研究，2012（8）.

[3] 王荣生，高晶. “课例研究”：本土经验及多种形态（下）[J]. 教育发展研究，2012（10）.

[4] 王荣生. 听王荣生教授评课[M]. 上海：华东师范大学出版社，2007.

[5] 李海林. 什么样的课才是好课[J]. 初中语文教与学，2015（9）.

[6] 谢锡金等. 儿童阅读能力进展——香港与国际比较[M]. 香港：香港大学出版社，2005.

[7] 齐渝华. 怎样做课例研修[M]. 北京：高等教育出版社，2010.

[8] 皮连生，刘杰. 现代教学设计[M]. 北京：首都师范大学出版社，2010.

[9] 盛群力，李志强. 现代教学设计论[M]. 杭州：浙江教育出版社，1998.

[10] 钱梦龙. 导读的艺术[M]. 北京：人民教育出版社，1994.

[11]〔美〕安德森，等. 布卢姆教育目标分类学：分类学视野下的学与教及其测评[M]. 蒋小平，等，译. 北京：外语教学与研究出版社，2009.

[12]〔美〕R·基思·索耶. 剑桥学习科学手册[M]. 北京：教育科学出版社，2010.

[13]〔加〕富兰，希尔，〔澳〕克瑞沃拉. 突破[M]. 孙静萍，刘继安，译. 北京：教育科学出版社，2009.

[14]〔美〕乔伊斯，等. 归纳教学模式[M]. 赵健，译. 北京：中国轻工业出版社，2003.

课例研修一 《风雨》

周　周[①]

【背景】

活动主题：探讨“例文”的上法。

活动方式：《风雨》课例研修。

活动流程：个人备课、上课，集体观课，各自选一个视角评课议课。

执教教师：国培学员刘欣。

听课老师：胡方平、汪敬、何静、王玉群。

活动成果：课堂实录、课件、教学设计及其评析、教学反思、观课报告、专题指导。

【课堂实录】

师：上课！

生：起立，老师好！

师：同学们好！先自我介绍一下，我是来自毕节市金沙县平坝中学的刘欣老师。(用手指幻灯片）我今年 46 岁了，有一点点老眼昏花，大家要见谅噢！同学们应该读过很多唐诗吧！

生：读过（小声答)。

师：读过李白的，杜甫的，白居易的，可是读过一个叫许浑的诗吗？

生：没有。

师：那我想给同学们介绍一下，许浑他并不出名，他是唐朝一位诗人，这首诗的名字叫《咸阳城东楼》。里面有两句比较经典的句子，就是

---

① 此课例研修活动由周周老师负责组织并指导完成，包括撰写课例研修专题指导报告，对相应研修活动成果进行收集整理。

“溪云初起日沉阁，山雨欲来风——满——楼（老师有意将“风满楼”三字的音延长）。

生：风——满——楼（学生声音小）。

师：我知道同学们就有听过的，虽然没有读过，他这句话非常经典，告诉我们呀，一场暴风雨将要来临的时候，风灌满了整个城楼。那么，这样的这个作品啊，古往今来很多，就是写风雨的。今天我们就一起来学习当代的著名作家贾平凹先生的《风雨》（手指多媒体）。刚才同学们在听我讲的时候知道这个字我读什么音呀？

生：wā。

师：它还有一个什么音呀？

生：āo。

师：（板书“凹”及注音）问：这个读“āo”我们已经很熟悉了，它和哪个字相对啊？

生：“凸”字。

师：表示呢！凹是陷下去的，凸是突出来的，这个“凹”实际上同哪个字呢？“洼”（板书“洼”）。这里贾平凹为什么读“wā”呢？我们看他的名字就明白了。（展示幻灯片）

生：wā。

师：贾平洼（补充），这个 wā其实就是取它这个音。顺便呢！同学们还看一下他的介绍：陕西人，当代文坛上屈指可数的文学大家噢，奇才噢！被誉为什么？

生：鬼才。

师：至于他的作品，大家看一下，我就不细说了。那么，同学们，李老师布置大家已经下去读了几遍，不知大家对课文里的生字词有没下去查一下？查一下字典噢！

生：有（小声回答）。

师：我想先考查一下噢，那我就先请——随便地抽一位同学来读一下课后的词语。读错了不要紧，有我们大家在哟！这样我随便数了，一、二、三、四、五、六——这位女同学，就是那位穿黄衣服的。

生：我？（站起来，小声的问）

师：嗯！

生：是读这里吗？

师：对，就是课文后面的生字词，一个词读一遍就行了。其他同学注意听哟！

生：（读生字词）

师：查了字典的同学就可以起来纠正了。

生：第二排第二个词语应该读“quán 曲”。

师：应该读“quán 曲”，听到没有？课文下面有注释，我们预习的时候不要放过每一个角落哟！还有没有问题啊？好，还有没有呀？

生：偌大，应该读“ruò”大。

师：是“ruò”，不是“nuò”大，非常好，看来这个同学预习比较认真。还有吗？你来。

生：第一排的第六个词语，是“zhà栏”，不是“péng 栏”。

师：“zhà栏”，非常好。这些词语呢，我做了一张幻灯片。（展示幻灯片）

生：（小声在下面读）

师：可能括号在这上面有点变化，不太对应，大家还能把它对应吗？

生：能！（大声答）

师：在我电脑上幻灯片对应的，在这上面一放就对应不起来，大家齐读一遍。

生：（齐读生字词）

师：这个字读“liāo”（指着“撩”），刚才有同学读“liáo”，也是有这个读音的，这里我还得要把里面的一个字提出来讲一讲。（板书“蔓”并注音“wàn”）

生：wàn。（学生在下面小声读）

师：这个字呢，有三个读音，瓜 wàn 儿（画简笔画）。还有一个读音呢，读“màn”（板书拼音），火势——

生：蔓延。

师：它是一个合成词，和其他的词语合起来组成一个词。注意记下笔记。然后呢！还有一个专门的词语，一种植物，名字叫“mán 菁”（板书“蔓菁”）。

师：下去把这些词语注一下，以后我们遇到这些字，在什么时候念什么音，要注意一下。虽然老师的普通话不是太好，但在这些方面还是要注意的。

师：既然大家对这些生字词已经很熟悉了，朗读这篇课文还有没有问题啊？可能还有一些，但是遇到问题一定要学会自己把它解决掉。那现在同学们自由朗读一遍课文，然后我请同学们用一句话来概括一下这篇文章。这篇文章描写一场什么样的风雨？自由朗读开始。（教师看表，并巡视）

生：（自由朗读课文，阅读很投入）

师：本文描写了一场____?______风雨。（板书，再次下讲台巡视。）

师：读完了吗？（巡视）

生：读完了。（大声回答）

师：大多数同学已经读完了，有的同学读的时候不敢放出声音来。其实大家都比我读的好，应该放开声音，放开喉咙朗读，朗读完这篇课文后的任务非常简单，相信每个同学都能完成。

生：（纷纷举手）

师：这个同学你来说。

生：暴怒无常。

师：还有呢？你来答。

生：不寻常，充满魔力，无所不能。

师：充满魔力，无所不能。哇，这个同学我知道他找到窍门了！还有没有？可不可以用猛烈？巨大？或者震天撼地？

生：惊天动地。

师：说得非常好，刚才我说了，有个同学找到了窍门，你们知道窍门在哪里吗？

生：（议论纷纷）

师：在标题下面的小字部分，是不是啊？

生：是。

师：这位同学如果是自己想出来的，那和这个就完全相似了，那同学们把小字部分的第一句话读一下。

生：（大声齐读）

师：好，这里有一个关键词。

生：称奇。

师：是不寻常（纠正），刚刚这个空可不可以用这个词来填？描写了一场不寻常的风雨。我们平时经常见到这样的风雨吗？

生：不常见。

师：既然这是一场不寻常的风雨，作者在笔下描写哪些景物不寻常啊？请你（们）马上再读课文，勾画一下哪些景物不寻常？动笔。

生：（默读并勾划）

师：（巡视，提示）哪些景物不寻常？你一定会发现如何不寻常的。

生：（举手）

师：有同学开始举手了，多找一点，这里面描写景物是不是很少啊？

生：很多。

师：喔，很多。下面，怕有些同学的手都举不动了，一会儿划不动了。下面，你说在哪一段，哪一句，你说一下就行了，给其他同学一点机会。

生：我认为是文中的第二段，描写的景物。

师：什么景物要说出来？

生：描写了垂柳，还有杨叶。

师：垂柳不寻常，如何不寻常。平时它怎么样？这时它怎么样？

生：平时它很安静，现在它……（声音很小）

师：一刹那，读成了一 shà那。（并示意另一个学生回答）

生：还有树林子。

师：平时它是平静的，现在它是怎样的？

生：（读第一段描写树林子的句子）

师：坐下，你们觉得平时看到的树林子是不是这样？平时，你们看外面，是不是平静的？（手指窗外）

师：风雨来了，它又会怎么样呢？一会儿鼓起来，一会儿塌陷下去，忽的怎么样，噌的又怎么样，我们读的时候可以有自己的感情。（教师用动作，让学生加深印象）

师：喔？这位同学你来说一下。

生：风雨来的时候，一头断了绳的羊也不一样了。

师：羊也变得不一样。（微笑）

生：因为，从我对羊的了解，羊的毛是白色的，风雨来了之后羊毛变成了黑色。

师：喔，羊毛为什么会变成黑色？

生：因为风雨来了，它四蹄滑行，跌倒在一个粪堆旁，失去了白的颜色。

师：非常好，羊变成了黑色，树林子变成了面团。（示意另外的学生答）

生：苍蝇也不一样了。（并读相关的句子）

师：很好。下边那个女同学说一下。

生：穿红衫的女子也不一样了。（学生很有感情地读了相关内容）

师：非常不错。那位戴眼镜的同学你说一下。风雨还影响鸟巢。

生：鸟巢不一样。（读相应段落）

师：确实不寻常，哪个同学说一下？

生：葡萄蔓也不一样了，平时它是攀附在树干上的，风雨来了之后它掉下来了，像死蛇一样。

师：（板书）：

树林子	面团
垂柳	垂直
羊	黑
葡萄蔓	死蛇

师：没有生命的死蛇。第三位同学来说一下。

生：风雨来了之后，废纸也不一样了。（读此段）

师：平时用“飘”，现在用“贴”。

师：最后那位同学说一下。

生：风雨来了，猫也不一样了。

师：猫与平时不一样了，平时跳不了这么高的屋檐，此时它也吃惊了。

生：池塘的浮萍凸起来了。

师：可以借鉴作者的这种手法，他写这么多，都是为了表现风雨，看我们课题下面小字部分的第二部分，再读一下。

生：（齐读）

师：你们找找看，有没有风雨二字？

生：没有。

师：确定没有？

生：确定。

师：要写风雨却不用“风雨”二字，这种手法叫什么？

生：侧面烘托。

师：对，这种手法叫侧面描写。（展示幻灯片）

师：这就是侧面描写的手法，是对周围景物进行描写，但又是为描写景物更加突出。这篇文章描写风雨猛烈，突出没有？

生：突出了。

师：它的作用就是这个，侧面描写方法，我们已经知道了，我们用一下。你们还能不能想生活中的事物，帮作者补充写一下风雨？随便想一个。

生：路上行人拿不住伞了，伞往天上飞走了。

师：好！路上行人都拿不住了，你来。

生：草地上的蒲公英到处飞舞。

师：蒲公英到处飞舞？（疑惑）

生：下雨后风吹不走。（议论）

师：我们轻轻吹一口气，蒲公英都能飞走，（手势）不是很典型，你来！

生：好学的学生都静不下心来写字做作业！

师：教室里的同学都坐不住了。你说呢？

生：房间里的窗帘都飞起来了。

师：房间里的窗帘都飞起来了，你说呢？

生：司机踩着油门车子都开不动了。

师：天呀，司机踩着油门车子都开不动了，哈哈！

师：你来说一下。

生：人家晾在外面的衣服都被吹掉（了）。

师：晾在外面的衣服都（被）吹掉了，不错的！

生：树上的树叶再也按捺不住了，发狂似的往下落。

师：你说呢？

生：在空中飞舞的鸟儿迎着狂风乱舞。

师：你这个（比喻）看有没有文中的风大？它在空中停止不动，翻成乱花，最后它像什么？

生：像石子掉在地上。

师：像石子般掉在地上，其实它已经摔死了，它已经被风吹下来砸死了，我们同学描写的风雨，你要符合它的意思。这场风雨其实非常大，我相信你们都会侧面描写了。会不会了？

生：会了。

师：比如，你们还可以写粗壮的电杆倒在了地上，电线到处都是，骑自行车的都骑不动了，下来推着走，吃力地往前走，这种就是侧面描写的方法。侧面描写的方法还可以用来写人，（展示幻灯片）我想让大家看一下，这个女孩子漂不漂亮呀？

生：漂亮。

师：这个女孩子漂亮啊，她是在历史上（很）有名的________

生：貂蝉？

师：这个女孩子叫罗敷，中国汉朝的时候有一部诗集，叫《乐府诗集》，其中有一首叫《陌上桑》，里面就描写了这个罗敷啊，非常漂亮，（诗中）根本没有"她是美丽的"这个词语，它说"行者见罗敷，下担捋髭须，少年见罗敷，脱帽著帩头，耕者忘其锄……但坐观罗敷"。走路的人，看到罗敷，都放下担子，少年见罗敷，都在装帅，害怕人家瞧不起自己啊，耕种的人都忘记了犁田，挖土的人都忘了挖土，回来还互相埋怨，大家互相抱怨啊，原来都是在看着罗敷。这都是用侧面描写，对罗敷的美不着一字，没有讲她好美丽哦！好漂亮哦！有没有？

生：没有。

师：那种叫喊口号，我们写作不能喊口号，要落到实处，还要想辙，想方法写好一篇作文，那么要善于运用什么方法啊？

生：侧面描写。

师：侧面描写的方法啊，给大家推荐侧面描写较著名的赵树理的《小二黑结婚》，里面写小芹姑娘的美丽（与写罗敷）有异曲同工之效，老舍的《骆驼祥子》里面写烈日和暴雨下的热啊，祥子拉车的热啊，他没有写那个热啊，没讲一个"热"字，同学们下去可以找这个文章读下。本文它生动的用侧面描写的手法，非常妙的把暴风雨写出来，给我们充分展示了大自然的威力，让我们感到恐惧，令人生畏。我把这篇文章适当改动一下，你看还有没有这种恐惧感。"树林子吹得晃来晃去，柳条吹得在空中乱舞，羊变黑，葡萄蔓像一条死蛇一样落下来，还有废纸在空中飘过去飘过来”，恐惧吗？

生：不恐惧。

师：生动吗？

生：不生动。

师：那么，这场风雨告诉我们自然的威力是无穷的。是令人生畏的，是不是所有的人都一样呢？所有的人都害怕呢？

生：不是。

师：请同学们在文中找一下，大家读文章最后一段。

生：(读最后一段)

师：发现没有，是不是所有的人都害怕这场风雨？

生：不是。

师：是谁不害怕？

生：小孩子。

师：你在哪些字词发现他们不害怕呢？

生：惊喜。

师：哦，惊喜，只有惊喜？

生：还有“趴”。

师：还有没有？

生：还有“却”。

师：你为什么觉得“却”字可以呢？

生：因为老头在使劲捶着腰腿，孩子们却全趴在门缝。

师：你说一下。

生：“却”字有转折的意思，老头有风湿病，风雨来了老人很害怕，孩子们却充满惊喜。

师：不错，他已经对这个关联词的用法理解了，这个“却”字不光是对老年人，还对前面所有的事物，前面是“虽然”，后面是“但是”，前面是“虽然”，后面是“却”，转到这里来了，你看他偏向哪一方面啊？

生：小孩子。

师：就是通过哪个字来偏向的？

生：“却”字。

师：就是“却”字，我们学的这篇文章是抒情散文噢。你看告诉我们这个风雨威力极大，令人生畏，但现在它“却”要说这些孩子他们不害怕。不害怕，那么说明作者的感情是要表达什么呢？说一下。

生：表现孩子的童真。

师：孩子的童真，赞美孩子的童真，是吧？不错，你来说一下。

生：想写自己小的时候，叙自己的情。

师：有可能是留恋自己儿时的时光啊，这个同学说得很深啊。

我们顺着这根藤，摸到了这个瓜，他写这篇文章时在抒发自己的情感。风雨可怕，我也能在风雨之中看到希望。这些孩子找到些什么？

生：乐趣。

师：唉，他们是不是只折一只小船放出去就行了，他们一直又叠着，叠着船，一只一只放出去，小船中可能有些被打翻了，有些可能漂到他想去的地方，仿佛看到了作者的希望，你觉得这篇文章有一定的哲理没有？

生：风雨过后有彩虹。

师：风雨过后有彩虹。不错，我们再请一个同学说一下。

生：不要畏惧困难。

师：不要畏惧困难，对啊，你说一下。

生：任何情况下，都有不同感受的机会。

师：在任何情况下，都有不同感受的机会，你说一下。

生：他讲的有点塞翁失马，焉知非福，无论在什么情况下，都要战胜困难。

师：好不好啊？

生：好。

师：引经据典，塞翁失马________

生：焉知非福。

师：坏事里面也有好事。

生：不怕伤心就怕开心。

师：记住，把它作为座右铭，遇到什么困难，这个风雨过后不要只是害怕，还要做些什么，找到其中的乐趣。

（师展示PPT：不见风雨怎么见彩虹）

（何静等整理）

【课件】

幻灯片 1

《风雨》教学设计

刘 欣

终点

1. 理解并学会侧面描写。
2. 理解作者含蓄的情感表达。

理解情感
把握主题

1. 通过改写课文与原文比较，体会作者的情感。
2. 再读最后一段，体会作者情感的变化。
3. 理解主题并拓展。
4. 布置作业。

抓关键词
学侧面描写

1. 学生勾画关键词。
2. 理解侧面描写这一手法。
3. 学生作侧面描写的补充练习。
4. 举例加深印象。

读准字音
整体感知

1. 把握凹、蔓、蜷、倏等读音。
2. 朗读课文，感知文意。

起点

1. 学生不善于分析侧面描写的手法。
2. 学生不易把握作者含蓄的情感表达。

幻灯片 2

咸阳城东楼

[唐]许浑

一上高楼万里愁，蒹葭杨柳似汀洲。
溪云初起日沉阁，山雨欲来风满楼。
鸟下绿芜秦苑夕，蝉鸣黄叶汉宫秋。
行人莫问当年事，故国东来渭水流。

幻灯片 3

作者简介

贾平凹，原名贾平娃，1952 年出生，陕西丹凤人。全国政协委员，陕西省作家协会副主席，西安市人大代表，西安市作家协会主席。1974 年开始发表作品。长篇小说《商州》《白夜》，自传体长篇《我是农民》等。《腊月·正月》获中国作协第 3 届全国优秀中篇小说奖;《满月》获 1978 年全国优秀短篇小说奖;《废都》获 1997 年法国费米娜文学奖;《浮躁》获 1987 年美国美孚飞马文学奖。最近获得由法国文化交流部颁发的“法兰西共和国文学艺术荣誉奖”。

幻灯片 4

凹

姓贾，名平凹，无字无号；娘呼“平娃”，理想于顺通；我写“平凹”，正视于崎岖。一字之改，音同形异，两代人心境可见也。

——贾平凹《我的小传》

● 凹 āo

◎ 周围高，中间低，与“凸”相对：~凸不平。~透镜。~版印刷（印刷术之一，与“凸版印刷”相反）。

● 凹 wā

◎ 意同“洼”（多用于地名）：大姚凹（在河南）。万家~（在云南）。碾子~（在陕西）。另有当代著名作家贾平凹的“凹（wā）”字也取自此音。

幻灯片 5

走近风雨，落实字音

偌大（ruò）	蜷曲（quán）
倏忽（shū）	模样（mú）
葡萄蔓（wàn）	撩起（liāo）
槐树（huái）	栅栏（zhà）
刹那（chà）	锥形（zhuī）

幻灯片 6

课文描写了一场<u>不寻常</u>的风雨。

幻灯片 7

侧面描写

也叫侧面烘托。通过对周围人物或环境的描绘来表现所写的对象，使对象更加鲜明突出。

幻灯片 8

行者见罗敷，下担捋髭须。少年见罗敷，脱帽著帩头。耕者忘其犁，锄者忘其锄。来归相怨怒，但坐观罗敷。

——《陌上桑》

幻灯片 9

不经历风雨怎能见彩虹

【教学设计及其评析】

基于证据的课堂教学持续改进
——《风雨》教学设计评析

周　周[①]

初上《风雨》，刘欣老师课件里的第一张幻灯片就是一份阶梯式样的教学设计（见前【课件】部分）。该“教学设计”的学情起点是：学生不善于分析侧面描写的手法；学生不易把握作者含蓄的情感表达。相应地，该“教学设计”的目标终点是：理解并学会侧面描写；理解作者含蓄的情感表达。显然，这节课所完成的两个教学目标的侧重点是不一样的，教学生“学会侧面描写”是教“知识”，教学生“理解作者含蓄的情感表达”是教“理解”。这是两个不同的教学走向。前者走向的教学是“例文”的上法，后者走向的教学是“样本”的上法。这两种教法各自独立，彼此之间不相互干扰。也就是说，在《风雨》这一节课里，刘老师既将其处置为“例文”，又将其处置成了“样本”。

后来，刘老师在原初设计的基础上进行了修改，现在所品析的这份“教学设计”，就是修改过的版本（见下文）。与她原初所上《风雨》用的课件中的“教学设计”相比，修改过的“教学设计”体现出的教学思想更加成熟，理路更加清晰，设计也更加精巧。前后相较，最大的改进是把原初所设置的《风雨》的两个教学目标分成了两个课时来处理。第一课时上“理解作者含蓄的情感表达”，是“样本”上法；第二课时上“学会侧面描写”，是“例文”上法。每个课时侧重完成一项任务，其他的各项工作都为完成这些任务服务。而且，第一课时教学任务的完成，客观上又为第二课时教学目标的更好达成作了铺垫。这样，“样本”设计得像“样本”，“例文”设计得像“例文”，清清爽爽，已经不存在把两种设计理路杂糅在一起的毛病了。这种改进是基于证据的，实质上是一种看得见的教学思想的成熟。

刘欣老师的教学设计，是有理路可寻的。先是教材分析，次是学情分析，再次是目标确定、任务分析、方法选择，最后是教学步骤设计，分别录于下，并作简要评析。

---

① 作者单位：贵州师范学院。

一、教材研习

《风雨》是人教版七年级上册第三单元的一篇写景散文，作者是贾平凹。

本单元都是写景抒情的散文，本文最突出的手法是侧面描写，感情流露比较含蓄，比较适合用例文的样式教会学生侧面描写的手法。

文章描写了一场不寻常的风雨，它改变了一切景物的形态和色彩，作者抓住风雨之中各种景物的特征，用生动形象的语言，细致描绘，从而表现这场风雨的不寻常。

作者善于用恰当的词语表达情感的变化，上课时可以用样本的形式引导学生理解作者感情的变化。

表现风大雨大的词句有哪些？怎样表现的（用了什么修辞或妙词）？

修辞：

1. 树林子像一块面团了。（比喻）
2. 落叶冲起一个偌大的蘑菇长在了空中。（比喻）
3. 绿似乎被拉长了许多。（借代）
4. 乱得像麻团一般。（比喻）
5. 一下子像一条死蛇，哗哗啦啦脱落下来，软成一堆。（比喻）
6. 羽毛翻成一团乱花。（比喻）
7. 瞬间石子般掉到地上。（比喻）
8. 几片瓦落下来，像树叶一样斜着飘。（比喻）
9. 水一下子聚起来，长时间凝固成一个锥形。（比喻）

用得妙的词句：

1. 词：鼓、猛扑、抛举、僵直、撞、跌倒、却、一下子、精湿
2. 句：废纸“贴”在墙上　　猫“竟”跳上了屋檐
　　“砸”出一个坑　　油灯“还是”点不着
　　木屋木架“吱吱”地响着

课后练习提示应该学习本文含蓄而精彩的表达理解结尾的情调变化，并学会细致观察并真切的描写。

【评析】

教材研习的目的是为了把握编者意图和文本体式特点，以便确定教学目标。文本体式特点把握得越精准，教学针对性越强。

“风雨”下景物的特征是变化万端，作者正是巧妙地抓住并成功地描写了各种景物“变”的情状，来突出风雨的特点。让人如闻其声，如见其形，如临其境。这种艺术效果又是通过生动形象的语言，细致的描绘，各种修辞，恰当而精准的词语表达，高超的侧面描写技巧等表现出来的。对“风雨”下景物“变化”特征的成功描写，是《风雨》文本体式的主要特征之一。这些，刘老师的“教材研习”基本都顾及到了。

二、学情估计和教学策略

1. 学生不善于细致观察，更不易去描写如此众多的事物来表现一个事物，学习本文，可以用“例文”的形式教学，教会学生多角度侧面描写（寻找观察事物），让学生动手写作一样景物，进行训练。

2. 本文作者表达的感情非常含蓄，学生不易读懂，要引导学生读懂本文的情感，关键在最后一段，抓住“惊喜”一词，发现结尾感情基调与前面几段的不同，从“却”字理解作者的情感变化，理解文本包含的哲理，直到学生学会读这一文本，可以用“样本”来上这堂课。

【评析】

要在学生以往知识的基础上实现新知识的建构，必须找到建构的基点。学情研判的目的就是为了找准这个建构的基点，并配合文本体式特征的研判确定教学目标。

三、教学设计

（一）“样本”教学设计（第一课时）

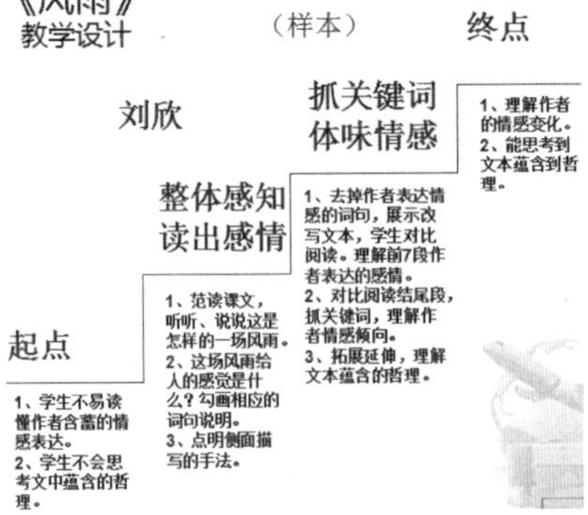

【评析】

这是按照教材“样本”选文类型的功能及其功能发生方式的思想做的教学设计。该设计依据选文的文本体式特征和学情分别确定了教学的终点和起点，从起点到终点的过程中，需要层层递进，跨越几级台阶，这在阶梯状的设计思路中直观体现了出来。

教学起点：

1. 学生不易读懂作者含蓄的情感表达。

2. 学生不会思考文中蕴含的哲理。

教学终点：

1. 理解作者的情感变化。

2. 能思考到文本蕴含的哲理。

要达成目标，在教学过程中要跨越两级台阶（即完成两个教学任务）：

台阶 1　整体感知，读出感情

1. 范读课文，听听、说说这是怎样的一场风雨。

2. 这场风雨给人的感觉是什么？勾画相应的词句说明。

3. 点明侧面描写的手法。

在这个环节中，学生做了两件事：一是听；二是勾画相应的词句并作相关说明。

台阶 2　抓关键词，体味情感

1. 去掉作者表达情感的词句，展示改写文本，学生对比阅读。理解前 7 段作者表达的感情。

2. 对比阅读结尾段，抓关键词，理解作者情感倾向。

3. 拓展延伸，理解文本蕴含的哲理。

在这个环节中，学生做了三件事：对比阅读，抓关键词，交流讨论。

这个教学设计，第一步是整体感知，初步读出感情，预计学生做了两件事后可达成这个目标；第二步，深入体味感情，预计学生做了三件事后可达成这个目标。这从学理上讲基本是合理的。但作为“样本”教学设计，在教学内容选择上，还需要明白：与“定篇”和“例文”的教学内容比较，“样本”的教学内容“主要来源于具体学生与特定文本的交往过程中”，而不是来自专家、教材编者或教师的权威阐释。《风雨》如果作为“例文”处置，其内容到底应该教什么，主要取决于具体学生在阅读欣赏过程中的现实情况，因而从学理上说，它是不能也无法事先指定的，学生不同，其教学内容必然会有所不同。即“样本”的教学内容是由具体学生在阅读欣赏课文的过程中面临的困难和出现的问题决定的，教学内容产生于阅读欣赏的“现场”。当然，如果教师对学生比较熟悉，学生阅读欣赏课文所面临的一些困难和问题，教师是可以事先估计的。通常情况下，绝大部分老师都会预设教学内容，这些预设的教学内容，有的可能是根据学情预设的，有的可能是根据教师自己的经验等预设的，但不论是哪种预设，一般都会转变为现实的教学内容，尽管有时候并不符合学情。而只知道教预设的教学内容却不知道或者忽视教学内容是在教学过程中产生的情况，实际上经常见到，所以，有提醒一下的必要。如果《风雨》要作为“样本”来处置，教学内容应该主要在教学过程中产生，即使是预设的教学内容也要由教学过程中具体的学情来决定修改与取舍。

（二）“例文”教学设计（第二课时）

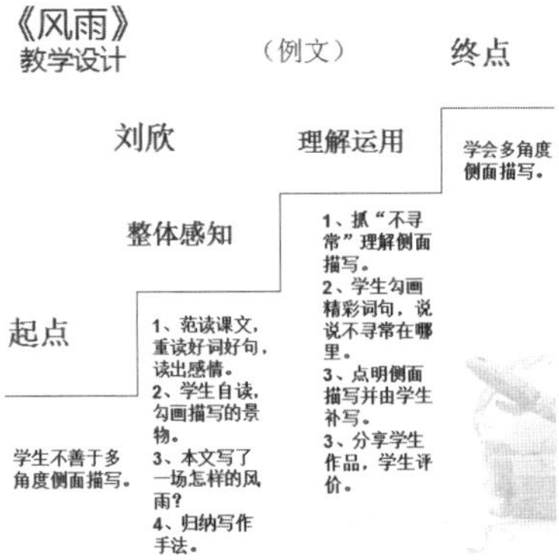

【评析】

这是按照教材“例文”选文类型的功能及其功能发生方式的思想做的教学设计。该设计依据选文的文本体式特征和学情分别确定了教学的终点和起点，从起点到终点的过程中，需要层层递进，跨越几级台阶，这在阶梯状的设计思路中直观体现了出来。

教学起点：学生不善于从多角度进行侧面描写。

教学终点：学会多角度进行侧面描写。

要达成目标，在教学过程中要跨越两级台阶：

台阶 1 整体感知

1. 范读课文，重读好词好句，读出感情。
2. 学生自读，勾画描写的景物。
3. 本文写了一场怎样的风雨?
4. 归纳写作手法。

台阶 2 理解运用

1. 抓“不寻常”理解侧面描写。
2. 学生勾画精彩词句，说说不寻常在哪里。
3. 点明侧面描写并由学生补写。
4. 分享学生作品，学生评价。

【评析】

整体上看，刘欣老师关于《风雨》这篇课文的以上两种类型的教学设计，无论是“教理解”还是“教知识”，其教学都是建立在“学”的活动的基点上的，其教学流程为 2～3 个主要环节。采用阶段式教案呈现形式，显得直观形象。另外，教什么，怎么教，起止分明，思路清晰。搭建起来的框架像“样本”和“例文”教学的设计框架，具体来讲有以下特色：

1. 终点，即教学目标，不是想当然地设置的，而是通过对课文编者的意图即单元主题和文本体式特点的分析和学情的了解之后确定的。

2. 清晰地区分了“样本”和“例文”终极教学目标的不同，即“样本”的教学目标侧重在“理解作者的情感变化，能思考到文本蕴含的哲理”；“例文”的教学目标则是侧重于“学会多角度侧面描写”这项知识。

这种知道在教学设计过程中对知识类型区别对待的做法，体现了现代教学设计理论贯穿的一个基本思想：不同类型的知识，不同类型的知识有不同的特殊学习过程和条件，所以，教学设计者在进行教学设计时，首先要注意对学习目标中的学习结果进行分类，根据不同类型的学习特点设计相应的学习过程和条件。(皮连生，24.)

3. 运用可视化的阶梯式教案，直观地展示了“样本”和“例文”教学设计的思维过程，“样本”教学设计的思维过程是“整体感知，读出感情——抓关键词，体味情感——理解作者的情感变化，能思考到文本蕴含的哲理”；“例文”教学设计的思维过程是“整体感知——理解运用——学会多角度侧面描写”，一堂课的 2～3 个教学环节清晰地呈现了出来。

关于不足之处，提以下两个问题商讨，以期促进思考：

1. 关于教学目标的设置与陈述问题。

教学之初，教者不妨先问自己：教学目标的设置与陈述是否确当？教学目标具有导学、导教、到测评的重要作用。在进行教学设计之前，首先要考虑的，就是教学目标设置要恰当，陈述要具体。一般来说，所设置的教学目标，一是依据了文本体式特点，二是依据了具体学情，是为恰当；所陈述的教学目标行为主体是学生，行为动词可观察、可测量，有行为条件和表现程度，是为具体。在该文的关于“样本”教学设计中，要达成的最终教学目标是“理解作者的情感变化，能思考到文本蕴含的哲理。”这个教学目标我感觉到有点问题。因为，一般来说，作者要表述、表达的东西，在文中已经表述、表达出来了。教学目标中提到的“作者的情感变化”，我在文章中怎么看也没看出来。我想，要么我看的角度不对，因而没有看到；要么作者的目的并不在于情感表达，所以无需去看。征求了几位老师的意见，似有同感。总之，这个教学目标的设置还需要商榷。还有，描写了风雨中的种种物态，其目的是不是要表达一定的哲理，我也感到疑惑。这是设置方面的问题。另外，关于目标的陈述，其中的行为动词是无法观察和测量到的，在这里，究竟行为目标的陈述，是用结果性目标陈述方式呢，还是用体验性目标陈述方式，也需要考虑。

2. 关于教学方法能否达成教学目标的问题。

教学过程中每一个环节的教学任务完成之后，最终能否顺利达成教学目标？也就是说，学生做了一系列的学的活动后，最终能学到我们希望他们学到的东西吗？这种设计有效吗？我想执教老师除了凭直觉感知外，也应该有一定的学理依据。

执教老师在“教学反思”中，认为《风雨》教学是达成了教学目标的。

就“例文”而言，其作用是用来教知识的，而不同类型的知识，有其学得的条件和过程，实际上，用“例文”来教知识的过程，基本原则就是符合知识习得的条件和过程。对于知识的习得，根据认知心理学理论，一般要经历三个阶段："知识的获得阶段（例-规法或规-例法）"——知识的"变式练习"阶段——知识的"迁移运用检测阶段"。所以，"例文"教学设计的过程自然也要体现出这个知识习得的条件和过程来才行。

在《风雨》作为"例文"来教的教学设计中，要达成的教学目标是"学会多角度侧面描写"这个规则性知识，这的确是满足"例文"教知识的教学目标的。为了达成这个教学目标，在教学过程设计中安排了两个大的教学环节，一个是"整体感知"，另一个是"理解运用"。在"整体感知"中具体包括"范读课文，重读好词好句，读出感情；学生自读，勾画描写的景物；本文写了一场怎样的风雨；归纳写作手法"这些教学行为；在"理解运用"中具体包括"抓'不寻常'理解侧面描写，学生勾画精彩词句，说说不寻常在哪里，点明侧面描写并由学生补写，分享学生作品，学生评价"这些教学行为。这个教学流程既不是"例-规"法，也不是"规-例"法，因此，完成这一系列教学行为后，能否真的达成预期的教学目标，还需进一步的检验和思考。

以上是对刘欣老师的《风雨》教学设计的述评。无论是"设计"还是"述评"，都融入了各自个人的思考。不求到位，但求别人看了这些"思考"，感到有话要说。因不完美引发的再一次思考与评议，或许更具有启发价值。

课堂教学，基于证据，改进将是持续的。

【教学反思】

《风雨》教学反思

刘　欣[①]

《风雨》是人教版七年级上册第三单元的一篇写景散文，作者是贾平凹。

文章描写了一场"不寻常"的风雨，这场风雨改变了一切景物的形态和色彩，作者抓住风雨之中各种景物的特征，用侧面描写的手法、生动细致地描绘，表现了这场风雨的不寻常。

根据王荣生教授的选文的功能性来看，目前已鉴别出语文教材的五种功能，即定篇、例文、样本、用件和引子。"定篇"教的课文是文学文

---

① 作者单位：毕节市金沙县平坝中学。

化的经典，或素有定评的名家名篇，如果把“定篇”类阅读教学称作“教课文”，那么“例文”类课文的阅读教学则是“用课文教”，即通过这篇课文的阅读，使学生学会与这篇课文相呼应的阅读方法，相当于指导学生形成新的阅读方法。而贾平凹的《风雨》是一篇典型的运用侧面描写的写景散文，可以用这篇课文教会学生从侧面描写的角度阅读文本。也正因为这一点，我确定这一课用例文的教学方法，重点是指导学生品味侧面描写这一手法，目标是让学生理解和运用侧面描写方法。根据学生课后没有预习习惯这一学情，我在安排教学环节时加上了字词教学，再依据学生不理解本文含蓄的情感表达这一学情，加了一个目标，就是理解作者情感的变化。

根据我的教学设计，用一课时的时间，完成了教学内容。其中用了28分钟来让学生发现侧面描写方法、品味这种方法的妙处、运用这种方法为课文作补充。前面用了10分钟作导入和生字词教学，后面用了7分钟阅读理解作者的情感。

由于重点突出，学生很投入，在阅读中寻找这场风雨的“不寻常”，归纳发现了侧面描写这一手法，我适时点拨，并顺势让学生运用这一方法为课文作口头补充描写，学生纷纷发言，运用效果很好；最后剩余几分钟，学生阅读结尾段，找到“却”和“惊喜”两个词，我引导学生理解了作者的情感，学生不但理解了这一点，还发现了文中蕴含的哲理，并当堂说出了自己的认识。所以我自认为达成了目标，时间把握准确，各环节之间紧扣目标进行，过渡自然，但是，经过老师们的分析、点评，我又深深地体会到这堂课的很多不足之处。

首先，贪多。目标太多造成许多错误，内容多时间就紧，就没时间让学生消化吸收，教师总有“赶”的状态，比如生字词的把握，没有把多音字组的词语板书出来，没有让学生讨论关键词的意思，没有布置学生课后抄写，即使读了一遍，也会很快遗忘。介绍幻灯片一晃而过，没有结合作者写作背景，在适当的时机，在课文理解中呈现，课后自己都忘了，学生不也忘了吗？特别是重点部分，让学生学习侧面描写，其实只是让学生了解本文用的是侧面描写的手法，至于是如何描写的，抓住事物的哪些特征来描写，描写景物的角度如何，根本就没有去深挖，只让学生肤浅地说了几个侧面着笔的例子，一个学生起来说一两句，并没有达到会用大量侧面描写来写景状物的目的。本课还安排了情感理解的教学目标，却连作者在什么背景下写这篇散文，究竟表达什么情感，为什么要表达这种情感，都没有做深入的挖掘，所有这一切原因，都是因为贪多，还是没有逃脱传统教学的习惯，总想在一篇文章里把什么都教给学生，结果什么也没教会学生，弄得老师累，学生也累，事倍功半。而造成这一后果的原因，是没有加强理论学习的结果。通过这次培训，我反省到自己出的问题是什么，从理论上来讲，就是没有彻底领悟好王荣生教授的理论。对“样本”和“例文”理解不透彻，没有正确运用理论去指导实践，使这一堂“例文”课流于表面，成了一堂“四不像”课。既有学习侧面描写的目标，又有品味词句、理解作者情感的目标，造成形式杂糅，影响目标达成，表面上看学生理解了侧面描写，口头上也会说一两句侧面叙述的话，但还不会真正去多角度生动形象地描写事物，烘托所写的对象，没有深挖作者侧面描写的用词、修辞，也就不能让学生真正体会到侧面描写的妙处，没有安排写作训练，也就没有调动学生的生活经验，真正实践运用侧面描写这一手法，如果去掉理解作者情感变化这一环节和目标，换成让学生习作，分享展示评价，这堂课才是真正的“例文”上法，也才真正让学生深刻、透彻地学到知识的上法。

其次，某些教学环节与教学目标无关。比如，导入内容与教学目标毫无关系，既与侧面描写无关，又对理解作者情感没有任何帮助，并且，为讲导入部分，花了整整三分钟时间，对于宝贵的四十五分钟来说，就是一种浪费，而实验二中蔡瑞丰老师上这一课的导入就很有价值，他让学生说印象最深刻的最近一场风雨，并要说出为什么印象深刻，引出了学生对这场风雨的描述，由老师点评描写方法、修辞手法，导入新课，紧扣到教学目标。任何一个教学环节都应该紧扣教学目标而产生，并一定要为教学目标服务，这是极其重要的一点，还有一点，就是蔡老师的课后作业布置，也让学生写一段侧面描写的文字，巩固了教学目标，而我打算布置学生下去搜集描写风雨的诗歌，这也与目标有一些脱节。

另外，我通过观看自己上课的录像，也发现许多不尽如人意的地方，表情比较死板，亲和力不够，语言不够干净利落，这些都有待改进和提高。

最后，通过反思，我得出以下经验：

1. 全面理解初中语文教材，把握各册教材在教学中承担的任务。

2. 纵观单元课文，合理分配文本在本单元中承担的任务。

3. 认真钻研文本，把握文本所承载的功能，决策好教学所采取的样式。

4. 加强理论学习，多听优秀教师上课，多参加教研活动，不断提升自己教学技能，正确判断教学样式，灵活运用理论联系实际。

因此，我认为我们应该加强理论学习，正确地运用理论知识来武装自己，多向有经验的优秀老师学习，争取备好每一堂语文课，上好每一堂语文课，让学生真正地会学语文。

【观课报告】

《风雨》课堂提问的有效性观察报告

何　静[①]

教材分析：

贾平凹的《风雨》是人教版七年级语文（上册）第三单元的一篇自读课文。本单元四篇课文都是写景散文，而《风雨》一课是运用侧面描写最典型的一篇，学习本课要求学生掌握侧面描写手法，品味精彩的语言，增加语言积累。因此，教学这篇《风雨》，要帮助学生感受学习侧面衬托的写作手法，本节课以问题来检测学生自读情况，所以从提问切入。

选点说明：

新课程改革的一个基本目标就是要老师确实转变传统的教学方式，提高课堂教学的有效性。提问是语文课堂教学中重要的环节，体现了教师的教学思想，可以说有效的提问催生了有效教学，有效的提问直接决定了学生学习成效的高低以及教师教学质量的水平。因此，为了更好地推进有效教学，提高自身教学素质，我们国培学员开展“课堂观察”活动，我选择“课堂提问的有效性”为观察点。观察对象为国培学员刘欣，执教内容是人教版七年级上册《风雨》。参与观察的人员为 2015 年国培学员语文班第一组成员。

“有效性提问”的涵义：

---

① 作者单位：毕节市黔西县重新中学。

有效：能实现预期目标，有效果。

有效性提问：指教师所提出的问题能够引起学生的回应或回答，且这种回应或回答能让学生更积极地参与到学习过程中，最终达到教学的目标，取得明显的教学效果。

观察过程：

师：上课。 生：起立，老师好！ 师：同学们好！先自我介绍一下，我是来自毕节市金沙县平坝中学的刘欣老师。（用手指幻灯片）我今年 46 岁了，有一点点老眼昏花。大家要见谅噢！同学们应该读过很多唐诗吧！ 生：读过（小声答）。 师：读过李白的，杜甫的，白居易的，①可是读过一个叫许浑的诗吗？ 生：没有。 师：那我想给同学们介绍一下，许浑他并不出名，他是唐朝一位诗人，这首诗的名字叫《咸阳城东楼》。里面有两句比较经典的句子，就是“溪云初起日沉阁，山雨欲来风——满——楼（老师有意将“风满楼”三字的音延长）。 生：风——满——楼（学生声音小） 师：我知道同学们就有听过的，虽然没有读过，他这句话非常经典，告诉我们呀，一场暴风雨将要来临的时候，风灌满了整个城楼。那么，这样的这个作品啊，古往今来很多，就是写风雨的。今天我们就一起来学习当今的就是当代的著名作家贾平凹先生的《风雨》（手指多媒体）。②刚才同学们在听我讲的时候知道这个字我读什么音呀？ 生：wā。	① 问与课题无关，与教学目标无关，无效。 ②—⑥问简介作者，有效。语文教学中，作者及写作背景的简介起着重要的作用，是语文导读的一个重要环节，教师予以足够的重视是必要的。	

师：③它还有一个什么音呀？ 生：āo。 师：（板书凹及注音）问：这个读“āo”我们已经很熟悉了，④它和哪个字相对啊？ 生：“凸”字。 师：表示呢，凹是陷下去的，凸是突出来的，⑤这个“凹”实际上同哪个字呢？“洼”（板书“洼”）。这里贾平凹为什么读“wā”呢？我们看他的名字就明白了。（展示幻灯片） 生：wā。 师：贾平洼（补充），这个 wā其实就是取它这个音。顺便呢，同学们还看一下他的介绍：陕西人，当代文坛上屈指可数的文学大家噢，奇才噢！⑥被誉为什么？ 生：鬼才。 师：至于他的作品，大家看一下，我就不细说了。那么，同学们，李老师布置大家已经下去读了几遍，⑦不知大家对课文里的生字词有没下去查一下？查一下字典噢！ 生：有。（小声回答） 师：我想先考查一下噢，那我就先请——随便地抽一位同学来读一下课后的词语。读错了不要紧，有我们大家在哟！这样我随便数了，一、二、三、四、五、六——这位女同学，就是那位穿黄衣服的。 生：我？（站起来，小声地问） 师：嗯！ 生：是读这里吗？	⑦—⑨问看似啰嗦，但很有必要。初中语文教学中一定要抓好并抓牢学生对字词的积累这一教学环节，只有掌握了字词，阅读能力才能及以提高。	

师：对，就是课文后面的生字词，一个词读一遍就行了。其他同学注意听哟！

生：（读生字词）

师：查了字典的同学就可以起来纠正了。

生：第二排第二个词语应该读“quán 曲”。

师：应该读“quán 曲”，听到没有。课文下面有注释，我们预习的时候不要放过每一个角落哟！⑧还有没有问题啊？好，还有没有呀？

生：偌大，应该读“ruò”大。

师：是“ruò”，不是“nuò”大，非常好，看来这个同学预习比较认真。

⑨还有吗？你来。

生：第一排的第六个词语，是“zhà栏”，不是“péng 栏”。

师：“zhà栏”，非常好。这些词语呢，我做了一张幻灯片。（展示幻灯片）

生：（小声在下面读）

师：可能括号在这上面有点变化，不太对应，大家还能把它对应吗？

生：能。（大声答）

师：在我电脑上幻灯片对应的，在这上面一放就对应不起来，大家齐读一遍。

生：（齐读生字词）

师：这个字读“liāo”（指着“撩”），刚才有同学读“liáo”，也是有这个读音的，这里我还得要把里面的一个字提出来讲一讲。（板书“蔓”并注音 wàn）

生：wàn（学生在下面小声读）

师：这个字呢，有三个读音，瓜 wàn 儿（画简笔画）。还有一个读音呢！读“màn”

（板书拼音），火势—— 生：蔓延。 师：它是一个合成词，和其他的词语合起来组成一个词。注意记下笔记。然后呢，还有一个专门的词语，一种植物，名字叫“mán 菁”（板书“蔓菁”） 师：下去把这些词语注一下，以后我们遇到这些字，在什么时候念什么音，要注意一下。虽然老师的普通话不是太好，但在这些方面还是要注意的。 师：既然大家对这些生字词已经很熟悉了，朗读这篇课文还有没有问题啊？可能还有一些，但是遇到问题一定要学会自己把它解决掉。那现在同学们自由朗读一遍课文，然后我请同学们用一句话来概括一下这篇文章。⑩这篇文章描写一场什么样的风雨？自由朗读开始。（教师看表，并巡视） 生：（自由朗读课文，阅读很投入） 师：⑪本文描写了一场　？　风雨。（板书，再次下讲台巡视。） 师：⑫读完了吗？（巡视） 生：读完了。（大声回答） 师：大多数同学已经读完了，有的同学读的时候不敢放出声音来。其实大家都比我读得好，应该放开声音，放开喉咙朗读，朗读完这篇课文后的任务非常简单，相信每个同学都能完成。 生：（纷纷举手） 师：这个同学你来说。 生：暴怒无常。	⑩问把学生引入到课文中去，学生带着不得答案不罢休的热情，自己去读，去思，去寻求答案。这是核心问题一。 ⑪问是变换了角度，变换了方式的重复问题。	

师：⑬还有呢？你来答。 生：不寻常，充满魔力，无所不能。 师：充满魔力，无所不能。哇，这个同学我知道他找到窍门了！⑭还有没有？可不可以用猛烈？巨大？或者震天撼地？ 生：惊天动地。 师：说得非常好，刚才我说了，有个同学找到了窍门，⑮你们知道窍门在哪里吗？ 生：（议论纷纷） 师：⑯在标题下面的小字部分，是不是啊？ 生：是。 师：这位同学如果是自己想出来的，那和这个就完全相似了，那同学们把小字部分的第一句话读一下。 生：（大声齐读） 师：好，这里有一个关键词。 生：称奇。 师：是不寻常（纠正），刚刚这个空可不可以用这个词来填，描写了一场不寻常的风雨。⑰我们平时经常见到这样的风雨吗？ 生：不常见。 师：⑱既然这是一场不寻常的风雨，作者在笔下描写哪些景物不寻常啊？请你（们）马上再读课文，勾画一下哪些景物不寻常？动笔。 生：（默读并勾画） 师：巡视，提示哪些景物不寻常，你一定会发现如何不寻常的。 生：（举手）	⑫问，无效。 核心问题一的设计是为了引出风雨的“不寻常”，“不寻常”是解读文本的切入点。当学生已经回答出风雨“不寻常”之后，老师又发出一连串的问题：⑭还有没有？可不可以用猛烈？巨大？或者震天撼地？预设答案出现太早，可否把问题调整为“这场风雨确实不寻常，还有其他词语更能反映这场风雨吗？”对比之中肯定“不寻常”会更好些。 ⑮－⑯问太随意，从学生的反应看出他们的迷茫。“窍门在哪里？”本就需要教师指导，没必要设问。直接用陈述句“这个窍门就在标题下面的小字部分”，效果会更好。	

师：有同学开始举手了，多找一点，这里面描写景物是不是很少啊？ 生：很多。 师：喔，很多。下面，怕有些同学的手都举不动了，一会儿划不动了。下面，你说在哪一段，哪一句，你说一下就行了，给其他同学一点机会。 生：我认为是文中的第二段，描写的景物—— 师：⑲什么景物要说出来？ 生：描写了垂柳，还有杨叶。 师：垂柳不寻常，如何不寻常。⑳平时它怎么样？这时它怎么样？ 生：平时它很安静，现在它……（声音很小） 师：一刹那，读成了一 shà 那。（并示意另一个学生回答） 生：还有树林子。 师：㉑平时它是平静的，现在它是怎样的？ 生：（读第一段描写树林子的句子） 师：坐下，你们觉得平时看到的树林子是不是这样。平时，你们看外面，是不是平静的？（手指窗外） 师：㉒风雨来了，它又会怎么样呢？一会儿鼓起来，一会儿塌陷下去，忽的怎么样，噌的又怎么样，我们读的时候可以有自己的感情。（教师用动作，让学生加深印象） 师：喔，这位同学你来说一下。 生：风雨来的时候，一头断了绳的羊也不一样了。	⑰问，起到过渡作用。 ⑱问是核心问题二。“不寻常”是达成目标的切入点，在教师的引导下，恰当巧妙的设问，解决了学生对本文重点的学习。 ⑲—㉓问引导、启发为主。培养和调动学生思考、分析、归纳等能力，有利于调动学生思维的积极性。	

师：羊也变得不一样。（微笑）

生：因为，从我对羊的了解，羊的毛是白色的，风雨来了之后羊毛变成了黑色。

师：㉓喔，羊毛为什么会变成黑色？

生：因为风雨来了，它四蹄滑行，跌倒在一个粪堆旁，失去了白的颜色。

师：非常好，羊变成了黑色，树林子变成了面团。（示意另外的学生答）

生：苍蝇也不一样了。（并读相关的句子）

师：很好。下边那个女同学说一下。

生：穿红衫的女子也不一样了。（学生很有感情地读了相关内容）

师：非常不错。那位戴眼镜的同学你说一下风雨还影响鸟巢。

生：鸟巢不一样。（读这一段）

师：确实不寻常，哪个同学说一下？

生：葡萄蔓也不一样了，平时它是攀附在树干上的，风雨来了之后它掉下来了，像死蛇一样。

师：（板书）：

树林子	面团
垂柳	垂直
羊	黑
葡萄蔓	死蛇

师：没有生命的死蛇。第三位同学来说一下。

生：风雨来了之后，废纸也不一样了。（读此段）

师：平时用“飘”，现在用“贴”。

师：最后那位同学说一下。

生：风雨来了，猫也不一样了。 师：猫与平时不一样了，平时跳不了这么高的屋檐，此时它也吃惊了。 生：池塘的浮萍凸起来了。 师：可以借鉴作者的这种手法，他写这么多，都是为了表现风雨，看我们课题下面小字部分的第二部分，再读一下。 生：（齐读） 师：㉔你们找找看，有没有风雨二字？ 生：没有。 师：㉕确定没有？ 生：确定。 师：㉖要写风雨却不用“风雨”二字，这种手法叫什么？ 生：侧面烘托。 师：对，这种手法叫侧面描写。（展示幻灯片） 师：这就是侧面描写的手法，是对周围景物进行描写，但又是为描写景物更加突出。㉗这篇文章描写风雨猛烈，突出没有？ 生：突出了。 师：它的作用就是这个，侧面描写方法，我们已经知道了，我们用一下。㉘你们还能不能想生活中的事物，帮作者补充写一下风雨？随便想一个。 生：路上行人拿不住伞了，伞往天上飞走了。 师：好！路上行人都拿不住了，你来。 生：草地上的蒲公英到处飞舞。 师：蒲公英到处飞舞？（疑惑）	㉔—㉗问的设计是为了突出教学重点“侧面描写”，落实教学目标。 ㉘问是核心问题三。备课结合实际，巧设问题，调动学生学习的积极性，激发学生表达的欲望，让学生被迫说变成想说。	

生：下雨后风吹不走。（议论） 师：我们轻轻吹一口气，蒲公英都能飞走，（手势）不是很典型，你来！ 生：好学的学生都静不下心来写字做作业！ 师：教室里的同学都坐不住了。你说呢？ 生：房间里的窗帘都飞起来了。 师：房间里的窗帘都飞起来了，你说呢？ 生：司机踩着油门车子都开不动了。 师：天呀，司机踩着油门车子都开不动了，哈哈！ 师：你来说一下。 生：人家晾在外面的衣服都（被）吹掉。 师：晾在外面的衣服都（被）吹掉了，不错的！ 生：树上的树叶再也按捺不住了，发狂似的往下落。 师：你说呢？ 生：在空中飞舞的鸟儿迎着狂风乱舞。 师：㉙你这个（比喻）看有没有文中的风大？它在空中停止不动，翻成乱花，最后它像什么？ 生：像石子掉在地上。 师：像石子般掉在地上，其实它已经摔死了，它已经被风吹下来砸死了，我们同学描写的风雨，你要符合它的意思。这场风雨其实非常大，我相信你们都会侧面描写了。㉚会不会了？	㉙问，把握时机，正确引导学生，进一步体会作者笔下风雨的“不寻常”。 ㉚问，无效问题。	

生：会了。 师：比如，你们还可以写粗壮的电杆倒在了地上，电线到处都是，骑自行车的都骑不动了，下来推着走，吃力地往前走，这种就是侧面描写的方法。侧面描写的方法还可以用来写人，（展示幻灯片）我想让大家看一下，㉛这个女孩子漂不漂亮呀？ 生：漂亮。 师：这个女孩子漂亮啊，她是在历史上（很）有名的________ 生：貂蝉？ 师：这个女孩子叫罗敷，中国汉朝的时候有一部诗集，叫《乐府诗集》，其中有一首叫《陌上桑》，里面就描写了这个罗敷啊，非常漂亮，（诗中）根本没有“她是美丽的”这个词语，它说“行者见罗敷，下担捋髭须，少年见罗敷，脱帽著帩头，耕者忘其锄……但坐观罗敷”。走路的人，看到罗敷，都放下担子，少年见罗敷，都在装帅，害怕人家瞧不起自己啊，耕种的人都忘记了犁田，挖土的人都忘了挖土，回来还互相埋怨，大家互相抱怨啊。原来都是在看着罗敷。这都是用侧面描写，对罗敷的美不着一字，没有讲她好美丽哦！好漂亮哦！有没有？ 生：没有。 师：那种叫喊口号，我们写作不能喊口号，要落到实处，还要想辙，想方法写好一篇作文，㉜那么要善于运用什么方法啊？ 生：侧面描写。	㉛问，激起学生品析《陌上桑》的好奇心，让学生进一步把握侧面描写的手法。 ㉜—㉞问，突出侧面描写的作用。	

师：侧面描写的方法啊，给大家推荐侧面描写较著名的赵树理的《小二黑结婚》，里面写小芹姑娘的美丽（与罗敷）有异曲同工之效，老舍的《骆驼祥子》里面写烈日和暴雨下写热啊，祥子拉车的热啊，他没有写那个热啊，没讲一个“热”字，同学们下去可以找这个文章读下。本文它生动的用侧面描写的手法，非常妙的把暴风雨写出来，给我们充分展示了大自然的威力，让我们感到恐惧，令人生畏。我把这篇文章适当改动一下，你看还有没有这种恐惧感。“树林子吹得晃来晃去，柳条吹得在空中乱舞，羊变黑，葡萄蔓像一条死蛇一样落下来，还有废纸在空中飘过去飘过来”，㉝恐惧吗？ 生：不恐惧。 师：㉞生动吗？ 生：不生动。 师：那么，这场风雨告诉我们自然的威力是无穷的。㉟是令人生畏的，是不是所有的人都一样呢？所有的人都害怕呢？ 生：不是。 师：请同学们在文中找一下，大家读文章最后一段。 （生读最后一段） 师：发现没有，㊱是不是所有的人都害怕这场风雨？ 生：不是。 师：㊲是谁不害怕？ 生：小孩子。 师：㊳你在哪些字词发现他们不害怕呢？	㉟—㊸这一连串问题围绕“惊喜”“却”展开，让学生明白，字字句句皆传情，读书时应深入思考作者的意图，包含的感情。	

生：惊喜。 师：哦，惊喜，㊴只有惊喜？ 生：还有“趴”。 师：㊵还有没有？ 生：还有“却”。 师：㊶你为什么觉得“却”字可以呢？ 生：因为老头在使劲捶着腰腿，孩子们却全趴在门缝。 师：你说一下。 生：“却”字有转折的意思，老头有风湿病，风雨来了老人很害怕，孩子们却充满惊喜。 师：不错，他已经对这个关联词的用法理解了，这个“却”字不光是对老年人，还对前面所有的事物，前面是“虽然”，后面是“但是”，前面是“虽然”，后面是“却”，转到这里来了，㊷你看他偏向哪一方面啊？ 生：小孩子。 师：㊸就是通过哪个字来偏向的？ 生：“却”字。 师：就是“却”字，我们学的这篇文章是抒情散文噢。你看（它）告诉我们这个风雨威力极大，令人生畏，但现在它“却”要说这些孩子他们不害怕。㊹不害怕，那么说明作者的感情是要表达什么呢？说一下。 生：表现孩子的童真。 师：孩子的童真，赞美孩子的童真，是吧？不错，你来说一下。 生：想写自己小的时候，叙自己的情。 师：有可能是留恋自己儿时的时光啊，这个同学说得很深啊。	㊹问，是核心问题四。阅读散文，要体认作者所见所闻，分享作者所感所思。这一问题的设计有利于目标的达成。	

我们顺着这根藤，摸到了这个瓜，他写这篇文章时在抒发自己的情感。风雨可怕，我也能在风雨之中看到希望。㊺这些孩子找到些什么？ 生：乐趣。 师：唉，他们是不是只折一只小船放出去就行了，他们一直又叠着，叠着船，一只一只放出去，小船中可能有些被打翻了，有些可能漂到他想去的地方，仿佛看到了作者的希望，㊻你觉得这篇文章有一定的哲理没有？ 生：风雨过后有彩虹。 师：风雨过后有彩虹。不错，我们再请一个同学说一下。 生：不要畏惧困难。 师：不要畏惧困难，对啊，你说一下。 生：任何情况下，都有不同感受的机会。 师：在任何情况下，都有不同感受的机会，你说一下。 生：他讲的有点塞翁失马，焉知非福，无论在什么情况下，都要战胜困难。 师：㊼好不好啊？ 生：好。 师：引经据典，塞翁失马______ 生：焉知非福。 师：坏事里面也有好事。 生：不怕伤心就怕开心。 师：记住，把它作为座右铭，遇到什么困难，这个风雨过后不要只是害怕，还要做些什么，找到其中的乐趣。 （师展示 PPT：不见风雨怎么见彩虹）	㊻问对目标达成没有意义。不是每一篇课文都折射出一定的哲理，设计此问题有些牵强。 ㊼问，无效。	

观察结果分析：

我对刘欣老师《风雨》这堂课的教学过程中所提问题进行认真记录并作了分析：这次观察中我采集了刘教师几乎所有的提问、学生回答及教师的理答情况，下来对这些记录进行汇总和处理。从量上看刘老师课堂提问一共有 47 次，平均 1 分钟一个问题，从质上来看有效问题 43 次，无效问题 4 次。总体看来教师课堂提问的有效性较高，教师所提的核心问题有 4 个，核心问题呈现的是教学环节的组成，是教学目标达成的重要手段。这 4 个核心问题和她说课时提出的教学目标是紧密相关的，直接对应，这说明刘老师在课堂中“想教的”和“实际教的”是高度一致的。整堂课是以问题来推进的。教学过程中教师把握了教材，注重了提问教学的技巧性和问答的实效性，提问面广并且关注了学生的学习情况，不断调整问题的落点和方向。

教学建议：

这堂课提问存在的不足之处：一是问题的推进密度有些大，平均 1 分钟一个问题还包括了答问的时间，给学生的思考时间太少，对学生答案重复的多，评价和质疑的少。二是提问的主观性太强，太随意。三是喜欢重复提问。比如：“还有呢？”“还有没有？”容易让学生产生厌烦情绪。四是通过对整堂课的观察发现，提问都是由教师主导，学生一直处在回答的状态，这也是被动学习的一面。五是出现 4 次无效问题，这种现象是可以避免的。这是我的一些看法，有不当之处请指正。

课堂教学过程优化研讨
——《风雨》教学案例分析报告

胡方平[①]

王荣生教授从语文教材选文的不同功能鉴别出五种类型，即“定篇”“例文”“样本”“用件”和“引子”，这种鉴别澄清了从“文体”的角度来划分选文类型的概念，让教师真正从语文教材编撰的角度去探讨“选文”功能性的教学模式，解决了语文课堂教学中用什么教、教什么及怎

① 作者单位：毕节市黔西县谷里中学。

么教的问题；解决了广大教师语文教学中什么都可以教，什么都想教，结果什么也没教透的问题；进一步优化了课堂教学内容、教学结构和步骤，真正提高了课堂教学效率。下面就刘欣老师教学的《风雨》这节课作简要分析，浅谈选文的功能性划分对优化课堂教学所起的作用。

《风雨》这篇课文，是贾平凹的一篇散文，两年前选进了初中语文课本。刘老师设置了六个环节来进行教学。第一个环节是导入部分，教师从许浑的《咸阳城东楼》中“溪云初起日沉阁，山雨欲来风满楼”导入，学生对这首诗也不熟，看似有一定的文学性，然而就导入的效果来说，意义不大。导入要符合教学的目的性，要从学生的实际出发，要从课型的需要入手。这篇课文是一篇侧面描写较为突出的文章，侧面描写也是教学的重点，可以考虑有针对性的直接导入。第二个环节是作者简介，本环节用时 1 分 54 秒，较为简练可行，但是否考虑和第一环节合并较为节省时间，又能突出教学主题。第三个环节是教师引导学生处理字词，本环节用时 5 分 10 秒，重点较为突出，特别是就“蔓”字的三个读音进行讲解，针对文中的读音和词义进行了分析，有助于学生理解文意。第四个环节是学生自由朗读课文，找出作者写了一场什么样的风雨，教师引导学生根据课文前提示来分析哪些景物“不寻常”。课堂充分发挥了学生的主观能动性，学生找到了“树林子像面团，垂柳僵直，羊变黑，葡萄蔓像死蛇，纸贴在墙上……”，本环节用时 17 分 34 秒，充分地让学生了解了课文内容，为下一环节教师教学侧面描写作了很好的铺垫。第五环节教师主要教学侧面描写，这个环节用时 10 分 40 秒。教师出示了侧面描写的概念，学生用侧面描写的形式说一句写风雨的话，对改写前和改写后的句子进行了对比，补充讲了《陌上桑》中“少年见罗敷，脱帽著帩头。耕者忘其犁，锄者忘其锄；来归相怨怒，但坐观罗敷”，是写人的侧面描写，《小二黑结婚》中对小芹的描写，《骆驼祥子》中写“在烈日和暴雨下”对酷热的描写也是用侧面描写。接着进入课堂的最后环节，本环节用时 8 分钟，带领学生分析第九自然段小孩子的童真及表达的哲理，用“不经风雨怎么见彩虹”进行课堂小结。从整堂课来看，教师教学容量大，教学环节紧凑，教学时间分配较为合理，学生学习也较为主动，浅层次的目标基本达成，是一堂优秀的课。但从深层次的教学目标达成，教学目标、教学内容和教学环节的统一性来看，这堂课还有值得优化的地方。

根据王荣生教授选文功能划分观点，把课文当作什么来教，教材所选课文是承担了不同功能的。七年级第三单元是一个写景诗文单元，三篇文章《春》《济南的冬天》《风雨》它们在单元中承担着不同的任务。首先，品析精美语言，深入品味作者细微情感是一个重要的教学任务；其次，如何学习写景也是本单元的另一个重要任务。《春》《济南的冬天》很自然地承担了引领学生赏析的任务，也就是通过对文本的解读来理解作者所表达的情感，用“样本”的上法较为合适。而《春》和《济南的冬天》也有学习写景的教学任务，也就是运用文中的写景方法进行仿写，可以用一节课上成“例文”。《风雨》这篇文章作者所表达的情感较为隐含，如是按“样本”来教学课文，教学重点是突出“风雨”之狂给万物带来的恐惧，突出孩子们的童真，眼中看到的美好，享受风雨带来的乐趣，教师教学侧面描写是为了理解作者的这一情感。但这篇文章如果从这个方面进行教学的话，学生理解难度大，教学的难度也大，不利于上成“样本”。这篇文章最为突出的特点就是侧面描写非常生动形象，整篇都在写“风雨”而又无“风雨”二字，所以它承担着如何教学生运用侧面描写来写景的任务这种解读较为合适。

刘欣老师这堂课的目标是“理解并学会侧面描写；理解作者含蓄的情感表达”，教师是要把课上成“样本”还是“例文”，从目标上来看，是二者的综合。从课堂结构来看，也是两者的结合体，这也并非不可以，但是要有侧重点，这样课堂教学的走向才清楚。我们教师在处理教材方面要先进行功能性定位，做出取舍，确定有效的教学目标，这样一篇文章的教学内容才能随之确定，确定了教学内容，才能更好地设计教学环节。我认为本课教学目标可删去“理解作者含蓄的情感表达”，在设置教学内容时，把重点放在侧面描写上，通过引导学生对课文中侧面描写的理解来提炼出多角度侧面描写的方法，达到学生能运用侧面描写写景的目的。比如写“垂柳全乱了线条，当抛举在空中的时候，却出奇地显出清楚，刹那间僵直了，随即就扑撒下来，乱得像麻团一般”，教师可在教学时就提炼出“借描绘这物奇特的景象（写柳条的‘景象’），目的是烘托那物（‘风’狂）”为学生搭建支架。

写这物		场景中的表现		烘托那物
垂柳	重点写线条（柳条）	被抛举	清楚、僵直	风狂
		扑撒下来	像麻团	
				酷热

教师如能引导学生从文本的隐含性信息中提炼出联系他们生活情景的知识，设计一个用侧面描写写景的片断作文形式，让他们在练习中掌握侧面描写；学生如能运用这种经验性的知识来仿写一个景象，比如“酷热”，“例文”教学的目标就已达成。如果学生只是在课堂用简单回答来侧面叙述风雨中的物象，学生对侧面描写的掌握会很浅显，可能只是知道侧面而不能进行描写，或者只会描写而不能从侧面去进行，真正在片断作文或作文中就很难运用。我想，上成“例文”的话，教学的指向性会更加明确，教学内容会更恰当，教学环节会更明晰，目标达成会更有效。

所以，我认为教师备课前，对课文的功能性定位很重要，教师得先解决教什么，才能解决怎么教的问题。有文化性和文学性的古诗文和有定论的经典名篇我们是必须定为“定篇”的，如《论语十二章》《岳阳楼记》等；但就一般的课文来说，该定为“样本”“例文”还是“用件”“引子”，我们教师就可以灵活自主些，我们除了根据学段，分析课文在教材、在单元中承担的功用，并结合学情来定位，我们就能找到这种定位的教学核心价值，也就是课文的教学目标或者说教学点，这样我们才能设置教学内容的落脚点，设计更为科学的课堂结构，安排合理的教学环节，从而形成高效的课堂教学。

《风雨》课例分析报告
——基于引导有效“阅读”视角

汪　敬[①]

《语文新课程标准》指出：要让学生充分地读，在读中整体感知，在读中有所感悟，在读中培养语感，在读中体会作者的思想感情。“读书百遍，其义自见”这句话道出了阅读的意义，阅读是每个学生获取知识，领悟道理的有效途径。学生的阅读是个性化行为，这是《语文课程标准》给我的重要提示，学生在进行自主学习的过程中，能在教师的点拨引导下，科学地搜集和运用有效信息。

贾平凹的《风雨》是人教版七年级语文（上册）第三单元的一篇自读课文。本单元前四篇课文都是写景散文，而《风雨》是运用侧面描写

① 作者单位：毕节市金沙县西洛中学。

最典型的一篇课文，学习本课要求学生掌握侧面描写手法，品味精彩的语言，增加语言积累。因此，教学这篇《风雨》，要帮助学生感受学习侧面描写的写作手法，进一步在写作中运用侧面描写，可以用侧面描写描写生活中的一些景物。本节课授课老师让学生用自读方式理解课文，用回答问题的方式来检测阅读效果。

本次我负责的观察角度是“学生阅读”，我们在准备阶段做了以下工作，第一个工作就是制订观察方案，我们做了四个确定：确定观察主题——阅读的有效性；确定观察内容——学生阅读；确定观察的方法——听、看、记；确定观察工具——摄像机。我们从“问题回答情况”进行检测分析；根据回答的情况进行对分析的有效、低效、无效进行判断。

一堂成功的语文课，阅读在教学中起到很重要的作用。2015 年 10 月 23 日，在贵阳实验二中听了刘欣老师上的《风雨》这篇课文，我对语文教学中阅读的作用有了新的认识，知道阅读对理解课文有很大的辅助作用。

从刘欣老师的这一堂课来看，学生读了八次，内容有课文生字词、课文预习提示、课文、侧面描写的文字介绍，主要采取个人朗读、自由朗读、全班齐读这三种方式。

上课开始后，老师为了检查学生的预习情况，请了一个同学读课文后面的“读一读”，“写一写”，共耗时 20 秒，学生读错了三个字，“蜷曲”中的“蜷”，“偌大”中的“偌”，“栅栏”中的“栅”，从学生的阅读中可以看出，一些学生对形声字的读音还不能准确把握，教师在课前检查学生的字词读音掌握情况是很有必要的，这可以减少学生的阅读障碍，让学生减少对字的误读误解。

请同学纠正之后，老师为了巩固学生对生字词读音的掌握，又选取了一些多音字、相似字的注音，学生又齐读了一遍，耗时 20 秒，我认为这种阅读也很有必要，它可以让学生对这些容易错的注音不仅得到纠正，还可以进行固化。

刘老师这堂课，让学生阅读生字词，从课堂流程来看是有效的。对于字词的检查，不应该只让学生读课后的“读一读”，“写一写”，应该让学生把自己不会的写下来，让几个学生上黑板去写，请其他同学帮忙解决，划出学生错得频率最高的字的读音，让学生读一读，这对学生对课文字音的掌握更有帮助。老师给学生展示一些多音字、形似字的读音，让学生齐读，虽然让学生掌握了这些字的读音，但有可能漏掉了一些学生不会读、会读错的字，并且学生学习的主体性和主动性也没有得到发挥。

对课文的阅读，老师共安排了两次：第一次阅读采取自由朗读的形式，耗时 4 分 11 秒，课前老师让学生阅读后回答一个问题，“这篇课文描写了一场______的风雨？”老师巡视，给予指导。阅读的过程中，我观察到学生大多数很投入，只有几个同学阅读不够认真。

从回答问题来看，学生应该是去思考了的，因为学生回答比较积极，还有学生说到了是一场不寻常、充满魔力、无所不能的风雨，与教师要达成的教学切入点已经很接近了，从这次阅读来看，效率非常高，让老师节约了一些时间，又达成教学的阶段性目标，这次阅读就非常有效。

紧接着对课文预习提示第一句话的阅读也是很有必要的，虽然耗时约 20 秒，但让学生抓住了贾平凹笔下风雨的显著特点“不寻常”，这也是理解文章的关键，也让学生对文章中风雨的印象更深刻，也便于老师下一个环节的教学，从这一点来看，课文预习提示第一句话的阅读是有效的。

接下来的阅读，采取默读形式进行全文阅读并进行勾画，阅读之前，老师还提了要求：“风雨到来时，看哪些景物不寻常？勾画出不寻常的景物。”耗时 4 分多钟，学生在阅读时很投入，大多数学生都拿笔认真勾画，课堂学习氛围很浓。老师要求学生阅读停止信号发出后，有许多学生举手，在寻找不寻常景物的过程中，学生分别从与垂柳、树林子、羊、鸟巢、葡萄蔓、废纸等相关句子中去找，而且还通过自读这些句段，做了一些感想，恰好这些句子也是用了侧面描写，这对学生学习侧面描写的这一目标的达成有很大的帮助，从这一点来看，这次阅读也是有效的。

学生找出景物的不寻常，老师进行简单归纳之后，又让学生齐读课文预习提示的第二句，耗时约 20 秒。这部分的内容与本文的写作特点有很大关系，让学生对本文写风雨在文中却不出现“风雨”二字有更深刻的认识，也让学生对侧面描写的认识更加深刻，这一次阅读对课文的写作特点有更深的认识。

阅读侧面描写的概念，教师想通过这样的方式让学生对侧面描写印象更加深刻，但在阅读之后，让学生对身边的景物进行侧面描写的过程中，学生对侧面描写理解还是不够深刻，我认为这次阅读是低效的。

课文最后一段的阅读，耗时 20 秒，教师提问：“是不是所有人都害怕呢？”目的是让学生体会文章中作者的情感。在学生阅读之后，学生找到了“惊奇”与“却”这两个关键词，读出了晦涩的道理，风雨再可怕，也可以在风雨中看到希望，找到快乐。

从老师这堂课设置的目标即在文章中体会作者的情感这一层面来看，这一次阅读是有效的，但是从这堂课的侧重点即让学生学习侧面描写来看，对侧面描写概念的阅读是低效的。从整个课堂设置来看，最后一段的阅读是无效的，还有点画蛇添足，如果可以把最后一段的阅读与对侧面描写的概念阅读，变成对文章中使用侧面描写的句子进行反复阅读，并找一个句子做侧面描写的典型事例分析，再让学生对身边的事物写一些使用侧面描写的句子，效果会更好。

一堂课，阅读是否有效，关键在于学生对有效信息能否捕捉，老师安排阅读是否有效，也应该看课堂教学中学生对重要知识是否习得，是否透彻；这除了与学生的学习能力有关外，还与老师的课堂导向、问题设计等息息相关，思考阅读是否有效，可以让教师课文教学设计更科学有效，还可以让老师教学过程更严谨。

《风雨》幻灯片有效性研究报告

王玉群[①]

利用系统分析的新方法构建课堂教学 PPT 使用有效性评价指标体系，教学内容、呈现形式、界面特征和制作技术为准则层，知识体系性、结构逻辑性等多项元素为指标层，分层次设置评价指标，同时充分采纳评价主体在两两比较判断矩阵构造中的不同评估意见构建判断矩阵。

ppt 制作观察表

幻灯片	幻灯片呈现的内容、文字和图片特征分布	时间	观察情况分析
第 1 张	大标题《风雨》居中，右下角制作人的姓名，风雨画面做背景。开始上课呈现。	3:25～3:30	展示课题，醒目明白，让学生一上课就知道要上什么内容。
第 2 张	左半部分作者简介，右半部分作者半身头像。导入新课过后呈现。	3:30～3:33	适时插入幻灯片，文字结合图像，让学生对作者有个深刻的印象。但是对作者介绍的文字过于平淡，如果用不同的颜色和字体突出他的作品和成就效果更好。

① 作者单位：毕节市金沙县岩孔街道初级中学。

第 3 张	左上角标题：词语检测，整幅呈现字词，括号，注音，在学生读完校正过后呈现。	3:33～3:56	幻灯片地呈现在学生完成了“读一读”“写一写”的内容，并在相应的情况下展示，时间机缘都符合了，让学生齐读一遍，更加深印象。
第 4 张	侧面描写的定义。师生赏析完风雨里呈现的侧面描写内容后呈现。	3:56～4:05	师生共同赏析完文中侧面描写的内容过后，展示侧面描写的定义。符合了由学生在习得过程去理解定义。齐读幻灯片内容让学生对定义有一定的印象。
第 5 张	罗敷外貌美的侧面描写。左半部分是文字，右半部分是美女图片。	4:05～4:09	学生了解定义后再来了解其他文章中的侧面描写，有利于学生对侧面描写的应用奠定基础。如果先出现文字，让学生判断这段文字写出罗敷什么特点，学生回答后再展示图片印证学生的回答更好。
第 6 张	风雨过后彩虹图字幕呈现“不经历风雨怎么见彩虹”课堂结束呈现。	4:09～4:11	本文应该作为典型的例文来教学更好，后面的情感教育有些多余。

结合上表，刘欣老师这堂课的 ppt 应用紧扣教学环节，服务教学目标，在操作过程中也显出刘欣老师熟练运用电脑的技能。我坐在最后一排也能看得清幻灯片上的内容。幻灯片的制作图文结合，各种字体、各种颜色的搭配得当，看上去不死板，内容不单一，形式多样化，让学生不感到枯燥乏味。能提学生兴趣，使课堂不枯燥乏味。但也有些瑕疵，比如：所有幻灯片呈现的都是结论或例子，没有由幻灯片提出问题让学生进行讨论。第二张幻灯片的展示由于版本不合，导致拼音不在括号内，走神或接受能力稍差的学生，容易混淆不清字词内容；第五张幻灯片中，先出图片再出文字，容易给学生以定式思维从而不能更好地体会感悟文字描述的魅力，降低学生对文字的敏感度，不利于学生感悟文字的妙处。第六张幻灯片的展示及所讲述内容，不适合于例文教学，有画蛇添足之感，但是这不影响教学内容及环节设定。

【专题指导】

“例文”视角下的《风雨》

周　周①

一般来讲，讨论，总有一个前提，甚至前提之外还有前提。对“例文”的讨论，也是这样的。在教一篇课文或用一篇课文来教之前，要知道这篇课文文本体式有什么特征，可用来干什么，最适宜用来做什么，如何去用才能取得更大的效果，才能更好地达到想要达到的目的。这就是选文类型及其功能发挥方式的确认，是执教老师最先做的第一步工作，也是教学的前提之一。

本文正以此为前提，从“例文”的视角对《风雨》课例展开讨论。

一、关于“例文”

关于“例文”，有这样几个问题是需要弄明白的：什么是“例文”？“例文”有什么特征？“例文”有什么功能？“例文”功能是怎么发挥的？

王荣生教授曾从功能的角度将教材选文划分为“定篇”“例文”“样本”和“用件”4 种类型，不同类型的选文有不同的文本体式特征，有不同的功能及其功能发挥方式。那么，在这里，“例文”的含义是什么呢？

（一）“例文”及其特点

根据王荣生教授的观点，“例文”是文选型教材选文的一种类型。从“例文”的课程与教学内容的角度看，“例文”的课程与教学内容发生于所选用的这一篇“例文”的外部，它们或者是从许多文本的研读和分析中所抽绎出来的“共通的法则”和“共同的样式”，或者是从文章、文学作品的阅读和写作活动中所总结出来的基本原理和行为方法规范，是相对外在于这一篇选文的“已经成型的知识”。

一篇文章一旦选入教材，就具有它的教学价值。虽然“文章是多方面的东西，一篇文章可从种种视角来看，也可以应用在种种的目标上”（夏丏尊、叶圣陶），但一本特定的教材中一篇特定的“例文”，一般情况下，

① 作者单位：贵州师范学院。

语文教材不太可能对上述的种种方面兼而顾之，也无必要对“例文”的字、词、句、篇、语、修、逻、常面面俱到。从“例文”的实质看，“例文”是将本来含有无限可能性的诗文，限制在一个特定的侧面、特定的点来作为例子，这就是“例文”的实质。

从教材编撰的角度看，“例文”大致有以下几个特点：

（1）知识统帅选文，选文则主要起知识的例证作用。

（2）例文只用“文”的某个部分或某些点的某些方面。

（3）为使学生有效地掌握知识，需要集中使用相当数量的例文，使知识得以充分的展现。

（4）讲知识与读文选往往穿插进行。

（5）相关的数项知识纵横联络，形成群体，以防造成知识的孤立和割裂。

（6）教材设计的所有活动，都必须围绕着知识学习，体现出知识学习这一宗旨。

（二）“例文”功能及其发挥方式

根据“例文”的含义及特点，可以清楚地看出“例文”类型选文具有以下功能：

“例文”是为相对外在于它的关于诗文和读写诗文的事实、概念、原理、技能、策略、态度等服务的。“例文”相当于数理化的直观教具，感知“例文”的目的，是要通过“例文”，使学生更好地理解和掌握知识。

怎么用“例文”来教知识呢？

一是选用“文”中适合于教知识的那些部分为“例”。也就是说，“例文”并不一定非要全文完篇，它可以是三言两语的片段。“例文”多用片段，并不是因为这一片段“精彩”，而是因为该片段足以说明问题，且又能避免部分可能分散注意而干扰了所“例”的主题。对“选文”的合适处置法，该篇的时候，必得完篇；该段的时候，就得用段。

“例文”主要起知识的例证作用。而中选的“例文”，用的其实也并不是整篇的“文”，多数情况下，派上用场的只是诗文或诗文读写的某一侧面的某一点或某几点。

二是为了更好地教知识，要呈现多篇例文。由于语文知识往往是“不能明确界定的概念”，单用一篇“例文”往往还不足以达到知识学习的目的，往往还需要用不同变式呈现多篇“例文”，以充分地展示语文知识的内涵。(倪文锦，230-236.)

以上关于“例文”及其特点、功能及功能发挥方式的理论，将作为以下分析《风雨》课例的工具。

二、关于《风雨》

了解《风雨》课例，就是把《风雨》课例的关键特征从背景中审辨出来，这就需要“打开”课例，描述事实，切片分析，归纳总结等。

关于《风雨》，需要关注这样几个问题：执教者对课文类型和性质是如何认识或定位的？执教者认为该文有什么功能？执教者是如何使本文发挥其教学功能的？

在《风雨》课例中，执教老师对文本体式特点的定位（见其《教学反思》）是这样的：

《风雨》是人教版七年级（上册）第三单元的一篇写景散文，作者是贾平凹。文章描写了一场“不寻常”的风雨，这场风雨改变了一切景物的形态和色彩，作者抓住风雨之中各种景物的特征，用侧面描写的手法、生动细致地描绘，表现了这场风雨的不寻常。

……

贾平凹的《风雨》是一篇典型的运用侧面描写的写景散文，可以用这篇课文教会学生从侧面描写的角度阅读文本。也正因为这一点，我确定这一课用例文的教学方法，重点是指导学生品味侧面描写这一手法，目标是让学生理解和运用侧面描写方法。

这是执教者对这篇课文的文本体式特征即文本类型、功能及其发挥方式的确认，在这种认识基础上，对本节课的教学目标即“教侧面描写”随后就有了一个初步定位。也就是，执教者认为这篇课文适宜作“例文”来教，可用来教“侧面描写”这一知识。

在《风雨》课例中，执教老师对学情的分析（见其《教学反思》《课件》）是这样的：

根据学生课后没有预习习惯这一学情，我在安排教学环节是加上了字词教学，再分析学情，学生不理解本文含蓄的情感表达，所以还加了一个目标，就是理解作者情感的变化。

……

学生不善于分析侧面描写的手法，学生不易把握作者含蓄的情感表达。

执教老师根据自己对《风雨》文本体式特征和学情的分析确定以下教学目标：

1. 理解并学会侧面描写。

2. 理解作者含蓄的情感表达。

事实上，这两条目标，既是《风雨》教学的起点，又是它的终点，规限了教学流程的走向。

在《风雨》课例中，执教老师为了达成以上两条目标，所安排的教学流程（见其《教学反思》《课件》《课堂实录》）：

导入（2分钟）：由许浑的诗句“溪云初起日沉阁，山雨欲来风满楼”导入贾平凹的《风雨》。

环节1（2分钟）：作者简介。由讨论贾平凹的“凹”（wā、āo）的读音引出作者简介。

环节2（6分钟）：字音辨析。辨析了十个生字词的读音：偌大（ruò）蜷曲（quán）倏忽（shū）模样（mú）葡萄蔓（wàn）撩起（liāo）槐树（huái）栅栏（zhà）刹那（chà）锥形（zhuī）

环节3（20分钟）：文意理解。自由朗读一遍课文，用一句话来概括“这篇文章描写一场什么样的风雨？”

1. 学生自由朗读（2分钟）。

2. 学生概括文意（2分钟）。

这篇文章描写一场____________的风雨（学生概括后所填的词：“暴怒无常”“充满魔力，无所不能”“惊天动地”“称奇”）

末了，老师引导学生关注标题下面的小字部分中的“不寻常”，最终引导学生用“描写了一场<u>不寻常</u>的风雨”这句话来概括本文的内容。

老师问学生平时是否经常见到这样的风雨，学生说不常见。老师的意思是这样的风雨不常见，所以“不寻常”，意图是让学生发现风雨“不寻常”，找出体现“不寻常”风雨的景物，理解风雨“不寻常”的地方。所以，又提出了这样一个引导性的问题：既然这是一场不寻常的风雨，作者在笔下描写哪些景物不寻常啊？

3. 学生寻找（16分钟）：作者笔下所描写的“不寻常”的景物。

学生默读、勾画相关景物的词语、并回答“哪些景物不寻常”这个问题。学生默读、勾画并答出的景物有：垂柳、杨叶、树林子（接着老师引导学生依照“平时它怎么样？这时它怎么样？”的思路用课文里的语句去回答）、（于是学生回答）羊也不一样了、苍蝇也不一样了、穿红衫的女子也不一样了、鸟巢不一样了、葡萄蔓也不一样了、废纸也不一样了、猫也不一样了、池塘的浮萍凸起来了（并同时说或读相关句段）（文中描写到但学生没有提到的还有：鸟、鱼儿、老人、孩子）

由于执教者的“目标是让学生理解和运用侧面描写方法”，因此，这个教学环节引导学生关注的重点应该落在对“不寻常”风雨的“不寻常的描写”上，而不是去寻找作者笔下所描写的“不寻常”的景物。

环节 4（8 分钟）：探讨侧面描写。

师：要写风雨却不用“风雨”二字，这种手法叫什么？

生：侧面烘托。

师：对，这种手法叫侧面描写。你们还能不能想生活中的事物，帮作者补充写一下风雨？随便想一个。

生：路上行人拿不住伞了，伞往天上飞走了。草地上的蒲公英到处飞舞。好学的学生都静不下心来写字做作业！房间里的窗帘都飞起来了。司机踩着油门车子都开不动了。人家晾在外面的衣服都（被）吹掉。树上的树叶再也按捺不住了，发狂似的往下落。在空中飞舞的鸟儿迎着狂风乱舞。

（最后，老师问学生是否会侧面描写了，学生回答会了。）

师：比如，你们还可以写粗壮的电杆倒在了地上，电线到处都是，骑自行车的都骑不动了，下来推着走，吃力地往前走，这种就是侧面描写的方法。侧面描写的方法还可以用来写人，（展示幻灯片中罗敷画像和《陌上桑》语段：“行者见罗敷，下担捋髭须，少年见罗敷，脱帽著帩头，耕者忘其犁……但坐观罗敷”）这都是用侧面描写，对罗敷的美不着一字，没有讲她好美丽哦！好漂亮哦！

《小二黑结婚》，里面写小芹姑娘的美丽与此有异曲同工之效，老舍的《骆驼祥子》里面写烈日和暴雨下的热啊，祥子拉车的热啊，他没有写那个热啊，没讲一个“热”字。

归纳起来：“写风雨却不用‘风雨’二字”“写美不着一个‘美’字”“写热不着一个‘热’字”，这种手法就叫“侧面描写”。

环节 5（4 分钟）：说明作者所表达的感情。

师：本文生动地用侧面描写的手法，非常妙的把暴风雨写出来，给我们充分展示了大自然的威力，让我们感到恐惧，令人生畏。这场风雨告诉我们自然的威力是无穷的。是令人生畏的，是不是所有的人都一样呢？所有的人都害怕呢？

生：小孩子不害怕。

师：你在哪些字词发现他们不害怕呢？

生：惊喜、“趴”“却”。

师：那么说明作者的感情是要表达什么呢？

生：表现孩子的童真。想写自己小的时候，叙自己的情。

师：赞美孩子的童真。风雨可怕，也能在风雨之中看到希望，找到乐趣。

环节 6（3 分钟）：探讨这篇文章的哲理。

师：你觉得这篇文章有一定的哲理没有？

生：风雨过后有彩虹。不要畏惧困难。任何情况下，都有不同感受的机会。塞翁失马，焉知非福，无论在什么情况下，都要战胜困难。不怕伤心就怕开心。

对这些回答，老师都予以一一肯定，最后说：记住，把它作为座右铭，遇到什么困难，这个风雨过后不要只是害怕，还要做些什么，找到其中的乐趣。

这就是在一节课的时间线条上，课堂上依次发生的关键教学事件，也是执教老师《风雨》教学运行的思维线路。在这条线路上，实际上探讨了五个话题内容：十一个生字词的读音，一场“不寻常”的风雨，十多种不寻常的景物，侧面描写的手法，作者在风雨之中看到希望、找到乐趣的感情，不见风雨怎么见彩虹的哲理。

本课例在教学流程上明显地体现了“话题式课程”的特征：除“导入”环节外，本课例讨论了“生字词”“这是一场什么样的风雨”“写作手法”“思想感情”和“哲理”五个话题。“话题式课程内容”是预设的。学生在教师引导下，围绕着话题展开对话或讨论进行学习，从一个话题过渡或转换到另一个话题，每一个话题的对话和讨论构成相对独立的一个教学环节。对话或讨论、过渡或转换，推动教学过程向前发展。整个教学过程就是由这五个预设的话题及其对话讨论内容组成的一个流程。

完成了这几个教学任务之后，作者在《教学反思》里说是达成了教学目标的。这是属于评价环节的内容，可以从教学评价的角度讨论，这里暂且搁置。

从时间的维度考察，执教老师在《教学反思》中说：

用了 10 分钟作导入和生字词教学，用了 28 分钟来让学生发现侧面描写方法、品味这种方法的妙处、运用这种方法为课文作补充，用了 7 分钟阅读理解作者的情感。

但从《教学视频》看出，导入约 2 分钟，作者简介约 2 分钟，字音辨析约 6 分钟，文意理解，即“自由朗读一遍课文，用一句话来概括‘这篇文章描写一场什么样的风雨？’”约 4 分钟（其中，自由朗读约 2 分钟，概括文意约 2 分钟），学生寻找作者笔下所描写的“不寻常”的景物约 16 分钟，探讨侧面描写的时间约 8 分钟，阅读理解作者的情感约 4 分钟，探讨文章哲理约 3 分钟。

从各教学任务的关系考察，除了导入和生字词环节外，执教老师的教学活动大致是围绕着以下问题安排的：“这是一场不寻常的风雨？”“哪些景物表现了风雨的不寻常？”“作者是如何表现这场风雨的不寻常的？”“他为什么要写这场不寻常的风雨？”“这有什么深刻含义？”

为了推动教学活动往前发展，执教教师围绕着六个教学任务，用了六句问题式引导语，引导学生进行学习活动，完成学习任务。这五句话分别是：

不知大家对课文里的生字词有没下去查一下？

这篇文章描写一场什么样的风雨？

请你马上再读课文，勾画一下哪些景物不寻常？

要写风雨却不用风雨二字，这种手法叫什么？

那么说明作者的感情是要表达什么呢？

你觉得这篇文章有一定的哲理没有？

根据以上课例描述看出，《风雨》课例里，有侧重教理解的（“样本”走向），也有侧重教知识的（“例文”走向），在谋求对课文内容理解的同时，中间又夹杂教“侧面描写”的知识。因此，从“样本”和“例文”的视角看，该课例前面部分上成了“样本”，中间部分上成了“例文”，最后部分又上成了“样本”。这是本课例的主要特征。

三、关于“例文”视角下的《风雨》

这一步所做的是一项“比对”的工作。就是把“例文”的要求或标准与《风雨》课例的关键特征作一个比对。实际上就是运用“例文”这一理论工具去分析《风雨》这个课例，然后说出其中上课的一些道理来。以“例文”标准看《风雨》，可选择这样几个“比对”点：执教者是不是把《风雨》这篇文章作为“例文”来处置的？如果是的话，又是怎么处置的？与“例文”的要求或标准有哪些出入的地方？

（一）非“例文”处置的部分

从“例文”的视角看，《风雨》这个课例没有有效规避“我国语文教材一概以‘篇’为‘例’所产生的弊病”，即教一篇作为“例子”的选文时，往往“字词句短篇语修逻常”面面俱到，部分分散注意而干扰了所“例”的主题。《风雨》课例本来预计要作“例文”来教的，即通过《风雨》来教“侧面描写”知识，但是过程中却花了大量时间教了别的内容，如教了“作者表达的感情”和“文章蕴含的哲理”等，这就是分散注意而干扰了所“例”的“侧面描写”的主题。因为，教“例文”有一条重要原则：“设计的所有活动，都必须围绕着知识学习，体现出知识学习这一宗旨。”该课例中安排的“导入”“生字词探讨”“这是一场什么样的风雨”“用了什么写作手法”“表达什么思想感情”和“有什么哲理”这五个话题式的教学内容，其意图与作用，都应该紧紧围绕“侧面描写”这个知识点的学习，体现出促进学生深入地理解和领悟“侧面描写”知识这一宗旨，而不是在既定的“侧面描写”知识之外，又插进去的其他内容。但事实上并未如此。尽管上课老师在“教学反思”中说是要按照例文去上的，且也探讨了“侧面描写”的手法，但课例描述显示，整个课例的出发点和运行路径又不纯粹是“例文”的成分，所以最后果然没有上成纯粹的例文。

关注文本的什么特征，就会对文本产生什么样的理解。之所以会这样，一个原因可能与老师对文本的定位有关。执教老师并没有仅仅把《风雨》定位为描写“例”文。教学中老师提到“这是一篇抒情散文”，而且还应该反映一定的哲理，说明还是哲理文。既然是抒情散文和哲理文，自然要探讨一下作者抒发的感情，探讨一下描写中蕴含的哲理了。因此，才有后面部分的师生关于“情感”和“哲理”的对话。但此举却逃出了“例文”的规限。

如果说，“作者简介”“生字词读音辨析”“概括课文内容”“寻找不寻常的景物”这四个教学任务可以勉强看着是为“学习侧面描写手法”做铺垫的话，而“阅读理解作者的情感”和“探讨文章哲理”则纯粹是各自单独为一个环节，显然并不是彼此或为教知识做铺垫的。

执教者在《教学反思》中说是要把《风雨》当“例文”教的，但在设置教学目标时，又把“阅读理解作者的情感”作为一个单独的教学目标，在实际教学过程中，又加进了“探讨文章哲理”，实际上有点想面面俱到的样子。这说明，想教什么和实际在教什么，想法和做法之间还存在着一定的距离。

下面我们从“例文”类型选文及功能发挥方式的角度，侧重讨论《风雨》这个课例（课堂实录）中的一个教学片断。

（二）作为“例文”处置的片段

根据“例文”类型选文及功能发挥方式的几条标准看，该课例中有一个部分是按照“例文”来处置的。就是第四个环节中用了八分钟的时间来探讨的“侧面描写”写作手法：

……

师：要写风雨却不用风雨二字，这种手法叫什么？

生：侧面烘托。

师：对，这种手法叫侧面描写。你们还能不能想生活中的事物，帮作者补充写一下风雨？随便想一个。

生：路上行人拿不住伞了，伞往天上飞走了。草地上的蒲公英到处飞舞。好学的学生都静不下心来写字做作业！房间里的窗帘都飞起来了。司机踩着油门车子都开不动了。人家晾在外面的衣服都（被）吹掉。树上的树叶再也按捺不住了，发狂似的往下落。在空中飞舞的鸟儿迎着狂风乱舞。

（最后，老师问学生是否会侧面描写了，学生回答会了。）

师：比如，你们还可以写粗壮的电杆倒在了地上，电线到处都是，骑自行车的都骑不动了，下来推着走，吃力地往前走，这种就是侧面描写的方法。侧面描写的方法还可以用来写人。（展示幻灯片罗敷画像和《陌上桑》语段：“行者见罗敷，下担捋髭须，少年见罗敷，脱帽著帩头，耕者忘其锄……但坐观罗敷”）这都是用侧面描写，对罗敷的美不着一字，没有讲她好美丽哦！好漂亮哦！

《小二黑结婚》，里面写小芹姑娘的美丽（与写罗敷）有着异曲同工之效，老舍的《骆驼祥子》里面写烈日和暴雨下的热啊，祥子拉车的热啊，他没有写那个热啊，没讲一个“热”字。

这个教学环节要教给什么知识呢？侧面描写。用什么来教呢？用《风雨》《陌上桑》《小二黑结婚》《骆驼祥子》的某个部分或某些点的某些方面以及师生所举的例子来教。怎么教呢？执教者先引导学生充分理解《风雨》中的样例，引导学生从课文的诸多描写“风雨”的例子中发现一个共同特点，即文中的所描写的“风雨”，都没有出现“风雨”二字，于是归纳出“侧面描写”这项知识来；接着，让学生围绕“侧面描写”这项知识列举出多个相关的例子进行练习；再不同变式地呈现《陌上桑》《小二黑结婚》和《骆驼祥子》等多篇例文，充分展示“侧面描写”的内涵。即以《风雨》《陌上桑》《小二黑结婚》《骆驼祥子》及师生所举的例子等多个例子来作为“例证”，将“侧面描写”知识与“例子”穿插进行，最后引导学生聚焦并从例子中审辨出“侧面描写”知识的关键特征：“写风雨却不用风雨二字”“写美不着一个美字”“写热不着一个热字”，这种手法就叫“侧面描写”。然后再让学生举几个侧面描写的例子。从而完成了“侧面描写”这项知识的教学任务。

这些，都符合“例文”类型选文及功能发挥方式的特点，而且这个教学环节教学设计的所有活动，都围绕着“侧面描写”知识学习，体现出“侧面描写”知识学习这一宗旨。《风雨》这个教学环节实际上给我们展示了“例文”的教法。

四、“例文”应该怎么教

通俗地说，“例文”就是用来教知识的。而知识是有不同类型的，不同类型的知识有不同的特殊学习过程和条件，所以，“例文”教学时，首先要注意对知识进行分类，根据不同知识类型设计相应的学习过程和条件。

以《风雨》为例：

文本体式特点分析：《风雨》是一篇侧面描写文，语言生动形象，用词精准，描摹技法高超……适合作“侧面描写”知识教学的“例文”。

学情分析：学生能读懂课文内容，以及作为“侧面描写”的其他例子的内容；已经进行过正面描写的训练和写作；已经读过大量侧面描写的文段。

教学目标确定：能根据要求，运用侧面描写手法说或写一段话（这个“教学目标”实际上涉及“侧面描写”的概念和“侧面描写”的各种规则，因此属于“概念和规则”知识类型）。

学习条件分析：

关于“侧面描写”概念的学习。学习“侧面描写”这个概念，本质上就是掌握“侧面描写”这类文章的共同本质特征。有两种学习路径可通达此目标：一是通过多个例子归纳出“侧面描写”的共同本质特征；二是通过直接下定义揭示概念的本质特征。前者叫发现学习，用这种方式习得概念的条件有三个：有对若干正例和反例的观察与辨别；有积极地进行抽象概括的思维活动；要对学生的反应及时提供反馈。后者叫接受学习，用这种方式习得概念的条件也有三个：学生认知结构中已经有同化新概念“侧面描写”的上位概念“描写”和“描写的类型”；呈现概念的定义；紧随概念定义呈现之后，举例说明概念定义中所包含的本质特征。

关于“侧面描写”规则的学习，与其概念学习相仿。学习“侧面描写”各种规则，发现式学习有三个条件：同时呈现“侧面描写”规则的若干变化的例子；学生积极辨别例子，提出假设，并根据例子的变化来检验假设；对学生的发现活动给予指导和反馈。

“侧面描写”规则的接受式学习，实质上是学生运用自己原有“描写”方面的知识结构同化新知识的过程，所以前提条件之一，是学生认知结构中具有可以用于同化新规则的知识结构；学生应比较新规则与原有上位规则的异同点；提供适当例子说明新规则与原有上位规则的异同。（皮连生，24-62.）

探讨“例文”教学的问题，实质上就是探讨如何使学生有效获得语文知识的问题，也就是探讨如何用“例文”来教语文知识的问题。原则上来说，知识怎么用就怎么学，怎么学便怎么教。语文知识的教学终究要符合语文知识学习和运用的规律。概括地讲，接受式学习用“规-例”法。发现式学习用“例-规”法，即从多个例子中，概括归纳发现知识；再进行知识的变式练习，这是知识向技能转化的关键；最后是运用知识，实现知识的迁移。这是知识获得规律，也是“例文”功能发挥方式。另外，再补充以下几点：

首先，要让学生从“例文”中发现知识和理解知识。理解知识就是从“例文”中审辨出知识的关键特征。我们对客体性质的建构仅仅取决于我们作用于它们的程度。(瓦兹沃思，1978) 知识弥散在每一个范例里，一般情况下学生没有关注到，要引导学生聚焦范例中体现知识关键特征的信息，将其从“例文”背景里凸显出来，通过分析、归纳、比较和总结，把这些关键特征审辨出来。

其次，要让学生经历变易。促使发生变易，设计对比是一个有效的方法。因为有比较才有鉴别。高与矮，胖与瘦，大与小，放在一起比较，一眼就看出差别来。侧面描写是相对正面描写而言的。课例的内部结构应该是对比。正侧对比，同类别的描写对象的侧面表现对比，不同类别的描写对象的侧面表现对比。

最后，“例文”上法的高级形式是把知识放到建构知识结构体系中去教，最终要建构知识结构体系，因此，要引领学生将“相关的数项知识纵横联络，形成群体”，而不是孤立地将一项知识割裂开来学习。

参考文献

[1] 倪文锦. 语文教育展望[M]. 上海：华东师范大学出版社，2002.
[2] 皮连生，刘杰. 现代教学设计[M]. 北京：首都师范大学出版社，2005.
[3] 卢敏玲. 变异理论和优化课堂教学[M]. 合肥：安徽教育出版社，2011.

课例研修二 《秋天》

吴在东[1]

【背景】

执教教师：秦江明，男，从江县宰便中学语文教师，中教二级，教龄5年。

教学主题：人教版七年级（上册）第三单元诗歌《秋天》。

观察老师：穆宗军、张琴、潘莲、温向利。

活动背景：

这个课例是“国培计划（2015）教师团队置换脱产研修项目”贵州师范学院初中语文班第八组学员在贵阳十五中跟岗期间产生的。

执教班级：七年级（1）班；学生人数：23/44；课堂实录设备：录音笔；实录整理人：秦江明。

当时跟岗已近尾声，他们5人都已上了研修课，准备最后整理一下材料就结束了。我作为这个小组的学院指导教师，觉得他们还可以上得更好些，而十五中领导和两位指导老师也十分热情地支持，于是就有了一次我与他们共同备课、观课、议课的过程。这个过程的具体情况他们的文章已有具体介绍，记得还在观课的教室里，我就已被初中学生的出色发挥震惊了，那些学生竟然能够在文本中看出这么多东西，而且还有一定的深度，比之学员几天前所上的研修课，上课效果简直上了一个台阶。大家都很兴奋，中午在学校食堂用餐后，就在食堂围坐一起进行议课。大家的感觉是相同的，这两节课都很成功，值得好好总结认识。我们决定就把秦江明这节课作为小组课例研究对象，按课例产生过程分头进行分析，经过小组研讨交流和文稿修改，于是产生了这个《秋天》课

---

① 此课例研修活动由吴在东老师组织指导完成，并负责撰写课例研修专题指导报告、相关活动评议及活动成果整理。

例研究成果。

【课堂实录】

（课前）

师：同学们，在上课之前，老师想给大家变个魔术。

生：好！

师：你们都能记住自己的生日，对不对？

生：对。

师：我这个魔术呢，是需要大家配合的。那么，注意了，按照老师的要求去做。生日是单数的同学做这个动作（在胸前合掌），生日是双数的同学做这个动作（在胸前把手掌分开）。

生：是月份还是出生那天的数字？

师：是出生那天的数字。做好了动作，还有一个要求，就是要面带微笑，必须。接下来就是见证奇迹的时刻，我得借助一下道具，就是手机。注意了，面带微笑，保持这个动作，首先给大家照一张。（教师拿出手机给学生照了一张照片。）

生：（保持动作，等待）

师：好了，奇迹即将发生。

生：（全神贯注，充满好奇）

师：这个照片，我拿给大家看一下（教师展示照片），都看到了吧？

生：看到了。

师：这个要等我回到我所在的学校，奇迹就会发生！我会告诉他们，我在贵阳上课多受欢迎啊！

生：（恍然大悟，大笑）

师：这个就是奇迹，也是课前的轻松一刻！谢谢大家！

生：（鼓掌）

（入课）

师：上课！

生：起立！

师：同学们好！请坐下！进入今天的课程，欢迎来到麦克·泰的课堂。春夏秋冬，四季轮回，每个人都用自己独特的感受解读四季，那么在同学们的眼中，秋天给你们留下了怎样的印象？这个时候，我们就需要大家发言探讨了，有请！

生：我来感受的话，就是秋高气爽，然后地面上都是黄金的。

师：秋高气爽，讲到颜色，很好，请坐，有请下一位。

生：硕果累累。

师：嗯！讲到丰收，不错，请坐。还有谁要讲一讲？

生：就是很高兴，他们有了果实，一年之计在于春的喜悦。

生：是秋天，不是春天。(哈哈大笑)

生：哦！那就是春天播种，时间见证了他们的收获。

师：见到麦克·泰比较激动，对吧！秋天，强调丰收。还有没有想说的？

生：天高云淡。

师：好！还有吗？戴眼镜的小伙。

生：凋零。那些树木的叶子全部都枯黄凋零了。

师：凋零，比较悲伤、悲凉，对不对？还想补充吧？

生：是。忧愁，中秋节，从这个节日可以推出来。中秋大多讲团圆，可是很多人都不能团圆，所以是忧愁。

师：想到中秋节，有些人不能团圆而忧愁，很好。那么在同学们的眼中，秋是千姿百态的，相信你们体味到的只是城市的秋天，那么，在现代诗人何其芳的心中，乡村的秋天又是什么样的呢？让就需要我们睁大发现美的眼睛，去领略诗人笔下浓浓的秋意。请你们打开课本，翻开第 14 课。有预习过吗？

生：有。

师：我们首先来了解一下作者。何其芳，现代散文家、诗人、文艺评论家，原名何永芳，四川万县人，代表作有散文集《画梦录》。《秋天》选自其早年创作的诗集《预言》。大家都能在课文注解找到，请勾画圈点。

生：(动笔)

师：既然有预习过，那么我就来检查一下你们对生字词的掌握情况。之前是找了一位同学来带领大家读，这次我就随机抽奖，点到谁，就把课后的“读一读”“写一写”的生字词准确地读出来。大家要注意听，发现读错的要给予纠正。这位同学，面带微笑，说明准备好了，是不是？

生：没有。

师：没关系。那就这位女同学吧！

生：我也没有准备好！

师：没有关系！那就只能推荐小曾来读给大家听。

生：丁丁、幽谷、镰刀、背篓、竹篱、肥硕、栖息、蟋蟀、寥廓、清冽、梦寐。（每个读两遍）

师：很好，声音很有磁性，未来可以当歌唱家。同学们，有读错的吗？

生：有，寥廓。

师：是的，在同学们的帮助下，他改了过来。还读错了一个字，"背"应该读第一声。接下来是全班一起读。

生：（全班齐读）

师：好！我们进入诗歌的学习。第一步，我们要来读，全班一起。秋天，开始……

生：（全班齐读）

师：（生读结束）不太理想，再来。秋天，开始……

生：（再次齐读）

师：这一次就有进步了，鼓掌，为自己喝彩。

生：（鼓掌）

师：不要吝啬，激烈一点，再来。

生：（鼓掌）

师：收！通过刚才的读，我们对诗歌有了初步的了解，诗歌分为三小节，接下来我们一个小节一个小节的来学习。请看第一小节，相信大家都会被诗歌中所描绘的美景深深地打动，在这一小节里，写了哪些景物？

生：（小声议论）

师：我听不清楚，回答问题要举手。

生：露珠、幽谷、镰刀、背篓、瓜果、农家。

师：还有补充吗？

生：有。稻香。

师：这个是景吗？

生：不是。

师：没有关系。谁来补充？

生：清晨。

师：这应该算做是一天当中的一个时间阶段。同学们，竹篱算景物吗？（教师板书“景物”）

生：算。

师：景物都找到了，那么，你们能看出是一个什么样的场景吗？

生：丰收，有果实……有……（议论纷纷）

师：太乱了，回答问题请举手。

生：丰收图。

师：从哪里看出来的，给同学们指出来。

生：第三句“放下饱食过稻香的镰刀”“用背篓来装竹篱间肥硕的瓜果”。

师：有稻子，有镰刀，有背篓，有瓜果，从这看出是丰收。这就是丰收的场景，对吧？

生：是的。

师：除此之外呢？还有补充的吗？

生：“秋天栖息在农家里”。

师：怎么说？

生：秋天是丰收的季节，而这幅图画描绘的就是在农家里清晨丰收的场景。

师：很美，对吧？比我理解的还好。请坐！（教师板书“场景”）如果要给这一小节取个漂亮的名字，应该是？

生：农家丰收图。

师：都同意吗？有其他理解的可以举手。

生：同意。

生：农家清晨丰收图。

师：农家清晨丰收图。那意思就是说，丰收只是在清晨进行，同学们觉得是这样吗？

生：不是。

生：清晨农家丰收图。

生：我不同意他的说法。应该是“辛勤丰收图”。

师：嗯！看来同学们都有思考，意见暂时还不统一。那么我们回想一下，刚才我们讲到过，这里是属于哪里的秋天？

生：乡村，农家。

师：同学们都点到了农家，那这个是不是强调的是农人在丰收的图景，所以，我们还是要选择最适合的“农家丰收图“(教师板书名字)。有独到的见解是很好的，这个概括比较完整，并不是说同学们讲的不对。漂亮的名字取好了，接下来，进入下一个环节，你对这小节还有什么地方是不理解的吗？有，就提出来，大家共同探讨，或者你认为哪句哪个字写得最好，也可以拿出来与同学分享，讨论一下。(教师板书“质疑”二字)

生：(讨论)

师：(学生纷纷举手）有请这位女同学。

生：这里为什么写“伐木声”？

师：提得好，谁来解答？我也不太理解。后边那位男同学，你来为他解答。

生：从听觉写出幽谷幽静的特点。

师：太棒了，能从听觉来分析，体现幽谷的“静”，这个答案满意吗？

生：满意。

师：下一位。

生：我觉得写得好的是第一句。

师：说一说，好在哪里？

生：从“露珠”可以看出，昨夜下了一场雨，“伐木声”就刚才同学讲的，写出秋天山谷的静。

师：他的这个说法很好，来，我们握个手（与学生握手)，请坐，鼓掌。

生：(鼓掌)

师：收！还有谁想说？好，这位女同学。

生：我觉得写得好的是“放下饱食过稻香的镰刀”，他这句话把“镰刀”拟人化。

师：刚才是听觉角度，现在是采用拟人的修辞手法，你之所以认为此句写得好，是因为采用修辞，那写出了什么呢？

生：那种丰收的景象就展现了出来。

师：还有疑问吗？

生：“栖息”不理解。

师：小曾来解答，迫不及待了。

生：“栖息”说明了秋天像住在农家里，带给人们的硕果累累。

师：太好了！请坐！再次握手。这个“栖息”运用了拟人手法，请大家看课文注解。将虚无的东西具体化，写出了松弛娴静的氛围。我们对这幅图有了一定的理解，我们需要把这些片段联系起来，用语言把它叙述出来，将这幅图景展现，换句话说，就是用自己的话把感受到的讲出来，大家思考一下。(教师板书“说”)

生：(学生思考)

生：作者用自己的笔墨从听觉写出幽谷的静，从“饱食过稻香的镰刀”体会到秋天的丰收，秋天栖息在农家里，“我体会到秋天真的来了，给农家带来了不一样的喜悦”。

生：我补充，他刚刚跳了一段，“背篓来装竹篱间肥硕的瓜果”体现了农人在竹篱间种的瓜果今年收成很好，再接最后一句，就感觉秋天一直在农家里生活。

师：答得好，他弄掉了一句，这样就不够完整，但是你补充完整了，鼓掌（学生鼓掌），收！那么，我来做个示范，你们参考一下。“清晨朝露喂晞的时候，有位农人来到幽谷，丁丁的伐木声震荡山谷，田野里发散出稻香的气息，金黄的波浪此起彼伏，稻田中有个身影在挥镰割稻，晶莹的汗珠湿透衣衫，果林中还有采摘瓜果的人，瓜果飘香沁人心脾，摘下这些沉甸甸的秋天的礼物放进背篓，这份喜悦要与亲友一起分享……”我也是在同学们的基础之上把它串联起来的，比较完整了，这是我的示范，(后）两节将由你们自己来完成。在这之前，我想请一位同学来读我们已经理解了的这一小节。平常喜欢朗读，读得比较好的同学，大家推荐一下。(教师板书“读”)

生：(朗读第一小节)

师：好！比我读得好，所以我不敢读，让你们来读，我向你们学习，鼓掌（学生鼓掌），收！下面还有两小节，我需要分配任务，你们就按照黑板上板书的“1.景物、2.场景、3.名字、4.质疑、5.说、6.读”这样的步骤来分析二三小节。找出景物，通过景物看出什么场景，取个漂亮的名字，把不理解的地方提出来探讨，说的部分要像刚才老师说的那样，串联起来，读呢需要推荐同学来完成。现在按小组，讨论开始。(教学到此处时间为 22 分 27 秒，教师下到各小组倾听指导)

生：(讨论，用时 7 分钟)

师：好，时间到，谁来向同学们展示第二小节？

生：景物有江面、冷雾、网、乌桕叶、芦蓬、白霜、小桨、渔船。

师：刚才我们讲农人在丰收，这里呢？

生：渔夫在打鱼的场景，名字我还没有取好，我先讲疑问。

师：可以，没有关系。

生：为什么要把乌桕叶比作青鳊鱼？

师：这个提得好，有谁解答吗？

生：青鳊鱼应该是绿的。

师：从颜色上分析是吧？

生：是的。

生：(同学笑了起来)

师：显然，大家不太同意啊！

生：这个句子到底哪个是本体？哪个是喻体呢？

生：本体是乌桕叶的影子，喻体是青鳊鱼。

师：把乌桕叶的影子比作青鳊鱼。

生：还有，为什么写“收起影子”？

师：这个问题好，我来帮助大家，大家的疑惑点就是这个“影子”怎么能够收起来，我们来试想，在江边，有乌桕树，它的影子倒映在江水中，当渔人把网撒下去，就会把原本平静的水面给打破了，水面一波动，影子消失了，感觉影子就像被收了起来。同学们不要纠结，到底捞起的是影子还是鱼，学习诗歌，对于诗歌的意境，每个人的想法都不同，他这句用得好，好在给我们留下无限的想象。现在疑问解答了，我们回过头取名字。

生：雾江打鱼图。

师：有不同意见的吗？

生：有，我取的是“霜晨归渔图”。

师：你这个名字取得很巧妙，从芦蓬上的白霜看出是早晨，从归泊的小桨看出是打鱼回来。鼓掌！

生：(鼓掌)

师：收！同学们，你们更赞同哪个？

生：第二个。

师：好吧！那我们就用大家推荐的这个吧！接下来，是“说”的环节，在第一小节，老师已经做了示范，从清晨出发，然后有幽谷，有田野……把这些画面串联起来，用语言叙述了出来，第二小节有谁能把自己想好的和大家分享一下？

生：在冷雾的笼罩下，渔民把网铺撒在江面上，由于水太清澈，乌桕叶的影子倒映在里面，铺撒网的时候把它的影子打乱了，它就像收回了影子一样，芦蓬上有许多的白霜，风一吹，给人一种很美的视觉，渔民轻轻摇着归岸的小桨，秋天带给了渔船许多的欢乐。

师：不错！不错！不错！鼓励！

生：（鼓掌）

师：收！还有谁想讲一讲？

生：在清晨的江面上，冷雾飘着，渔民把网一撒，打破了这份宁静，收起青鳊鱼似的乌桕叶的影子；芦蓬上的白霜说明天气比较冷，轻轻地摇着归泊的小桨，看得出他满载而归；秋天游戏在渔船上，说明鱼儿在船上欢快地跳着。

师：好！说得好！鼓励！

生：（鼓掌）

师：收！两位同学的陈述都非常好，能给我们借鉴。接下来是“读”的环节，有请这位同学。

生：（朗读第二小节）

师：有同学想挑战，有请。

生：（朗读第二小节）

师：很好！为两个同学鼓掌。

生：（鼓掌）

师：收！进入第三小节，有请这位同学。

生：我找到的景物是“草野”“溪水”“牛背”“笛声”“牧羊女”。

师：等等，“牛背”“笛声”这个是实景吗？

生：不是，牛是。

师：看到牛了吗？要注意，“牛背上的笛声”这个句子是连在一起的，强调的是夏夜的笛声。

生：还有蟋蟀。

师：这个是不是也是强调声音，它躲在某处，看不到。通过以上景物，看出什么样的场景？

生：秋天梦寐在牧羊女的眼里。

师：这是概括性的东西。第一小节是农人丰收，第二小节是渔人打鱼，那么第三小节是？

生：草野牧羊。

师：谁草野牧羊？

生：牧羊女。这小节我取的名字是“牧羊女思恋图”。

师：有同学举手，说明有不同意见。

生：我认为应该把“牧羊女”改为“少女”。

师：这样的改法更美妙了。接下来是疑问环节。

生：为什么写“笛孔”？

师：谁来解答？

生：我认为在这里写“笛孔”是为了写出夏夜的温度，也能想象出在夏天时，他们在牛背山吹笛子的样子，还为了与秋天的形成对比。

师：这个理解非常独特，我们来看，少女思恋，她思恋谁？

生：夏夜。

师：那么那个笛声是从哪里来的？

生：是放牛的牧童吹的。

师：这就对了，是一个放牛的小男孩，帅帅的。这个少女一定是因为他吹出动听的乐音而心生佩服，然后产生了爱慕之心。到了秋天她都还在想念着夏夜那美妙的笛声，这就应该是？

生：对牧童的思念。

师：还有什么疑问？

生：有。他这里写了秋，为什么要写夏？这有什么好处？

师：有谁可以解答？

生：（议论，不确定）

师：那我们来想一想，这是为了体现出少女对牧童的思恋。夏夜的笛声早就消失了，在秋天了她仍然在梦寐着，请看“梦寐”这个词，在睡梦中她都还在回想着，这就突出了少女那个心思，对小牧童的爱慕，要注意，这不是爱情，是一种好感，带着害羞，可以这样理解。还有疑问吗？

生：它这样写对《秋天》这课文有什么好处？

师：同学们，请看黑板，它是不是为了组成农村秋天独特的景呢！它与农家丰收、霜晨归渔一起组成了农村秋天的特点。

生：哦！理解了。

师：接下来，谁来说一说？

生：野草在秋风中似乎凋零了，静静的原野听得见蟋蟀的歌声，低低的溪水让石头裸露了出来，牧童在牛背上吹奏着短笛，可是现在却不见看踪影，夏夜的芳香也消失了，秋天梦寐在牧羊女的梦里。

师：下课铃虽然响了，但是我们还占用一点时间。这位同学说得很有意境，掌声鼓励。

生：（鼓掌）

师：收！由于时间关系，没能请更多的同学起来读，全班一起来朗读，重温一下。

生：（全班齐读）

师：在诗人的眼里，农村秋天可以这样惬意、悠闲、富有诗意，我相信同学们对城市的秋天也有独到的感受，今天的作业就是，以“秋天”为题写一首小诗。下课！

生：老师休息！

师：同学们再见！

【课例研修活动】

一、课前会议

（一）任课教师说课

1. 文本体式特点：现代抒情诗，以农、渔、牧三幅画面赞美秋天，意象独特，含义隽永。

2. 学生情况：贵阳十五中七（1）班，全班44人，学风良好，城市学生不熟悉农村生活。引导得法则课堂活跃，引导不得法则课堂沉闷。

3. 目标定位：学生能说出对诗句的理解，能有感情地朗读诗歌。

4. 教学设计：按“样本”式进行教读，引导学生重点理解几处难点，在交流中加深理解。

5. 创新之处：以第一节为例设计“支架”，引导学生循例完成二三节阅读交流。

6. 困惑之处：这种设计似乎也有“例文”因素，通过迁移学习读法。

（二）任课教师与观课教师交流

就诗歌意象理解、教学目标、教学内容、教学方法、阶梯设计等进行研讨，具体内容见潘莲专文。

（三）任课老师与观察老师讨论确定观察点

重点看学生在课堂上的阅读交流效果，看有多少学生能积极发言，及发言质量。

二、课堂观察

根据选定的观察点对这堂课进行观察，包括以下内容：

1. 观察点选点说明：限于条件，采用教室后部为观察点，重点观察学生活动。

2. 观察表及观察结果说明：采用常规课堂记录方法，配合录音笔全程录音。

3. 观察结果分析及教学建议：见温向利专文。

三、课后会议

（一）任课教师反思

1. 反思目标达成情况：会上简单交流，会后写出专文，见秦江明专文。

2. 反思自己的教学行为：同见秦江明专文。

（二）观察老师简要报告观察结果：会上交流，会后温向利写出专文。

（三）综合各位观察老师的观点，得出本次观察形成的主要结论：见温向利专文。

【反思报告】

“样本”教学模式下对现代诗歌教学的几点思考

秦江明[①]

中国是诗的国度。五千年文明积淀下无数优秀诗歌，一代又一代人为之吸引、迷醉，成为中国文学史上一朵最炫彩的瑰宝。在世界文学史上，中国诗歌，尤其是中国古典诗词也独具特色，是世界文学不可或缺

① 作者单位：黔东南州从江县宰便中学。

的一部分。中国现代诗歌一边吸收着中国古典诗词的营养，一边受到西方诗歌的影响，形成自身独特的魅力。作为华夏儿女，我们应该认真学习中国经典文化，对于诗歌的学习更不容忽视。

《新课程标准》阶段目标第四学段阅读目标明确指出："在通读课文的基础上，理清思路，理解、分析主要内容，体味和推敲重要词句在语言环境中的意义和作用。""对课文的内容和表达有自己的心得，能提出自己的看法，并能运用合作的方式，共同探讨、分析、解决疑难问题。""欣赏文学作品，有自己的情感体验，初步领悟作品的内涵，从中获得对自然、社会、人生的有益启示。对作品中感人的情境和形象，能说出自己的体验；品味作品中富于表现力的语言。"

义务教育课程标准实验教科书七年级语文上册（人教版），选取了三首具有代表性的现代新诗放在第一单元和第三单元，分别是泰戈尔的《金色花》、冰心的《荷叶母亲》、何其芳的《秋天》，可见编者非常重视学生对现代诗歌的学习，作为老师，我们更应该重视现代诗歌的教学，让学生在读与品中领略诗歌的意境，在说与悟中体验诗歌的美。

《秋天》是一首明朗纯净的现代诗篇。在这首诗中，诗人用最精粹的语言描写农家生活，每一句诗都是一幅画面，三节诗又组成三幅复合画面。画面的组合造成了既流动又整合的特殊氛围。画面清静，悠远，朦胧。能通过品味优美的语言，领略到这样的意境，那就是接受了一次艺术的洗礼。

一、目标达成

有了对现代诗在中国文化中地位的初步了解，有了拿《新课程标准》对阅读教学的坚实指导，有了用集体备课成果在课堂实践中发挥作用的优势，即便这样来执教《秋天》这首现代诗，也是备受压力的。如果就本次课"目标""内容""方法"相结合这个层面来评价，我还是基本满意的。

在执教之前的集体备课中，经过小组对课文的探讨打磨后，我将教学目标确定为三点：1. 引导学生有感情地诵读诗歌，体会作者的审美情感并能背诵诗歌；2. 引导学生品味生动的三幅图，并能用审美的眼光组织语言说出感受到的三幅图的意境；3. 培养想象力与审美情趣，培养热爱自然，热爱生活的情感。这个课题将由我与本组学员张琴老师来执教，张琴老师于第二节课执教，我于第四节课执教。有了目标的指引与定位，授课总方向得到了明晰，需要有具体的内容去实施，在实施中运用适当的方法才能呈现出三者结合的有效性来。

第一个目标的达成，借助“三读”来完成，即“初读”“品读”“再读”。其实“三读”应细化为“初读诗歌、感知内容”“品读诗歌、体悟意境”“再读诗歌、巩固背诵”，前面是内容与方法，后面是预计达到的目标，是一个由低到高的提升过程。

学生在“初读”环节出现了两个问题，一是读得不流畅，二是读得很平淡。在这个地方，我也没有加以引导，只是又让他们大声的齐读了一遍。因为在张琴老师的课上，这个环节学生读错许多字，教师多次停下来纠正字音，花了不少时间，导致后面课堂把控稍欠。于是我想，三小节，读两遍，诗歌内容基本在脑海里浮现并试图拼凑成形。“品读”环节的重点为“品”，这则是通过我预先搭设的“支架”（后面会讲到）来逐步加深，逐渐催生出诗歌意境给学生带来情感上的冲击。在这样的情势下顺水推舟推荐学生来读，果然较之前有了明显改善，有了情感的体验与融入，读有了节奏，有了轻重，有了舒缓。“再读”环节是为了巩固背诵服务的，可惜行到此处时间不允许了，没能当堂检测学生，是个小遗憾，但大体目标还是基本实现了。

第二个目标的达成，归功于“支架”的搭设。诗歌语言是经过锤炼细选的珍珠，粒粒异彩闪亮。在它们的构架中承载着优美意境，蕴含着深厚温情，如何去发现这些美，如何引导学生去发现这些美并能说出感受就不是件容易的事。假若教师为了省心省事，可毫不负责地直接板书在黑板上，然后说这就是意境，如此这般，学生便失去了那原本可以发现美的心灵与眼睛。在张琴老师的课上，教师在第一幅图的梳理是个示范作用，但是没有在黑板留下指示，于是在第二第三小节的学生活动里，虽然有不少成效，但是学生讨论方向性上还不是很清晰。在她的基础上我想改进，我想到，葡萄蔓有了支架，便可顺势攀爬，工人有了支架，就能高空作业，不如我也给学生搭设个支架。于是我把发现美的路径进行切分，根据诗歌内容切成六块，然后引导学生自己一块一块地再去组建，踏着他们用自己的行动与智慧重建起来的阶梯一步一步去发现美，去拥抱那个意境。

第一小节的讲析中，教师要做牵引，要做示范，尽可能优化出发现美的路径来。在讲析第一节诗的过程中，我整理出了六个关键词，组合起来就是一个步骤一个流程，具体为(景物——场景——名字——疑问——说——读)，这就是所谓的发现美的“支架”。展开起来就是，让学生找出各小节描写的景物，通过这些景物看出的场景，然后给这个场景取个漂亮的名字，名字取好后如果对这节诗有疑惑的地方就大胆提出，或者认为写得好的地方进行分享。行到此处意图就是语言的品析，要发现并要深挖出一个个好词好句的韵味，这就犹如在鹅卵石堆里捡到金子。学生果然有许多的发现，比如：我认为“飘”字用得好、我认为“饱食”用得好、为什么用“栖息”、“收影子”到底是怎么回事、为什么用“游戏”一词、诗题为《秋天》，为什么写到夏夜？有什么作用？等等。此环节，老师没有包办，而是采取了学生提出学生解答的互助方式，如果实在吃力教师再加以点拨。创建了这样的形式，于是把师生对话，生生对话的课堂氛围抬高到一个新的层面，可以说是一个小小的“繁荣景象”。课堂还给了学生的同时，他们也领略到了诗的意境（大部分），在这样的优势里趁热打铁，请学生起来说就相对顺理成章了。在放手的第二、第三小节里，学生争着发言，都想通过想象把对诗歌的感悟道出来，都想挤出好词语把对诗歌的情感体验诉一通。关于“支架”第六步的“读”，前面已讲过了，这里不再重复。

“支架”的搭设解决了许多实际问题，让学生在讨论的活动中目标明确，按照流程一一梳理即可，时间效率上有提高（7分钟的讨论就把后面两节诗歌的讨论点整理好了）。这还是一个由浅入深、循序渐进、层层挖掘的过程，老师没有包办，只是提供“支架”的帮助者，学生自己依靠它发挥合作的力量实现了“量”到“质”的飞跃。

至于第三个目标的达成，不必细说了，因为在一、二目标努力的过程里潜移默化地融合其中，得到感染。

在布置作业上，是以“秋天”为题，用小诗的形式把对城市秋天的独特感悟写出来。对于学生来说有很大难度，但这是“读写结合”的一种尝试，通过仿写来初步认识诗歌的语言特性。

当然，这堂课还有许多的不足。比如诵读的引导不够，没有老师的范读，也没有深入点评；针对学生提出的问题处理欠缺，没有足够重视，也没有加以肯定；时间把控的难以精准，没有充足的时间完成当堂背诵，也没有对这堂课收尾小节……但从目标达成上来衡量，是基本实现了。

二、初中现代诗歌如何教学

通过以上不成熟的反思，我想将话题引入到初中现代诗歌如何教学的这个话题上来，一是个人愚见，二是抛砖引玉，向大家学习。

朱光潜先生说："诗比别类文学更严谨、更纯粹、更精微，一切纯文学都有诗的特质。"这可能就是现行（人教版）初中教材将大量诗词引入的原因吧。

诗歌以其凝练性、抒情性、音乐性等特点，决定了它有别与其他文体的特有的教学模式和学习方法。但在初中的语文教学中，可以说诗歌的教学是教学难度较大的一种文体，就目前的现代诗歌教学情况而言，不是很理想。我们不能忽略的是诗歌和我们的现实生活距离较大，和学生的接受倾向相去也较远，正因为这样，部分教师的教学理念与教学方法还很保守陈旧，直接影响了诗歌教学的效果。小的来说，单纯的讲解，繁琐的板书，词句技法的纠结，会屏蔽错失一些脍炙人口佳作原有的光彩和韵味；大的来谈，就造成了学生人文精神、审美能力、语言表现力的缺失。

新课程改革背景下教师应该积极探究现代诗歌教学模式，遵循语文课程标准的要求，全力打造高效诗歌教学模式，唤起学生的学习兴趣。在现代诗歌教学部分让学生有所得，实实在在受到高尚情操与文学素养的熏陶，发挥学生个性，培养学生审美情趣和个体的独特的鉴赏经验，培养学生欣赏文学作品的能力。

下面是我对现代诗歌教学方法尝试后，习得的一点点感想。

（一）诵读

诵读是中国传统语文教学的精华，是帮助学生品味名篇佳作、培养语文功底的最佳方法之一。我国古代就有"熟读唐诗三百首，不会作诗也会吟""书读百遍，其义自见"的说法，可见诵读是开启理解一首诗歌大门的金钥匙。

诵读并不是放任自流，教师的作用在于指导学生如何诵读，可分三步走：

1. 初读。读准字音、节奏，捕捉诗歌基本内容。

字音方面要求学生字正腔圆，准确有力；节奏和韵律方面应根据诗歌的内容和感情表达需要，运用恰当的重音和停顿。初读的过程并不只是粗略地去读，要提醒学生有意识初步感知内容，去捕捉诗歌基本意象。

2. 品读。品析语言，体悟意象，读出情感。

品读除了“初读”作为基础外，应该还依附在语言的品析上，而这个需要落实到相关的字句里。当一个又一个好字美句被挑选出来并加以分析后，就由“品”深入到了“悟”，意境逐渐轮廓分明，情感慢慢萌芽生长。

3. 再读。巩固，背诵升华。

指导朗读，体会诗歌美感，诵读成背，由体验到领悟再到审美与发现的熏陶培养。当然，朗读诗歌的形式是多种多样的，可不断去尝试与创新。

（二）搭设支架

诗是用形象来思维的，这一规律决定了诗歌必然具有意境。对诗歌的学习，关键是怎样走进诗歌的意境中去，正如王国维所说：“词以意境为最上，有境界，则自成高格，自有名句。”我想，诗也是如此，对于诗歌的意境，重在如何去发现，用一种高效的方式去发现。

支架式教学是为发展学习者对问题的进一步理解所需要的，为此，事先要把复杂的学习任务加以分解，以便于把学习者的理解逐步引向深入。这是以培养学生的问题解决能力和自主学习能力为目标的教学法。该教学法是指一步一步地为学生的学习提供适当的、小步调的线索或提示（支架），让学生通过这些支架一步一步地攀升，逐渐发现和解决学习中的问题，掌握所要学习的知识，提高问题解决能力，成长为一个独立的学习者。

例如：《秋天》支架设计

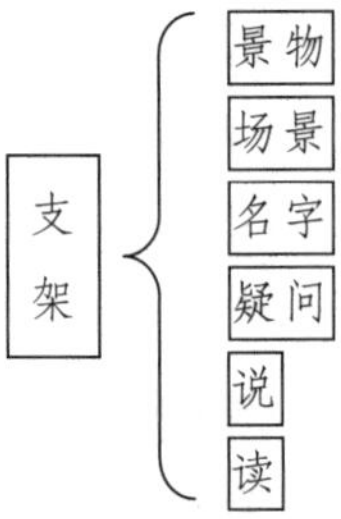

此种模式仅供参考，诗歌意境的不同会决定支架搭设的不同，教学者可灵活机动去创设。

（三）学写诗歌，读写结合

“模拟仿写”应是一种很好的方法，它既提高遣词造句的能力，又能充分感悟现代诗语言的奥妙，进而与诗歌的情感再次发生碰撞，学生的审美、理解、联想和想象力也可水到渠成得到相应培养。读写结合有很大的可操作性与实效性，应该多去尝试，这也是所谓的实践提高。(按照“样本”来上，这个环节要放在课后来练笔，按照“例文”来上，则要放在课堂上来完成)

总之，现代诗歌的教学应不拘于形式，多种多样。教师要善于激发学生的学习兴趣，着力于诵读的训练，支架合理的构想，读写结合；尽可能由课内延伸到课外，把学生领进广阔的诗歌天地，以提高学生的语文素养。

【观课报告】

从以往《秋天》教学看存在的弊端

张　琴[①]

在了解王荣生教授的选文功能分类理论之前，我们对于现代诗人何其芳的《秋天》这类现代抒情诗是不重视的。这篇课文在七年级（上册）第三单元，是带有“※”号的文章。根据本组 5 人的情况来推论，很多老师在处理这一类文章的时候，干脆不上，让学生自己去看；即使要上，有的老师对这篇文章的教学，也是以“传递—接受”为特征的传统式教学。首先，老师把课文范读一遍，然后让学生齐读一遍，在接下来的这一节课的时间里，老师就会把写作背景、作者简介，板书在黑板上，把生字生词也板书在黑板上；对于诗歌的那三节优美的句子，老师多告诉学生：每一节诗用一句什么样的话来概括，全文表达了作者一种什么样的思想感情，每一句诗的大概意思是什么……整堂课都是由教师在操纵，教师完全驾驭了课堂。而形成这种教学模式的原因，就是应试教育。

① 作者单位：黔东南州黎平县第六中学。

这种教学的不足，有以下几点：

第一，在教学目标上，只重视传授知识，不注重发展能力，按一个模式培养学生，不利于具有创新思维和创新能力的创造型人才的成长。拿《秋天》这篇现代抒情诗为例，在传统教学中，我们的教学设计就是教师范读课文，学生齐读一遍，也不用去管学生在读这种优美的抒情诗时，是否读出了诗歌的韵味，是否读得有感情。

第二，在教学内容上，只考虑考试能考到的，比如《秋天》中的若干字词或修辞。这样一来，学生的阅读就受到了束缚，常常是教完之后，许多学生连诗句都还未能深入理解，更谈不上审美欣赏了。

第三，在教学方法上，《秋天》的教学是注入式，满堂灌注，只注重教师如何“教”，不重视学生如何“学”，学生需要记下老师强调的重点内容，考试主要靠死记硬背，不利于调动学生的积极情。

第四，在教学效果上，教学《秋天》的课堂只是一个知识传递渠道，单一化、模式化，忽视因材施教和课堂外渠道。学生学到的，只是教师讲到的东西，往往教师讲得费力，学生记不住多少，考试考到讲过的内容，往往也还是答不上。

第五，在师生关系上，传统式教学《秋天》，重教师作用，教师是主宰的施教者；忽视学生的主动性，学生是知识传授对象，是外部刺激的被动接受者。传统教学是保守的、封闭的，在这种传统教学指导下形成的思维方式，不能满足学生的发展需要，也不能让学生适应时代发展的需要。

通过这次小组对《秋天》的课例研讨，我们运用“样本”教学要求来进行课堂教学，便通过课堂上的表现和效果看出传统教学的弊端。总之，以往教学《秋天》的基本特点就是以知识的传授为中心，过分强调了教师的作用，控制了学生的个性和创造性，忽视了学生的主动性与潜能的发挥，教学效果乏善可陈。

浅谈现代诗歌《秋天》集体备课的优势

潘 莲[①]

集体备课是教师合作研究的一种形式，它有别于传统的个人备课，

---

① 作者单位：黔东南州麻江县宣威中学。

体现出集思广益、扬长避短、资源共享的特点，具有提高教学质量、培养合作精神等积极意义。

目前，随着教育教学的改革，集体备课在全国中小学中普遍出现，同年级同科的集体备课成为引领教师教学的主要导向。那么，作为专业化的教师们该如何集体备课呢？笔者在此就个人参加人教版七年级语文（上册）第三单元何其芳的《秋天》集体备课的实践经验浅谈自己的一些认识。

语文教材是语文教育内容的载体，是借以实现语文教学目标，发挥语文教育功能的物质基础，因此，语文教师课前一定要备教材。备教材具体而言就是课前备选文。

选文的功能是指一篇课文在语文教材和语文教学中派上什么用场。选文功能研究主要是对语文教材尤其是语文教科书的编撰策略进行研究，也涉及语文教师如何处理教材。基于对中外教材的研究，目前已鉴别出语文教材选文的五种功能，即定篇、例文、样本、用件和引子。这五种功能为语文教科书的改善提供了理论依据，也指引着阅读教学的路径。

因此，语文教师在集体备课时一定要准确地把握选文的功能。例如：笔者在参加 2015 年“国培脱产置换研修”初中语文班第八小组集体备课时，小组成员就人教版七年级语文（上册）第三单元何其芳的《秋天》进行了仔细地揣摩（即磨课）。《秋天》是一首现代抒情诗，还没有达到把它当“定篇”来教的高度，如果把它当“例文”来教，那就得让学生写出类似的诗歌来，但对于七年级的学生来说他们可能做不到。小组成员一致认为把它当“样本”来教比较合适，再通过教师的引导，让学生发现诗歌的美，然后学生能运用这样的方法去赏析类似的诗歌。

作为一名语文教师，对于阅读教学首先必须明确教什么的问题。这是因为阅读要求不明确，就会导致“盲人骑瞎马”，该教的没有教，不该教的花了大力气教，力没有用在“刀刃”上。这样，也可能导致低年级阅读教学教了高年级的内容，学生接受不了；高年级如果还在继续教低年级的内容，高年级学生也“吃不饱”，浪费了学生宝贵的学习时间。所以，阅读教学中解读文本，首先要明确初中阅读教学应该解读什么和本年级应侧重解读什么内容的问题。教什么是根本问题，只有明确解读什么，才能谈得上怎样解读。如果没有明确文本阅读教学应着重读什么，势必导致学生难以达到应有质量。所以，作为一位语文教师，拿到选文，一定要认真对它进行文本解读。笔者在参加《秋天》的集体备课后，对此深有体会。之前所教的课文都是个人备课，一篇课文在今日看与数年前看似乎没有什么改变，在文本解读上没有多大的变化，平常笔者在解读文本时是浮光掠影、蜻蜓点水，要么"拿来主义"，要么脱离文本，直接看教参，这样的所谓解读，大约相当普遍，其实许多地方可能没解读明白。文本解读到位就避免了教师在课堂上出现错漏、含糊的尴尬，也避免了课堂教学的苍白、无聊和无效。

初中语文教师是初中语文课程的开发者。教师在集体备课的过程中应努力做到如下四点：

第一，进行文本细读，把握文本特色，和作者平等对话。

第二，了解教材编排体系和主旨，想一想，教材编写了什么？教材的编写意图是什么？为什么要这样编写？

第三，吃透学情，估计学生可能遇到的阅读障碍，从而明确难点、重点，抓住关键点，读一读，想一想，教学的重点、难点是什么？

第四，明确目标，把握要求，读一读，想一想，知识与技能、过程与方法、情感态度与价值观如何体现？

从这四点出发，居高临下地理解教材，熟练掌握教材的全部真谛，将其内化为自己的知识，真正做到超越自我、超越文本、超越课堂。集体备课中，小组成员明确了《秋天》的走向：1. 这首诗歌写了什么？2. 三个小节各写了什么？3. 哪些词语和语句写得好？好在哪？4. 哪些地方是学生最难理解的？5. 如果面对学生的质疑教师应如何应对？通过这样的探究，我们就找到了这首诗歌的结构特点，全诗三个小节，各小节分别是一幅画。第一节：农家丰收图；第二小节：霜晨归渔图；第三小节：少女思恋图。这三幅画构成了一首秋之歌。

集体备课中，小组成员又备学生，整理出学生在课堂上可能提出的疑点：1. 第一节中"震落了清晨的露珠"中学生可能会提出："震落"，为什么会震落？谁震落？说明了什么？"秋天栖息在农家里"中为什么栖息？这是什么修辞手法？2. 第二节诗"收起青鳊鱼似的乌桕叶的影子"中学生可能会提出：收起的是"鱼"还是"影子"？意境是什么？从"秋天游戏在鱼船上"中学生可能提出"游戏"怎么理解？3. 第三节中“那满流着夏夜的香与热的笛孔”学生可能会提出：本文是写秋天作者为什么写夏天？“香”与“热”怎么理解？为什么要写笛孔？从“秋天梦寐在牧羊女的眼里”一句中“梦寐”一词怎样理解？

集体备课中，小组成员又探讨并制定了《秋天》当“样本”来教的教学目标：1. 学生能说出对三幅画的理解（用自己的话来谈感受）。2. 有感情地朗读并背诵全诗。

目标确定之后，小组成员又探讨了《秋天》的教学过程的设计：情境导入——检查预习（作者、生字词的把握）——初读诗歌——品味诗歌——背诵诗歌——教师小结——布置作业。

这次小组集体备课，在老师的参与指点下，用了一个小时，就让大家有豁然开朗之感，原来《秋天》这首小诗有这么多值得玩味的内容，有这么多富有诗意而值得赏析的东西，以前马马虎虎看过，竟没有看出其中韵味，还去教学生，真令人汗颜！在研讨中，每一位成员都能够深入地了解他人的思想，对文本的理解也会更加深刻，大家的智慧汇聚成最优化的课堂教学设计。

资源共享，省时省力。俗话说：“三个臭皮匠，赛过诸葛亮”。在科技蓬勃发展的今天，仅凭一人之力，远远不能够满足教学的需要和学生知识的需求。学生的信息接受能力极强，他们所掌握的信息量是很大的，内容也是很丰富的。而一个人的力量总是有限的，在教学中，仅凭手里的一本教材，几本教辅书，个人的一点点智慧，是远远不够的。教师集体备课有利于发挥集体的智慧，弥补各位教师备课中的不足，取长补短，提高整体的教学水平。那么，在集体备课时，多位教师的教育资源共同分享，既丰富了教学使用资源，也为教师的个人能力的提高提供了能量。这样一来，节省了备课的时间，真是省时省力。让教师有更多的时间和精力投入到其他的工作，创造更多的精神价值。

集体备课还可以增强集体凝聚力。在集体备课中，同组成员坐在一起就教材、选文的功能、课堂教学疑点、教学目标、情境导入、教学环节等方面进行研讨。在研讨的过程中，小组成员倾心而谈，既解决了教学中的问题，更增加彼此间的感情，而感情间的交流也为彼此间思想的交流提供了保障。

这次集体备课，还让我明白认真研读课文是何等的重要！按王荣生教授的方法，用心阅读，划出文中值得注意的地方，划出学生可能不懂的地方，两者重叠处即可视为教学点，需要考虑。如何引导学生理解，这种方法简明有效，针对性强。这次备课较之以前偷懒的、照搬教参不动脑筋的备课，真是令人难忘，给人真正有效启示的备课！

用“支架结构”引领学生去阅读文本，探究现代诗歌的意境

穆宗军[①]

在集体备课（磨课）后，根据大家商量的教学目标、内容、环节，由本组张琴、秦江明两位老师分别做教学设计，在七年级两个平行班各上一节观摩课。这两节课既整合了优秀的教学资源，又采用一些新的教学模式，效果很好。学生在课堂上，大胆质疑，大胆提问，思维活跃了，对课文文本理解也比较透彻到位。下面以秦江明老师的课为例介绍现代诗歌《秋天》的教学情况并作简要点评。

1. 课前（预备铃响）：给学生变魔术。魔术是学生比较感兴趣的话题，这一下吸引住了好奇的学生。生日是单数的合掌；生日是双数的两掌分开。趁学生做手势时，老师偷用手机照相。然后，迅速展示给学生看他们做手势的表情，然后老师以此来调侃自己上的课非常受欢迎，这是学生没有想到的事情，课堂气氛一下子调动起来，为积极参与课堂学习做了准备。

2. 导入：创设情景——春夏秋冬四季轮回，春是万物复苏，万紫千红，那秋天是什么样子？这一问题抛出来，三四个学生马上站起来说：“秋高气爽”“硕果累累”……

俗话说：“万事开头难。”好头开始，会有一个好结尾。学生的思维被老师调动起了，积极参与课堂学习的兴趣就浓，学习效率会高。

接下来，先从学生的推荐中明确一位学生（男生）读课文，全班同学评价读课文的效果。有学生指出普通话标准，胆子大，而且也注意了感情，但有一字读错：“背篓”的“背”，他把“bēi”读成了“bèi”。你看，积极性被调动起来的学生，学习是多么的仔细、认真。一个很容易读错的字，居然被学生自己发现了。老师顺势通过全班学生齐读词语，

---

① 作者单位：黔东南州从江县下江中学。

检查学生的字词预习情况。

接着要求全班学生齐读课文，发现学生读书的效果不太理想。老师不放过读书的细节，要求学生再读一遍，效果比第一次就好了很多，不过由于学生不熟悉课文，还是显得生涩。

3. 第一个环节：示范性的教学第一节诗歌。

老师提出一个问题：诗中写了哪些景物？学生争着举手回答："露珠""幽谷""镰刀""瓜果"。问及诗句描绘一个什么场景？有学生回答说："农家丰收。"当建议我们给它取个文雅的名字，好吗？学生马上答："农家丰收图"——清静。这个名字好听，我们就用它描绘第一节诗。

当老师提出："第一节诗的名字是有了，那同学们分组讨论一下：你认为第一节诗中还有哪些写得好的地方？"全班学生前后两桌互相讨论，课堂气氛非常热闹，纷纷找出写得好的词语、句子，并且勇敢站起来展示成果。如"震落""满披""饱食""栖息"等。请同学们提出疑问时，有一女生马上站起来问：为何第二句诗写"伐木声飘出山谷"呢？还有学生问：为什么"秋天栖息在农家里"？"栖息"是什么意思？老师引导学生逐一进行解答。在课堂上，老师只是学习文本的领路者，学生积极参与课堂学习知识。而且学生评价同学更是调动了学生乐于学习，参与学习。

在课进行到"刚才，老师和大家一起分析这节诗这么多优美的诗句，请同学们用语言来说说这节诗表现了一种怎样的画面"时，学生可能以前没说过，不知怎么表述，你看我，我看你。老师便自己示范说出第一节诗中所表现出来的意象。学生一下明白了说意象是这么一回事，课堂气氛也开始热闹了。所以授课教师问及了解了诗的意象，哪位同学再来读一遍，真实地感受诗歌中因意象而产生的美？学生因为弄懂了诗的意象，主动站起来读诗。这里的说和读，体现了老师的引导者身份的作用，学生能根据老师的示范语言中说出诗中的意象。

之后，授课教师继续引导：第一节诗，诗人何其芳向我们展示了一幅清静的农家丰收图，我们也从景物、场景、名字、疑问、说、读五个方面去了解诗中所蕴含的东西，诗歌语言非常丰富。

下面，请同学们围绕老师给你们板书在黑板上的支架（景物、场景、名字、疑问、说、读），自己去分析讨论并完成第二节诗和第三节诗。

学生分组研讨了七分钟，老师巡回各组，参与交流。这是生生互动、师生互动的有效课堂教学，让学生动起来，主动合作探究文本。

第二个环节：学生自行完成第二节诗。学生分组讨论，交流展示成果。

授课教师继续提出问题："刚才，同学们讨论非常激烈，相信大家会有不少发现吧！那你们都发现了哪些景物呢？"四五个女生站起来说第二节诗描写的景物有"冷雾""渔网""乌桕叶""芦蓬""白霜""渔船"。"诗中的场景是霜晨打渔归；那我们给诗取一个什么名字好呢？"一位男生说我给她取名为"霜晨归渔图"——清远。这节诗的名字取得好，很有诗意。

"下面请同学们针对第二节诗提出疑问。"学生纷纷提出不理解之处："收起青鳊鱼似的乌桕叶的影子"是什么意思？打鱼很辛苦，为什么还用"游戏"一词？一位女生站起来说"收起青鳊鱼似的乌桕叶的影子"这里作者用了比喻的手法，"青鳊鱼似的影子"应该是水面的波动，渔民撒下网去，什么也没打着，收上来的只是一些树叶的影子，这一种超凡脱俗的境界。一位男生站起来评价：这位女生描绘江中打鱼的画面非常好，很形象，渔民打鱼不但是为了生活，而且还有一个理由是悠闲取乐。

这些问题的提出是学生课堂主动学习的展现。学生的思维非常活跃，他们能想象到渔民打鱼时那种悠闲、自乐的情怀。

当问及"老师请一位同学来说第二节诗所表现的出来的画面"时，一位男同学描述说："在冷雾的笼罩下，渔民把网铺撒在江面上，由于水太清澈，乌桕叶的影子倒映在里面，铺撒网的时候把它的影子打乱了，他就像收回了影子一样，芦蓬上有许多的白霜，风一吹，给人一种很美的视觉，渔民轻轻摇着归岸的小桨，秋天带给了渔船许多的欢乐。"

授课教师继续提出："还有谁想讲一讲？"一位女同学接着描述说："在清晨的江面上，冷雾飘着，渔民把网一撒，打破了这份宁静，收起青鳊鱼似的乌桕叶的影子；芦蓬上的白霜说明天气比较冷，轻轻地摇着归泊的小桨，看得出他满载而归；秋天游戏在渔船上，说明鱼儿在船上欢快地跳着。"

进入"谁来读这节诗"环节，一位女生读第二节诗。学生评价朗读得好，声音清甜，普通话标准，但是声音比较小。

大家讨论完了第二节诗，继续分组交流完成第三节诗。

授课教师问："同学们，第三节诗写了哪些景物呢？"一女同学大声地回答："野草""蟋蟀""小河""河石"；场景是草野牧羊；"这小节我取名字为"牧羊女思恋图"。

授课教师引导："有同学举手，说明有不同意见。"一位男同学站起来说："我认为应该把'牧羊女'改为'少女'。"

授课教师说："这样的改法更美妙了，那我们取名为'少女思恋图'。第三节诗还有哪些地方不理解？请大家提出疑问。"一位男生反复问"满流着夏夜的香与热的笛空"是什么意思？诗的题目是秋天为什么写到"夏夜"？这样写对秋天主题有什么好处？由于时间关系，老师没有给学生讲明白为何不写秋天，而写夏天？只是轻描淡写地说了几点原因。

当问及"第三节诗又写了怎样的一种意象呢"时，学生说："这节诗是写一位放羊的少女朦朦胧胧的情思，充满了对美好生活的向往，对未来生活的憧憬。"

"了解了第三节诗歌后，请一位同学朗读一下诗句。"一位学生站起来读完第三节诗，收到不错的评价。

最后，授课教师进行最终环节："三节诗歌全部学完了，请同学们齐读课文。"学生很有激情地朗读诗歌，这是学生熟悉课文的表现，更是老师在课堂上让学生参与的结果。毕竟，老师放手给学生自主学习，从更大程度上激发了学生的自信心。

观察《秋天》的课堂教学，学生在课堂上互动效果非常明显，整堂课呈现"找""说""问""圈""读"现象。全班学生积极主动参与学习，要讨论有前后两桌的学生讨论，要交流有学生提出疑问来交流。学生之间的交流，师生之间的交流，不断地充满课堂。学生讨论，老师参与其中，不时地进行点拨，与学生一道共筑讨论的课堂，体现出阅读教学多重对话的要求。

课堂上，老师给学生充足的学习空间，让学生自主交流、展示成果、互相质疑。真正意义上实现了把课堂还给学生，把学习的权利交给学生。课堂是学生学习的主阵地，他们学得非常快乐，学得非常自信!老师做的，只是给学生搭建交流展示、充分表现的平台；老师做的，只是适机地点拨引导；老师做的，只是教给学生学习的方法，让学生在不断地思维碰撞中生成智慧之花；老师做的，是引发孩子们更广泛的阅读。

这是一堂有效的“样本”教学，用“支架结构”引领学生去阅读文本，探究诗歌的意象。学生通过自己主动去了解文本知识，对诗歌所表现出的情感、诗歌的意象、意境有了质的认识。

探讨课堂教学得失

温向利[①]

听完张琴和秦江明老师的课，我们小组五人和指导老师一行八人进行了评课议课。大家一致认为这首现代诗歌作为“样本”来教学是比较适合的，这两堂课也是比较成功的。下面重点评析秦江明老师的课。

秦老师教的是七年级（上册）第三单元的《秋天》，这是一首现代诗歌。七年级学生已经具有初步感知课文和联系上下文理解句子的能力，而新课改的一个重要理念就是要培养学生的自主学习能力。所以作为学生学习的合作者、引导者和参与者，在这节课中，秦老师尽量发挥老师的引导作用，引导学生一步一步来完成学习目标。这节课有以下几个亮点：

一、紧扣教学目标，有条不紊地展开教学

语文教学有两个问题，第一个是“教什么”，第二个是“怎么教”。按照王荣生的教学理论，“教什么”始终是放在第一位的。在这堂课中，秦老师很清楚自己要教的内容，那就是理解诗歌的意境，体会作者的情感。在明确的教学目标指导下，秦老师的每个教学内容环节都是围绕目标有效地开展。因而整堂课显得内容方法恰当，集中紧凑，效率很高。

例如：在教师正音的基础上，让学生初读诗歌，要求读准字音，整体感知诗歌；然后再引导学生完成对第一幅图的品味，接着出示支架让学生分组讨论，自行完成第二、第三幅图的品味；最后再读，读出诗的意境，读出作者的情感。

二、搭好学习支架，引领学生合作探究

本诗以“秋天”为经线，以“幽谷、农舍、渔舟、草野……”诸般景致为“维线”，为我们编织了三幅绚丽多彩的秋景图。但对于城市的七

---

① 作者单位：贵阳市息烽县乌江复旦学校。

年级学生来说，对这首诗的意境难以理解。秦老师就引导学生先找出第一小节描写的景物，再追问通过这些景物看到一个什么样的场景，接着给这个小节取个漂亮的名字，紧接着留有时间给学生提出疑问或就写得好的地方进行分享。当以上问题都解决后，秦老师就启发学生用自己的话来描述第一幅图景，还推荐一名朗读好的学生来读第一节。通过第一节的学习，学生基本知道怎样来学现代诗了。接下来秦老师把学习支架摆出来（景物、场景、名字、疑问、说、读)，学生一目了然，在支架的引导下，秦老师要求学生四人一组讨论完成后面两节诗。这时，学生积极性非常高，运用这样的方法很快就完成了任务。这种摆支架的方法，使学生从感知到理解，从感性到理性，从学会到会学；让学生既掌握了方法又学到了知识，还提高了合作效率。

三、紧扣文本，质疑解疑，关注学生说、读能力的培养

诗歌中每一节所描绘的景物和场景都不同，秦老师紧紧抓住这一特点，引导学生进行说话，用自己的话把每一幅画面生动描绘出来。还引导学生质疑，学生也非常大胆，纷纷提出疑问，如："秋天为什么栖息在农家里？""为什么写伐木声？""收起乌桕叶的影子，到底是收到鱼还是收到叶子？""为什么要写笛孔？""这首诗的题目是《秋天》，为什么要写夏天？有什么好处？"这些问题提得非常好，老师没有直接回答，而是把机会让给其他学生去解答，增强了学生间的互动，注重了学生说话的能力。秦老师也很重视读的训练。在这节课中，秦老师把读贯穿于整个教学过程，通过自由读、指名读、齐读等方式进行加强。学生读准了字音，读出了节奏，读出了感情，让学生充分感悟诗歌语言美、情感美。

四、改进方向

不过，本堂课也存在一些需要探讨和改进之处。首先是评价学生要有针对性和有效性。学生是课堂的主体，教师的作用在于引导帮助学生进行课堂的讨论探究。在学生提出问题、回答问题、发表看法时，教师要及时发现他们的优点，并善于鼓励他们。比如，一些学生语言表达言简意赅，风趣幽默，要加以肯定点评。这时在教师赞赏之余也会暗示其他学生给予热烈的掌声，对于学生精彩的发言或意外发问，应表扬学生”你回答的真棒”“你回答得很独特”等，而不是简单僵硬地说："好！""鼓掌！"

其次是提问的有效性上，不要单一的问“会了吗？”“懂了吗？”“对不对？”之类的问题，教师的问要讲究指向性。设计的问应该针对引导学生层层深入服务的，如果过于俗套就会变成无效提问。对课堂上如何更好处理学生质疑的问题，还需要提高课堂教学技能技巧。

总之，没有谁的课是完美的，只要是课，都会有或多或少的不足。我们只有不断学习，不断更新教学理念，不断去探索与反思，那样才会有改进的动力，才会有提升的可能。

【专题指导】

成功的起点

吴在东①

这次课例研究的全过程对小组成员而言，是一次精神的洗礼。全组通过集体备课和观课议课，对《秋天》这样的现代抒情诗按“样本”“该上什么”“怎么上”有了切身体验，对“样本”教学的特点和要求有了进一步的认识，对语文阅读教学的理解和追求有了新的高度，从而加深了对王荣生教授主张的按选文功能分类进行阅读教学的理解。

王荣生在其《语文科课程论基础》中，根据对国外母语教材的研究鉴别出“定篇”“例文”“样本”用件“引子”5种选文类型，这不但对我们改进语文课本编撰具有重要意义，而且对于利用现有课本进行有效教学也有实际意义。在今年培训讲学中，王荣生教授用一篇课文《生命，生命》做例子，带学员们一起学习如何正确地备课。首先，进行文本研习，抛开一切参考资料，用心反复阅读课文，划出值得注意的地方，大家交流，发现居然很多不同的地方，说明各自的理解不大一样。其次，针对这些地方，着眼全文发现其含义所在，看出真正值得注意的地方，达到对文章的深入理解。再考虑学生可能在哪里遇到理解障碍，该如何加以引导。最后，按2～3个环节写出阶梯式教案，因为观察优秀教师大量成功课例发现这是共同规律。王荣生强调备一节课要抓好“起点”，即明确学生对课文中哪些内容是本节课需要学习的，要抓好2～3个阶梯内容的设计，逐步引导学生达到“终点”，即达成课时目标。这种备课方式

---

① 作者单位：贵州师范学院。

大异于学员们以前的方式——他们以前通常就是照抄教参资料，甚至可能没有真正读懂课文就去上课了，往往只按教参上的知识要点或考点来讲，结果学生已懂的可能教师讲了许多，学生不懂的教师反而没有讲，或者教师其实也没搞懂，稀里糊涂就算教过了。这次严格按王荣生教的方法备课，大家才发现这样做的重要性和必要性，因为看似简单的小诗，里面还真有几处值得好好玩味，并非一目了然就能理解。正是这几处，成了教学的重点和难点，也成了课堂上出彩的地方——一旦教师有意引导指示方法，学生是可以看出作者行文之妙的。

王荣生认为“样本”教学源于叶圣陶先生“课文无非是例子”的思想，即把课文作为这一类文章的一个代表来进行阅读，从阅读实践中领悟读这类文章的方法。我们知道，阅读教学的目的之一是培养阅读各种文章的实际能力，这种能力只能通过大量的正确的阅读实践来培养。“样本”教学就是要在教师指导下，让学生进行正确的阅读，得到正确的阅读体验。所谓正确的阅读，就是要按生活中阅读该种体式文章的常态来组织教学，让学生经历一个实实在在的完整的阅读过程，而不是由老师代替学生进行公式化的阅读，把教参上的标准答案告诉学生。生活中的阅读，例如阅读现代诗歌，抒情的、叙事的、哲理的，阅读的关注点是有区别的，因此，不同体式的课文其读法是不同的，要关注课文中不同的地方。例如《秋天》就要关注诗人使用的特殊意象和用语。“样本”教学内容是生成性的，解决那些学生不懂的地方，不同班级遇到的问题可能并不一样，要根据课堂上学生的不同实际来灵活引导。很可能在这个班重点挖掘这几个地方，在另一个班又重点挖掘了别的地方，只要帮助学生紧扣文本语句加深了对课文的理解，就达到目的了，不必样样都要讲到。“样本”教学一定要着眼全篇，才能达到对文本的深入理解，这和“例文”只需着眼局部学习特定知识不同；一定要紧扣文本语句，才能真正理解作者行文用意，不能脱离文本搞花里胡哨的活动。“样本”教学还必须落实对话理念，让学生仔细阅读发现文中值得注意的地方，组织学生说出自己的发现和见解，即通过阅读和交流实现多重对话。“样本”教学成功的标志是学生读懂了文章，各自对文章有自己的独特的比较深入的理解，并能说出这些理解。“样本”教学带给学生的是积极的阅读体验，包括阅读交流带来的愉悦和收获，文体思维的活跃和发展，阅读方法的实践和掌握，对课文思想精华的认识和领悟。通过《秋天》的教学和研究，本组学员对“样本”教学的诸多方面应该有了进一步的认识和领会。

行文至此，本文想对课例运用“支架”的方法再做些分析，以求解答许多人感到困惑的“样本”和“例文”杂糅的问题。

“支架”只是一种工具，帮助学生达到教学目标，如果用于帮助学生掌握语文知识，是“例文”用法；如果用于帮助学生理解课文，是“样本”用法。也就是说，单凭“支架”的运用不能作为判断属于“例文”教学或“样本”教学的依据，要看运用“支架”最终要达到什么目的。

本课例中的“支架”，是引导读法的，要学生通过对第一节诗歌的学习，按景物、场景、命名、疑问、说、读六步来独立完成后两节诗歌的阅读交流。这里，明显地存在读法迁移的特点：把从第一节学习的方式步骤加以明确，用于后两节的学习，这种教学方法大量地被语文教师使用，例如教师示范指导完成A，学生模仿完成B，AB可以是词语运用、修辞运用、人物形象、描写方法、标点使用、布局某篇，等等。这种学习基本属于掌握知识的范畴，因而可以归属于“例文”教学。王荣生将阅读教学中教读法归于“例文”，就是基于学生在阅读过程中主要学习掌握的是一种外在于课文的可以言说的知识，这种知识的学习掌握本身具有价值，换另一篇合适的课文也可以学习掌握。因为学习掌握的是客观存在的语文知识，所以课文只是用于学习掌握知识的一种材料用具，因而叫做“例文”。那么，这个课例该属于“例文”吗？这岂不是与备课时的“样本”定位相左了吗？

这就要具体分析本课例中“支架”的运用了。首先，它不是学习现代抒情诗歌必须掌握的读法知识，更不是有定论的语文知识，只是针对本班学情为提高教学效率所规定的几个步骤，便于学生找到发言交流的抓手，阅读现代抒情诗未必一定都要如此去做。其次，它本身不是本节课要重点学习掌握的内容，教师的关注重点仍然在学生发言的内容，即对于第二第三两段诗歌的理解，而不是对这个“支架”本身的学习——例如明白为什么需要这个“支架”，其每一步的基本要领和要求，比较并评价使用的具体得失，围绕“支架”的使用发现规律性的知识并加以固化等等。最后，“支架”的使用一方面规范了课堂教学内容和步骤，使学生易于循序渐进，带来了课堂的活跃；但另一方面也可能在不必要的地方花费时间，造成死板僵化的程式，不利于将宝贵的课堂时间集中到深入解读交流关键诗句。如果真要具体改进课堂教学，这个“支架”的安排或许正是值得细细研究的重点：哪里要强化，哪些可以简省或取消，哪里应该具体引导等等，这将是真正深入的课例研究内容。本节课由于重点只放在引导学生突破难点，关注的是找准“教学点”即若干诗句的理解和交流，将王荣生所教方法用于教学，得到改进教学的积极体验，还来不及关注如何更好提高课堂教学效率，因而只能说是个转变观念方法的初步尝试，不能认为使用“支架”是教学成功的关键因素，更不能认为教现代诗歌都要使用这样的支架。由于这节课使用的“支架”只是为了方便学生更好理解课文，所以其教学仍是“样本”而不是“例文”，如同郑桂华老师《安塞腰鼓》要学生找表达感情强烈的句子，教《散步》要学生找对称句，也可以看做是一种“支架”，其用意在借助排比比喻修辞和对称句的知识发现作者所要表达的深意，教学指向还是对课文的深入理解，而不是借课文中的例句学习掌握修辞和对称句的使用。

作为典型的“样本”教学和“例文”教学，是容易区别和认识的。按目前通常的课时安排，在教学实践中，一篇课文如果安排两课时教学，第一课时通常可以按“样本”教，让学生经历一个正确的阅读过程，达到对课文的比较深入的理解；第二课时通常可以按“例文”教，侧重学习课文范例的某种语文知识，这样安排比较符合认识过程和教学规律。但有时一篇课文只上一节课，还需要全面照顾教学内容，例如评优的公开课，或自读课文，或用作练习的课外文章等等，又该顾那一头呢？能不能兼顾“样本”“例文”揉在一起上呢？为什么觉得有时“样本”和“例文”分不开呢？

这就要用辩证分析的方法来加以认识了。“样本”“例文”只是根据课文发挥作用的功能所做的划分，这一划分对语文教材编写具有重要意义，对改进阅读教学也有重要意义，其核心是要解决每节课明确集中的教学目标内容及实现形式。现实中，由于多种因素的制约，特别是教材尚未按选文功能进行设计编辑，教师要认识并掌握“样本”“例文”教学并不容易，因此在培训中我们只好采用比较简单的方法突出其各自形式特点，例如说“样本”需要引导阅读和交流，落实对话理念，表现为课堂上教师引导的学生讨论和发言；“例文”需要设计概括知识和迁移运用，表现为课堂上教师组织的各种练习活动。但这样也可能带来新的问题：有讨论发言的就是“样本”吗？有迁移练习就是“例文”吗？答案显然是否定的，因为判定的依据不是教学形式而是教学内容，即所教侧重于正确阅读实践还是语文知识。但这两者不论是指向对文本的理解过程，还是指向独立于文本而存在的语文知识，其间又有斩不断的内在联系：深入理解往往要借助关于字词句篇的语文知识，学习掌握语文知识离不开对文句的正确理解，二者互相依赖，相携并进，不可能绝对化地存废取舍。即以教读法为例，它是“样本”教学的目的之一，即叶圣陶的举一反三的“例子”说，也是“样本”教学必然隐含的成果之一，即正确的阅读过程经历会让学生留下积极的阅读体验；但明里探讨读法并作为练习重点却属于“例文”教学，因为所学并非对课文的理解，换一篇合适的也无妨，其间关键是设计迁移练习实践。那么教学中使二者有机结合，在引导学生经历了阅读过程后再点明读法要领，加深对阅读过程方法的正确认识，有何不可？所以，我们不必拘泥僵化，自寻烦恼，只要认真实践王荣生关于“一堂好课”的最低要求：教师知道自己要教什么，1. 对所教内容有自觉意识，2. 所教的是“语文”的内容，3. 教学内容相对集中。那么，即使有时分不清说不明白也没关系，只要学生在课堂上学有所得就行。明乎此，一节课兼顾两者可行否？当然可行，但应明确重点；至于表演式的面面俱到的所谓设计，可以休矣。

本课例的研究给了我们多种有益启示，下面简单谈几点。

不能忽视略读课文。人教版语文教材的编撰，依照的是叶圣陶先生的教学思想，以前在一个单元里设教读篇目和自读篇目（加*号），体现的是教和练的关系，即“扶着走”和“看着走”的关系；现在改为精读篇目和略读篇目（加*号），体现的是学和用的关系，即“跟着走”和“自己走”的关系。自读也好略读也好，虽然提法角度不同，但都是整个学习迁移过程中不可或缺的重要环节。现在许多老师忽视其重要性，眼睛只盯住“要考的”精读篇目，对略读篇目或干脆不组织教学，或教不得法，没有起到略读的应有作用，导致阅读练习分量不足，大大影响了阅读能力的培养。应该指出，本课例并未按略读要求来设计，还是以教师教读或精读的因素为主，是特定情况下的处理。按略读要求，教师还需要更加放手，需要把精读篇目与略读篇目的教学一体考虑整体设计，使之形成能力迁移的过程。

教师改变观念才有课堂的积极变化。前后短短几天，教师没换，学生没换，教学效果却大不一样，原因在哪里？因为教学方法变了，因为教学设计变了，因为教学理念变了。从过去要求学生认真听讲“配合教学”，到现在设法让学生大胆说出自己的见解，学生由被动接受变为主动探究，真正实现了课程标准规定的“学习主体”的要求。在长期应试教育的扭曲下，许多教师形成思维定式，以为只要把可能考到的篇目考点都讲到，就算完成了任务。但现实是许多老师讲过的内容，题目稍一变化学生就答不出，原因在哪里？因为学生得到的是现成的东西，不是自己阅读思考得到的结果，只靠记忆力死记硬背是不能应对阅读考能力的要求的。如果每篇课文都是学生用正确方法阅读过的，每次阅读都有实实在在的阅读体验，都是扎扎实实的阅读训练，阅读能力全面提高了，还怕考试？还用得着大量的模拟阅读考试？

农村学生更需要“样本”教学。一般而言，由于多种原因，目前农村中学的学生更多地依赖老师，缺乏自主学习的意识和能力，课堂上肯积极思考发言的很少。这是长期不正确的语文教学造成的后果，不能简单地责怪学生。就是城市中学，如果教师观念不对，教不得法，同样也会出现沉闷的课堂。农村学生不爱发言怎么办？要认真分析学情，找到症结所在，对症下药。这里可能有认识问题，有心理问题，有技能问题，有习惯问题，等等。讲明道理和要求，给予鼓励和引导，设计不同梯次的练习活动，坚持不懈地严格要求，我们会看到学生发生可喜的变化。这个课例告诉我们，只要引导得法，找到适当的切入点，例如让学生找出诗歌中你认为写得好的地方，加上适当的引导鼓励，学生的积极性和“发现”能力有时会超出教师的想象。

“样本”教学需要高素质的教师。在教和学这一对矛盾中，教是矛盾的主要方面，教得好，学生才能学得好，才能实现“学习主体”的地位。高素质的教师是教学成功的关键因素，备课的深入细致，学情的准确估计，教学设计的合理巧妙，课堂教学的灵活组织，对学生的关爱鼓励，对工作的认真负责，所有这些共同构成了教学成功的基石，任何一种缺陷都可能使教学达不到应有的高度。所以要想上好“样本”，需要教师有丰富的学识，能读出课文深处的含义；智慧的大脑，能设计出合理的学习过程；宽厚的爱心，能给学生纠误探究的机会；精湛的技能，能巧妙引导学生在阅读中探珠寻宝。从更高的标准来看，这个课例还有一些可以改进提高的地方，议课时大家提出了很好的意见和建议。“教学相长”，学生的不断成长进步，也是教师不断发展的过程，“样本”教学的不断探索进步，必将促使教师不断进步成长。

最后，谈一下这次课例研究本身的得失。按周周博士的要求，课例研究要运用一定的研究方法和工具，说出这个课例上课的道理来。具体到《秋天》的教学，由于是初次进行课例研究，无论指导教师还是学员，都没有接受过正规的课例研究的科研训练，实践中仍然带有以往教研活动比较粗疏的特点，在许多方面达不到严格的课例研究的标准。例如研究模式。我们选择的是课例研究的“纵式”模式，即通过对一堂课的几次打磨，不断改进，从而得到若干认识和收获；但实际上这一过程大大简化了，我们只上了一次课，没有再加改进的对照课，集体备课也只侧重研习教材，对于教学内容方法并未用力，于是只好按“过去”（张琴）、“现在”（穆宗军）、“将来”（温向利、秦江明 ）勉强体现“纵式”的改进过程，其实并未真正达到改进过程并评价效果的要求，因为前后并无可资对照的具体课堂教学内容和结果。再如研究内容。课例研究要求使用合适的理论工具，我们使用的是王荣生“样本”教学的相关理论，但事实上对“样本”教学的许多东西并未很好掌握，而且可用理论工具远不止“样本”一种，我们事先并未认真思考，行文当然也就不可能把道理说得深入透彻。又如研究方法。我们虽然有很好的课堂实录，但并未很好加以利用，或者说还不知道如何利用，结果大家所写的分析文章只按自己的感觉和认识来写，虽然内容上大体不错，但比之严格按课堂事实进行的分析就少了许多分量。

但是，《秋天》课例的研究还是有了一些积极的东西：有意追求不同以往的教学目标要求，运用“样本”教学要求来设计教学内容和过程，努力落实课程标准中阅读教学“对话”要求，从文本研习和学情分析入手找准教学点，通过课堂观察判断教学效果从而分析得失。这些都是以往不曾做过甚至想过的。有了这次的课例研究实践，尽管并不完善，毕竟向正确的方向迈出了第一步，大家还是感受到成功的喜悦。今后再做课例研究，对于要说出的“道理”，对于“研究方法和工具”，还需要更为明确的认识和表述。

希望《秋天》课例成为全组学员成功的起点！

课例研修三 《孤独之旅》

杨 武[①]

【背景】

活动主题：探讨“例文”教学的有效性。

活动方式：《孤独之旅》课例研修。分工负责，各有侧重。在上课教师说课的基础上，以课堂教学实录为研究对象，分别从课堂提问、教师语言和多媒体运用的有效性等方面进行研究，最后对该课例的研究情况作总体综述。

活动流程：个人备课、上课，集体观课，各自选一个视角评课议课。

执教老师：国培学员余国元。

听课老师：周龙麟、郭琼、王国恩、方芳。

活动成果：课堂实录、课件、教学设计及其评析、教学反思、观课报告、专题指导。

【课堂实录】

（一）对话方式导入

师：生活中，同学们有过孤独的感觉吗？

生：有的。

师：好，请你说一下。

生 1：每一天放学之后。

师：为什么？

生 1：因为周围都是些不认识的人，妈妈又不在家。

师：好，请坐。（示意坐下）（转身拿课本）今天我要请同学们跟着

---

① 此课例研修活动由杨武老师组织指导完成，并负责撰写课例研修专题指导报告、相关活动评议及活动成果整理。

我进行一段孤独之旅。（展示幻灯片：孤独之旅——曹文轩）《孤独之旅》是一篇小说，作者叫曹文轩。（幻灯片：曹文轩简介，内容略）（教师照读一遍）今天我们学习的《孤独之旅》就是出自作者的《草房子》。为什么会有这一段“孤独之旅”呢？在这篇课文前还有一个情节的，我们就来看一下“孤独之旅”前面的情节。（幻灯片：故事链接。内容略）在故事发生之前有这样一段情节。（教师读链接内容，花 1 分 10 秒）于是就是我们今天学习的《孤独之旅》。

（二）引导学生学习课文

这个《孤独之旅》，作者究竟要告诉我们什么？这是老师今天要和同学们共同商讨的第一个问题，就是作品要告诉我们什么？下面我先检查同学们下去预习的情况，那么，我的检查非常简单。同学们，按照习惯，字词你们是课前自己解决了的，是不是？

生：嗯！

师：好。（幻灯片：生字注音：撩（）逗，扎（）成把，撅（）断，旧茬（）儿，戳（）破，凹（）地）哪一位同学把这些词读一下？（学生静默）那么，我请一位同学来读一下。

生 2：（起来读，读错个别字）

师：好，请坐。你们认为他都读对了吗？

生 3：（站起来）不对。

师：请你来说他错在什么地方？

生 3：“戳破”的“戳”。（把正确读音读出）

师：还有吗？

生：没有了。

师：好，下面我们来看一下。（幻灯片：教师把正确读音边注边读，也有部分学生跟着读）

生：没有错。

师：大家读一遍。（学生齐读幻灯片上注音词语）。词语呢？（讲到这里）下面我们进行今天刚刚老师讲到的作者究竟要告诉我们什么的问题。本文课题叫做什么？

生：孤独之旅。

师：（板书“孤独”）“孤独”这个词，从感觉的角度来看属于什么描写？

生：心理。(声音很小)

师：心理描写，是不是心理描写？

生：是。(声音大了一些)

师：是心理描写。既然是“孤独之旅”，可见主人公在故事里经历了一段不平凡的心理历程，所以我先要求同学们在课文当中找一下，哪些词语是描写主人公心理活动的？

生：(看书，找，勾，画)

师：课前我看了两个同学找这个心理描写，很困难，我引领同学们找出来，我给大家一个表（幻灯片：表格）你们再按照这个的提示表找一下。

找出体现杜小康心理的词语	
不同阶段	不同心理感受
离开油麻地，出发时	
到达目的地——芦荡时	
在芦荡安顿下来时	
在芦荡时间一久	
经历暴风雨后	

生：(继续找，老师巡视学生的勾画情况。用时 1 分 48 秒。)

师：好了，已经有同学找出来了，还没有找出来的同学，没有关系，一会儿大家共同来找。现在，请这一位同学给我们讲讲你找的，(示意学生 4 站起来）你看看杜小康“离开油麻地，出发时”是什么心理感受？

生 4：我想他应该是很伤心的，难过的。

师：是的，确实是的。不是你熟悉的地方，一下子不适应。在课文中有表现吗？

生 4：我在 76 页的第 3 自然段，从父亲“对杜小康带了哭腔的请求，置之不理……”这一段中看出杜小康是很伤心地离开油麻地的。

师：用了什么词语？

生 4：(沉默)

师：谁找到了？（学生沉默）我提示你们一下。在第 4 段当中……(示意刚才站起的同学坐下)。找到没有？（学生还是沉默）描写心理的，

（学生4举手）你请说。

生4：我找到了第5自然段最后两行里的词“茫然”和“恐惧”。

师：好。请坐下。（幻灯片在表格中相应的地方打出“茫然”和“恐惧”）同学们找到没有，看一下，这个地方，它写的虽然是父亲，但是我们从这一句话当中可以看出，它实际上也是写杜小康，“仿佛只要稍微慢下一点来，他也会像他的儿子一样突然地对前方感到茫然和恐惧，从而也会打消离开油麻地的主意”。杜小康“恐惧”什么？刚刚我们讲得很清楚，是“离开很熟悉的地方”，离开自己的同学、老师，去一个不熟悉的地方。

那么“到达目的地——芦荡时”又有些什么心理呢？找到相关句子，好，请这位同学说一下。（示意生5）

生5：我找到在78页。

师：哪个词？

生5：“胆怯”。

师：“胆怯”，对吗？同学们。（出示幻灯片：“害怕”和“胆怯”）。“害怕”和“胆怯”，这位同学说对了，那么我们看第三个“在芦荡安顿下来时”，（有学生举手）好，请这位同学。

生6：“不再害怕”。

师：在什么地方找到？

生6：在78页。

师：78页，同学们看一下是不是？

生6：还有“安静”。

师：“安静”（出示幻灯片：“孤独”）。是不是？在这里主要是“孤独”。同学们请看这句：“他们最大的敌人，也正在一步一步地向他们逼近：它就是孤独。”同学们找到了吗？

生：找到了。

师：在“芦荡时间一久”，他的心理又是什么呢？（学生沉默）刚刚有个同学找了，但是他不是在“芦荡安顿下来时”，在什么地方啊？我们再请个同学？来。（示意一位女同学起来）

生7：在芦荡安顿下来后，他没有从前那么紧张，但是他们父子俩之间的对话越来越单调了。

师：好，这位同学阐述得非常好，“他不再忽然的恐慌”（幻灯片打出“不再忽然的恐慌”)，在这里可以看出杜小康有进步了。你看“害怕”“胆怯”“孤独”“不再恐慌”，那么在“经历一场暴风雨之后”呢？杜小康的心理发生了什么变化呢？（一位男生主动举手）你来。

生 8：“不再害怕孤独，不再茫然……”

师：是不是呢？

生 9：(主动快速站起来回答) 我觉得应该是他觉得自己长大了，坚强了。

师：长大了，坚强了。两位同学说的都很好，“不再孤独”，应该来说是“不再害怕孤独”，“孤独是存在的”，但是不害怕，突然坚强了，长大了 (幻灯片出示“坚强”“长大”)。这是杜小康的心理感受。从这个表格来看杜小康从离开油麻地，一直到经历了一场暴风雨之后，他经历了一个变化的历程，那么，我们来看一下他的心理变化过程 (老师引领同学看幻灯片上的表格)：刚刚出发时“茫然”“恐惧”；第二阶段到达芦荡时“害怕”“胆怯”；芦荡安顿后“孤独”“单调”；住一段时间后“不再忽然的恐惧”；雨过天晴时“长大了”“坚强了”。(幻灯片总结) 这就是杜小康心理变化的过程。那么，这个“孤独”是什么意思呢？是不是仅仅是“孤独”呢？

生：(少数人) 不是。(声音很小)

师：这“孤独”还有什么意思在里面？你看“孤独”“单调”。(指表格提示)

生：(几个人回答)“单调”。

师：(板书“孤独”) 除了“孤独”还有什么？

生：害怕。

师：“害怕”(板书“害怕”)，“茫然”(板书“茫然”)，“恐惧”(板书“恐惧”)，这是从“孤独”的含义上来说，我们看，从杜小康心理活动过程 (幻灯片出示：原表格后出现“杜小康”三个字)，作者告诉了我们什么？我们先来看杜小康先前的“茫然”“恐惧”直到后面的“长大”，接下来就形成了这样一个过程，开始心理上是“不成熟的”，然后到经历“暴风雨”之后就变成熟了。从“不够成熟”到“成熟”，这就是杜小康所经历的这样一段“孤独之旅”“成长之旅”。那么课文究竟要告诉我们什么？谁来说说？（一位学生举手）(示意起来)

生 10：告诉我们在孤独中成长。

师：好，坐下，非常好！“孤独助你成长”，所以，有时候孤独还可以成就一段美丽，是不是？（一位女同学举手，老师示意回答）

生11：我认为如果说孤独是一次旅行的话，那么它所带来的是一种财富，它让我们成长，向一个新的方向成长，所以我说孤独从另一个方面给我们带来收获是颇丰的。

师：哦，你看，说得非常好，值不值得我们的掌声？（掌声响起来）你们不要害怕孤独，孤独有时候会给你们带来意想不到的收获的啊！我想作者的意思就是这个（幻灯片出示：本文主题）。“人应该在孤独中磨炼自己，在逆境中锻炼自己，才会成长，长大成熟，坚强”。孤独也好，逆境也罢，不管遇到什么困难，实际上我们从积极的一个方面来想，它有助于我们的成长。这个主题，它的产生是通过杜小康的一系列的心理历程，那么这个心理的历程，课文中是怎么描写的？那么产生这些心理历程的原因是什么？这个原因我们要追，为什么会产生这样的心理？同学们想一下，与小说中哪一个要素有关系啊？

（学生纷纷说，听不清）

师：小说的三要素是什么？

生：人物。

师：还有什么？

生：情节。（少数人回答）

师：情节。还有什么？

生：环境。

师：对，环境。那么这篇课文里边的环境主要是属于什么环境？环境包括？

师、生：社会环境和自然环境。

师：而本文当中它是写的什么？

生：自然环境。

师：造成杜小康心理的原因与这个环境有极大的关系，所以我们下一个任务，仍然请同学们找一个环境描写，找出来后，我们体会一下这个环境描写，它与主人公杜小康有些什么关系，看你们能不能发现。（学生开始找句子）

师：要不要给你们时间？要不我们就开始，有些同学已经思考得差不多了，所以呢，找出来的说一下感受，说的内容尽量不要重复。请一位男同学。

生 12：嗯，我找的是“雨过天晴，天空比任何一个夜晚都要明亮。杜小康长这么大，还从未见过蓝成这样的天空。而月亮又是那么明亮”。这里的景物描写中提示了主人公心理不再孤独。

师：哦，雨过天晴了，同学们想一下是不是这样？

生：是。

师：坐下。（示意生 12 坐下）他找到的这个地方非常棒，“雨过天晴，天空比任何一个夜晚都要明亮。杜小康长这么大，还从未见过蓝成这样的天空。而月亮又是那么明亮”。同学们从这个环境描写中能感受什么？有什么感受？

生：美好。

师：真美好。我们说美好的东西写得越美好，说明他的心理成长了，坚强了，成熟了。好的，还有其他同学没有？（一男同学主动站起来）

生 13：我找的是第 76 页第 2 自然段的末尾这一句：“他站在船上，向后眺望，除了朦朦胧胧的树烟，就什么也没有了。”这一句我觉得写出杜小康失落的心情，然后什么也没有了，还加了他的留恋之情。

师：哦，留恋之情，说得好，请坐。除了“朦朦胧胧的树烟”写出了杜小康的“茫然”外还写了对家长的什么？

生：留恋。

师：逐渐要远离熟悉的地方。下面还有没有？（一位女同学站起来）

生 14：我找到的是 78 页第 3 自然段第 20 段，这是一个自然环境描写，这里把芦荡比喻成一个绿色的大舞堂，把芦荡比作万重大山，从一开始离开油麻地到到达目的地，产生了这种（害怕感），是一个很自然的过渡，体现出了杜小康对这样一个陌生的环境产生一种很压抑的感觉，一种很害怕的感觉。

师：害怕的感觉。好，这一段非常精彩，“当杜小康一眼望去，看到芦苇如绿色的浪潮直涌到天边时，他害怕了——这是他出门以来第一回真正感到害怕。芦荡如万重大山围住了小船。杜小康一种永远逃不走的感觉”。这一个环境描写精彩在哪里？（纷纷说，听不清楚）用修辞的说。

生：比喻。

师：形象生动地写出了芦荡的哪个方面？

生：（停顿）颜色。

师：颜色，是不是，浪潮。

生：嗯!

师：还写出了它的动感，那么，渲染出了杜小康的什么样的心理啊?

生：害怕。

师："芦荡如万重大山围住了小船。杜小康有一种永远逃不走的感觉"。仍然运用了比喻的修辞手法，"万重大山"这一句告诉我们什么?你们说芦荡长得怎么样?

生：茂盛。

师：茂盛，而且又高，环境写得如此的幽深。茂盛，更加反衬了芦荡里船和人的孤小，从而形成了杜小康心里的胆怯，产生了一种永远逃不掉的感觉，还有其他同学找出来没有?（一男同学站起来）

生 15：78 页的 24、25 段都是，它这里是通过描写视觉、嗅觉上的美好景色，然后烘托出了杜小康到达芦荡后，陶醉在大自然美好的景物里面，然后心情渐渐的有所平静。

师：好，非常好。实际这是杜小康在恐惧与害怕中得到的"暂时的宁静"。这个环境描写怎么样?你们用哪些词来概括?

生：美好，寂静，安静，温馨。

师：这些词写出了环境美好，说明人心理"暂时的宁静"。(一位男同学主动站起来)

生 16：76 页第 7 段，写出他心理的茫然与恐惧，"熟悉的树木、村庄、桥梁……都在不停地后退，成为杜小康眼中的遥远之物"。

师：对了，同学们，离开熟悉的地方，想象一下，这样的心理有没有?

生：有。(又一同学站起来)

生 17：76 页 13 自然段："黄昏，船舱里的小泥炉，飘起第一缕炊烟，它是这里的唯一的炊烟。它们在晚风中向水面飘去，然后又贴着水面，慢慢飘散。当锅中的饭已经煮熟时，河水因晒了一天太阳而开始飘起炊烟一样的热气。此时，热气与炊烟，就再也无法分得清楚了。"

师：烟雾出现时，与炊烟融合在一起，让人看不清，从而让杜小康心理上对前途有怎样的看法?但他不知道，一种迷茫的心理写出来了。还有一位同学也找出来了。(示意同学站起来)

生 18：81 页描写风雨的那一段："临近中午时，雷声已如万辆战车从天边滚动过来，过不一会，暴风雨就歇斯底里地开始了，顿时，天昏地暗，仿佛世界已到了末日。四下里，一片呼呼的风声和千万支芦苇被风撅断的咔嚓声。"这一段。

师：哦，你觉得这一段描写起什么作用？

生 19：我觉得第一个作用是烘托人物的心理，当时是很害怕的、恐惧的；第二个作用是为下文写杜小康成长作对比。

师：你用到了一个词很好，是什么？

生 19：对比。(自由坐下)

师：好，对了，这地方很重要，你们有没有注意暴风雨？杜小康的成长与这场暴风雨有极大的关系的，没有这场暴风雨，就不会出现风雨中他心理的成熟。这里写暴风雨更精彩，这里暴风雨"万辆战车"采用了什么修辞手法？

生：比喻。

师：写出了暴风雨如"万辆战车"，吓人吧？气势的宏大，排山倒海地过来，让人感到害怕，还有暴风雨"歇斯底里"地开始了。"歇斯底里"是指情绪异常激动，举止失常。这是用来写人的，现在写了暴风雨，写暴风雨的凶残。"万辆战车"写出了猛烈。"猛烈""凶残"，所以这个景物描写，渲染了暴风雨的猛烈、凶残，注意抓住关键词，那么它在文中的作用就是为下文主人公战胜困难，变得坚强，作了铺垫。所以没有暴风雨，就没有杜小康的成长，还有一个作用：推动故事情节的发展。另外写鸭子也是一种景物描写，小鸭变大鸭，人也成熟了，所以写鸭子也是写主人公成长的一个印证。所以从环境描写来看与人物之间关系是紧密相连，我们不管在小说，在散文也罢，都有景物描写，都有心理描写，比如《春》中作者写了几幅图啊？

生：春风，春雨，春花。

师：这篇散文对春风的描写，表达了作者朱自清对春天的热爱，所以自然环境描写都有作用，那么同学们今后在读文章也好，写作也好，都不要放过环境描写中自然环境描写。下面请同学们准备一张作文纸，结合自己的学习或者生活的经历，回忆回忆，用我们今天学的环境描写，把自己的心理或心情写出来，给大家 3 分钟。

生：（讨论，写）

师：时间到了，请同学们来展示一下自己的作品，其余的同学注意听，要作出评价的。

（同学纷纷起来展示，评论激烈）（下课铃响了）

师：今天，由于时间关系，今天的课就上到这里，还没有展示的同学，我们利用活动课继续，好吧！感谢王老师和同学们的支持。（全班响起热烈的掌声）

生：感谢余老师！余老师再见！

（方芳整理）

【评语】

方芳老师就余国元老师公开课《孤独之旅》所做的课堂实录，忠实于课堂教学的实际进程，在重点关注执教者环环相扣、循序渐进的教学流程的同时，还不时地关注到学生听讲时的神态变化、讨论时的踊跃与否、成果展示与点评等情况，较好地反映了该节公开课的真实情况，这是值得充分肯定的。

所谓课堂实录，是指教师将自己或他人执教的优质课或具有一定研究价值的常态课尽可能详细地记录下来，并加上教学后记或听课评价的一种教育实用文体。课堂实录一般包括听课时间、学科、班级、执教者、课题课时等基本信息；包括教学内容、教学环节和教学方法；包括学生学习知识、参与讨论、能力训练等。课堂实录记到什么程度，要根据每次听课的目的和教学内容来确定。

课堂实录完成后，一般还要附上“教学后记”或 “听课评价”，这将更有助于阅读者的理解把握，也有助于体现授课者的教学追求。听课评价以定性描述为主。从教学目标、教学内容、教学方法和手段、教学结构、学生参与情况和学习效果等几方面阐明这节课的得失，既要有观点，又要有依据，要体现这节课的“质”。为了突出重点，一般不作面面俱到的评价，而是选择比较有意义的、有典型性的方面作点评。评价还要从建议的角度，指出可供选择的改进做法等。

（指导教师：杨武）

【教学设计】

起点

1. 学生对“孤独”的含义可能理解不到位。

2. 学生对自然环境描写与作品中人物的关系的理解可能存在难度。

理解孤独 感知主旨

1. 作者作品及相关链接。

2. 生字注音。

3. 速读课文，掌握小说的三要素。

4. 感知主人公心理历程，理解“孤独”的含义，把握主题。

认识环境 体会作用

1. 找出文中表现孤独的句子，体会并说出其对描写人物的关系。

2. 小结：自然环境描写在阅读和写作中的作用。

3. 链接：《故乡》开头一段景物描写的作用。

自由表达 学会运用

1. 回忆经历，运用自然环境描写表现自己的心理或心情。

2. 展示所写相互评价。

终点

1. 理解“孤独”含义，读懂主题：人在孤独中磨炼自己，在逆境中锻炼自己，才会长大，成熟，坚强。

2. 掌握自然环境描写与作品人物的关系，学习运用自环境描写表现人物。

【评语】

余国元老师的《〈孤独之旅〉说课稿》概述了课文的主要内容，归纳了作品的主题，分析了授课班级学生的总体情况，说明了为什么要这样设计的原因，介绍了本课教学的主要环节与步骤，具体列出了本课的教学目标，这对我们进一步研究该课例是很有帮助的。但是，根据“说课稿”的相关要求，不管是哪一种类型的说课稿，一般都要涉及教学目标的确定依据、教学重点和难点的确定与突破、教学方法的选用、教学过程的安排和教学效果的检测与反馈等。显然，这些方面都是值得余国元老师进一步研究并补充的内容。另外，教学第三环节，余国元老师以朱自清《春》为例，旨在为学生提供仿写范例，而说课时，则误说成以鲁迅《故乡》一文中“我”回故乡时的一段景物描写为例，这也是应该予以纠正的。

余国元老师的“阶梯式”教学设计，较好地体现了自己清晰的教学思路，体现了“例文”式教学设计的特点，“理解孤独，感知主旨”“认识环境，体会作用”和“自由表达，学会运用”三个环节的安排循序渐进，符合学生的认知特点，但其具体表述仍有值得推敲之处。如“学生对自然环境描写与作品中人物的关系的理解可能存在难度”一句，如能换成“学生对自然环境描写与刻画人物的关系的理解可能存在难度”，似乎更加准确些。

（指导教师：杨武）

【说课】

《孤独之旅》节选自曹文轩的小说《草房子》，是人教版九年级（上册）的一篇课文。本文通过讲述一个名叫杜小康的孩子因家境败落，被迫与父亲离家，在陌生芦荡里孤独地放鸭而逐渐成长起来的故事。故事以主人公杜小康的心理描写为线索，借助鸭群、芦苇荡、暴风雨等自然环境的描写，烘托了人物从孤独、寂寞、害怕、恐惧到感觉自己长大了，从不成熟到成熟的心理历程，进而告诉读者：人应该在孤独中磨炼自己，在逆境中锻炼自己，才会长大、成熟、坚强。

这次公开课是在贵阳市实验二中九年级（5）班举行的。该校在贵阳市乃至贵州省都是比较有名的学校。笔者在跟岗研修期间，在班上听了跟岗指导老师的几节课，了解到这个班的学生基础是很好的，但学生在课堂上发言不够积极，课堂气氛不是那么活跃。因此，要在一节课内完成一篇长达 4 000 多字的课文的教学任务，实现所谓的“高效课堂”，难度实在太大。

笔者不断在脑海中反复问自己：“我应该教什么？我要怎么教？学生应该学什么？我应该教他们怎么学？”最后决定，根据课文的内容和特点，结合学生的具体情况，借助课后练习的提示，以环境描写的方法、作用及运用作为本文教学的主要内容，进行“例文”式教学设计，目的是让学生认识到自然环境描写在文章中的作用并能运用到写作实践中。可是离开了小说中人物的成长经历以及情感载体，既不能凸显环境描写的作用，也不能很好地启发学生在写作中恰当运用环境描写来烘托人物形象。经过一番思考，笔者认为，花较短时间让学生对小说有一个整体的把握，知道小说的大体内容，能够找出表现人物各个阶段心理活动的词语，明白人物的心理历程实际就是主人公成长的历程，经历了艰辛、苦难和孤独以及暴风雨的洗礼后，成熟了，坚强了，进而让学生明白环境描写对主人公的这些心理活动起到了极好的暗示和烘托作用。接着借助多媒体归纳展示环境描写在作品中的作用，教会学生如何用语言表达自己的理解。然后经过实际练习，让学生在文中找出环境描写的句子，体会并用通顺的语言进行表述，并经过拓展，以《故乡》一文中“我”回故乡时的一段景物描写为例，让学生体会其作用，在此基础上经过小结，最后布置学生进行环境描写片段练习。

通过教学达成以下教学目标：

1. 能够理解本文的主题。

2. 理解自然环境描写在课文中的作用，并能够将环境描写运用到写作实践中。

笔者想只要布置好预习，在课前学生能够将文中心理描写的词语和环境描写的语句找出来，第一个阶梯认识心理、感知主题的教学应该花不了多长时间，第二阶梯和第三阶梯的时间应该是比较充裕的。

【教学反思报告】

《孤独之旅》课后教学反思

余国元①

在贵阳第二实验中学跟岗研修期间，笔者接受了《孤独之旅》的课堂教学实践任务。笔者以理解课文中人物的心理描写和环境描写为起点，以掌握心理描写和把握主题为第一个阶梯，以理解环境描写与人物心理的关系为第二个阶梯，以环境表现人物方法进行作文片段练习为第三个阶梯，最终实现理解课文主题、掌握环境描写对烘托人物的作用并能在写作中运用为终点完成例文教学设计。

教学的对象是贵阳市实验二中九年级（5）班的学生。由于种种原因，课前没能和学生见面，在电话中请该班的老师布置了学生预习的内容，要求学生找出描写心理活动的词语以及描写自然环境的句子。

上课的情况大致如下：课前几分钟，我为了了解学生课前预习的情况，便让他们放弃了原有的常规活动，然后和学生交流了一下，发现学生在课前只完成在文中找出描写自然环境的句子。此种情况，让我马上意识到第三个阶梯的教学已经无法完成了，只能放弃原预定的写作练习。我用学生在生活中对孤独的体验导入了文题，然后对作者及作品进行了介绍，对课文相关的故事情节进行了介绍，以“课文作者要告诉我们什么”为问题，目的是以分析人物心理变化为基础顺势让学生理解“孤独”的含义，从而进一步理解课文主题。我让学生在课堂上找心理描写的词语，却又发现学生对心理描写的概念比较模糊，不能顺利地找出来。我按照情节的发展顺序用 ppt 展示了一个表格，引导学生按照顺序去找，最后终于全部找了出来。这个环节花去了较多的时间。找出这些词语后，我便引导学生并用 ppt 演示了主人公杜小康的心理历程，用提问的方式让学生理解了“孤独”的含义。接着提问学生：“这个心理历程是怎样的一个过程？”由此引导学生明白这是一个从不成熟到成熟的过程，这就是主人公的孤独之旅，也是他的成长之旅。随后抛出了前面的问题：“作者究竟要告诉我们什么？”有几个学生回答了问题，与主题都有关系，

---

① 作者单位：毕节市大方县第六中学。

我顺势将小说的主题通过 ppt 展示出来，完成了第一个阶梯的教学。我又抛出了第二个问题："造成人物心理活动以及变化的原因是什么呢？"学生很犹豫，我便问他们小说的三要素，这个提示让他们恍然大悟，答出了环境描写中的自然环境。那么自然环境与主人公的心理有什么关系呢？然后我要求他们将找出环境描写的句子，通过自己的理解进一步分析主人公的心理并用语言表达出来，这个环节不错，学生有了前面人物心理描写的学习，都能说出一二，我在肯定的同时，进行了补充。课上到最后，却有一个地方学生未能找出来，就是写鸭群的地方。我看时间快到了，于是就把文中鸭群的作用告诉了学生，写鸭群的成长也是在暗示杜小康的成长并顺势用这样一段话结束了这节课："同学们，实际上，不管在小说中，还是其他文体中，自然环境描写都是为写人物服务的，例如：散文《春》一文中描写的几幅图有什么作用呢？"（学生：为抒发作者对春天的喜爱之情）"是的，所以不管阅读文章还是写文章，我们都要认真关注自然环境。"

整堂课上下来，听课的老师们说上得可以。这可能是他们对我的安慰和鼓励吧。

这堂课中，我能在课前判断学情，删减教学内容和教学环节，从这点来说应该是可取的。如果将全部预设的教学环节硬加进去，为了完成任务，那么导致的结果将是自问自答，所有的教学目标将会为零。因为这个调整，至少学生对小说主题的理解是到位的，对自然环境描写表现人物的作用也是领会的。教学中抛出的几个问题扣住了教学的主要内容，对引领学生学习课文提供了导向，使学生能够朝着我预设的教学目标跟进。教学的环节环环相扣、由浅入深，使学生的学习过程循序渐进，较好地把握了学习的内容。有了第一个阶梯的铺垫，对于学生学习第二个阶梯起到水到渠成的作用。

实际上笔者在进行课前设计时对学情不是充分了解。心想既然是贵阳实验二中的学生，自觉性应该比较高，找那么几个心理描写的词语不会是那么难，应该是没问题的，可是出乎意料的是竟然未在课前找出来。由于对学情的判断失误，课中花了较多的时间才引导学生把体现心理描写的词语找了出来，耽误了后面教学的时间。课前预习缺乏指导也是导致教学时间紧张的一个方面。自己未能亲临课堂布置预习，对学生进行有效的提示，是用电话请王老师布置学生去书上勾画我要求的内容。究竟怎么勾画，学生明不明白心理描写和环境描写，这是我不知道的。对学情的判断失准和对布置学生预习的不重视是影响教学不能按预设目标去完成的两个因素。当然在课前设计教学内容时，也存在着想让学生多学东西的思想，这是很多老师容易犯的通病，贪多必有失。如果将片段作文练习再加进课堂，肯定是让学生茫然而无所适从。上课中还有两个细节前面没有讲到，一是课前只顾去了解学生预习情况，导致引入新课后，要用书时，才知道教科书还放在包里；二是学生找出书中的句子，我自己不能迅速地在我用的书中找出来（因为我用的教科书是以前的，而且我没标段序），浪费了一定的时间。这是课前准备工作不足导致的。

进行教学设计前对学情的准确把握和分析是教学的重要基础，直接影响教学内容的安排，一切凭空想象都是不可取的。当然，把握了学情，对教学内容的安排也不能贪多，多而无用，反而会影响教学的效果。另外，老师在课前也应该充分做好准备，就犹如我们要求学生一样，有时细节也能决定成败。

我的这堂课不尽成功，也不尽失败。我认为成功与失败都不重要，重要的是反思。认真总结成功的经验，吸取失败的教训，在不断的反思中能够不断提高自己的教育教学能力，才是我们所要注意的。

【评语】

反思教学是教师把自己的课堂教学实践作为认识对象而进行全面深入的冷静思考和总结。它是一种提高自身业务，改进教学实践的学习方式。叶澜教授说："一个教师写一辈子教案难以成为名师，但如果写三年反思则有可能成为名师。"反思的过程，就是研究的过程，也是重新认识教学实践的过程；反思的过程，就是总结和创新的过程，进而实现自我提升的过程。

余国元老师的《〈孤独之旅〉课后教学反思》，分别对其总体教学思路等进行了简要的回顾，充分肯定了教学进程中几个"主问题"的引领作用、根据课前预习情况等及时调整教学内容、为学生快速勾画心理描写的词句提供支架、教学环节循序渐进、教学机智等，同时对影响教学效果的学情研判不够、课前预习要求不具体、确定的教学内容过多等也进行了实事求是的客观分析。这样的教学反思是客观真实的，也是极为有效的。如果能从"学生创新"和"再教设计"方面再做一些思考，其反思的借鉴价值将会更大。

（指导教师：杨武）

【观课报告】

《孤独之旅》教学课堂提问的有效性

王国恩[①]

课堂提问在语文教学中至关重要，提问的好坏很大程度上决定着教学目标是否能完成，决定着语文课堂教学效果的高低，决定了教学质量的好坏。教师在语文课堂上有效地提问，艺术地提问，会使课堂生动、活跃起来，从而发展学生思维，保证和提高教学质量。下面我们一起来分析余国元老师《孤独之旅》课堂教学中提问的有效性问题：

问题一："同学们生活中有过孤独吗？"这一提问，紧扣文题，且与大部分学生都有过"孤独"这一心理体验的现有生活相联系。从提问的有效性来说，它唤醒了学生的生活记忆，使学生能快速理解课文，是一个好的开端。

问题二："为什么会有这段孤独之旅？"此问题的提出，自然而然引发学生思考：杜小康以前是什么样的生活状态？在学校里不是很好吗？他为什么要随父亲去放鸭？当然大多数学生并没有读过这篇小说，老师这一问题的提出，自然为选文前的情节展示作了很好的铺垫，一方面满足了孩子们的好奇心，另一方面也激发了孩子们的求知欲，当然也为杜小康后来心理的变化作了很好的铺垫。

问题三："《孤独之旅》的作者要告诉我们什么？"这一问题的提出，当然在于引导学生对课文内容的全面理解。这也是此文的关键之所在，同时也是课文的教学重点及难点。学生不可能一下子就明白作者的意图。此时余老师顺势提出了这篇文章的另一个问题："'孤独'一词在描写方法中属什么描写？"学生绝大多数知道这是人的一种心理状态，当然学生也自然地回答这是一种心理描写。老师接着要求学生找出课文中体现杜小康心理活动的词语，这一问题的提出从有效性的角度来说没有问题，但从提问的准确性来说可能有些值得商榷的地方。"孤独"是一种心理状

---

① 作者单位：安顺市关岭县民族寄宿制中学。

态，我个人觉得此处如换成“课文中哪些词语表现了杜小康孤独的心理状态？”可能会更准确些，因此我个人觉得这一问题的提出并不符合提问要“准”这一要求。还有此处我个人觉得对表现杜小康心理变化的词语的寻找，教师应该提供相应的支架。例如：“出发时杜小康是什么样的心理状态？”“到达芦荡后杜小康又是什么样的心理状态？”“在芦荡时间一久又是何种心理状态？”“在经历一场暴风雨后又是什么样的心理状态？”这些问题余老师实质上在课堂教学中都作了适时的引导，且在教学中也通过多媒体展示了杜小康的心理历程。作者要通过《孤独之旅》告诉我们什么？找到了答案没有？当然还没有。余老师接着问：“杜小康的心理变化是变好还是变坏？”当然这一问题的答案是显而易见的，学生自然也能作出准确的回答。问题虽然简单，但它遵循了“循序渐进，提问要有序”的原则，这就为课文主题“本文通过讲述一个名叫杜小康的孩子在陌生芦荡里孤单地放鸭而逐渐成长起来的故事，告诉我们：人应该在孤独中磨炼自己，在逆境中锻炼自己才会成长、成熟、坚强”的展示作了很好的铺垫。

问题四：“杜小康为什么会产生这些心理变化？导致杜小康心理变化的原因何在？”学生对这一问题显得有些困惑，余老师此时巧妙地要求学生回顾小说的三要素。学生们在回答问题的过程中也明白了导致杜小康心理变化的原因，那就是杜小康所面临的环境。余老师接着要求学生找出课文中的环境描写，并感知这些描写与主人公之间有何种联系。学生们对这一问题的回答极为踊跃，我数了一下，对这一问题的回答有十人之多。在余老师的教学设计中这是本文的教学重点之一，但我认为此处给学生的时间过多。高效的课堂应该是教会学生怎么学的过程，而不是一味教学生学什么的课堂，课堂提问要做到收放自如，也就是说在“教方法”时要收，收的目的是为了放，只有做到收放的巧妙结合，才可以让学生在自由思考表达的空间里各取所好，自由表现。正因为此处给学生的时间过多，导致课堂的第三个教学环节“让学生通过一段景物描写表现人物的心理”无法完成。

总体来看，余老师在这堂课中的问题设计是合理且有效的，它为教学目标的完成起到了决定性的作用。但在学情的预估及课堂的掌控上有些小的瑕疵，可俗话说“瑕不掩瑜”，在这样的教学环境及学情下能上出这样一节课不失为一节好课。

【评语】

陶行知说过：“发明千千万，起点是一问。”肯尼基·胡德也指出：“教学的艺术全在于如何恰当地提出问题和巧妙地引导学生作答。”可见其课堂教学中提问的作用与意义。

王国恩老师就余国元老师《孤独之旅》教学课堂提问的实际情况进行了评价，既充分肯定了这几个“主问题”在整节课中的引领和推动作用，也指出了个别“提问”不够准确或收放处理不当的问题，并提出了自己的意见或建议。该评价具体、客观，言之成理，具有较强的说服力。

不过，根据华东师范大学崔允漷教授的研究，一般来说，课堂问答包括发问（教师提问）、候答（学生思考问题和组织答案时教师的等待）、叫答（教师指名某位学生或小组回答问题）、理答（教师针对学生的回答做出反应）这四个前后连接的环节。如果王国恩老师能够再换一个角度对其进行新的更为全面的思考，必能给人更多的启示。如果王国恩老师能够借鉴余映潮老师关于“主问题的设计技巧”和“淡化提问，活动依然”的一系列研究成果，该评价将会给人留下耳目一新的深刻印象。

（指导教师：杨武）

余国元《孤独之旅》教学环节的转换

郭　琼[1]

教学环节的设计是否科学，环节间的转换是否合理，直接影响着课堂的整体效果。现简要谈谈余国元老师《孤独之旅》教学环节的转换。

“生活中，同学们有过孤独吗？”这句导语，从语法角度，我们姑且一放，从内容上讲，它应该是简洁、明了的，学生一听这样的问话，会立刻接收到句子中的核心信息“孤独”，听学生的回答“有过，放学之后，周围的人都很陌生，爸妈没有在家”，可见，学生是完全进入到老师的引领之中的，它很符合导语三维——时间维、逻辑维、知识维——的要求。

首先看时间维，整个句子 11 个字，不冗长，不繁琐，不故弄玄虚，不哗众取宠，它没有违背“导”的本意，导入的方向明确——“孤独”，有利于本节课的重难点解决。

---

① 作者单位：安顺市晋定县第二中学。

其次看逻辑维，这句导语与整堂课的内容特别是重难点具有逻辑上的一致性，首先唤醒学生亲身经历的“孤独”感受，然后再在老师的引导下去领会文本中人物的“孤独”，这是符合学生在理解上的认知过程的，不跑题，不跳跃，对于解读课文是有帮助的。

最后看知识维，导语本身是要直截了当地体现当节课要解决的问题，导语中的关键词“孤独”就提示了这节课要落实的第一个目标，所以，这样的导语，对于教学的辅助是有效的。

不过，作为导语的这个句子，如果我们调整一下，把它变成“同学们，你们有过孤独的感受（体会）吗？”这样，会不会在表达上要准确、流畅些？

接下来我们再看这节课每个节点的教学环节转换问题：“按习惯，字词是同学们在课前解决了的，我们检查一下”，直接进入字词环节，以检查方式进行，简单提示，不是重点。

“词语呢，老师就不再过多花时间，那么，下边我们进行刚刚老师讲到的‘作者究竟要告诉我们什么？’的问题，大家看课题”。关键词是“不再”和“那么”“下边”这些词语的应用，过渡是自然的，“大家看课题”把学生学习方向引到第一个教学目标。

“我想作者的意思就是这个意思，人应该在孤独中磨炼自己，在逆境中锻炼自己，才会成长，长大成熟，坚强，这就是要告诉我们，孤独也好，逆境也罢，不管遇到什么困难，实际上我们从积极的一个方面来想，它有助于我们的成长。那么，这个主题，它的产生是通过杜小康的一系列的心理历程来体现的，那么这个心理的历程，在课文中是怎么描写的？”该段介绍转向人物的心理描写，为讲环境描写的作用做好了准备。

“产生这些心理历程的原因是什么？这个原因我们要追，为什么会产生这样的心理？同学们想一下，与小说中哪一个要素有关系啊？”这个提问落实到第二个教学目标上。

俗话说，“过河要搭桥，爬高要架梯”，在教学过程中，每个环节也必须有“桥”和“梯”，才能相互沟通，教学节奏的特征之一就是自然衔接、环环相扣，引导学生拾级而上，使学生的知识结为一体，顺应同化。通过以上分析，余老师的教学思路相当清楚，各个教学环节都围绕教学目标进行，并且环环相扣，不脱节，不唐突。教学语言也紧扣教学目标去设计，对学生在这节课上要学什么，起到了引领的作用。

最后看余老师的收尾：“这些环境描写，它在文中的作用就是为下文主人公战胜困难，变得坚强，作了铺垫。所以没有暴风雨，就没有杜小康的成长，从这个意义上讲，暴风雨的出现推动故事情节的发展。另外写鸭子也是一种景物描写，小鸭变大鸭，人也成熟了，所以写鸭子也是写主人公成长的一个印证。因此，从环境描写来看，它与人物之间的关系是紧密相连的，不管是小说，还是散文，都有景物描写，所以自然环境描写都有作用，那么同学们今后在读文章也好，写作也好，都不要放过环境描写中的自然环境描写。”

任何事物的发展过程，总是有头有尾的，要完成一件事，既要善始，也要善终，因此，一堂完美的课，不仅要有好的开头，也要有完美的结尾。余老师这段结束语，从内容上讲，点出了环境描写的作用：铺垫；推动情节发展；印证人物成长。从教师的用意上讲，它为学生学习有环境描写的文章作了一个案例的教学，学生以后在学习这一类文章的过程中，关于环境描写的作用应该比较容易把握了。

这节课教师教学语言虽然稍欠简洁、准确，但效果是明显的，因为每一环节的起、承、转、合，教师都做了认真的准备，也都自始至终为教学目标服务。

【评语】

王崧舟老师认为，评课者有四种心态，即“坐着评”“站着评”“跪着评”和“骑着评”，选择何种心态评课，决定着你评课的最终品味与收获。郭琼老师以“坐着评”的心态，就余国元老师《孤独之旅》公开课教学环节的转换进行研讨，从“导入”到字词检查与纠错，从心理描写词句的揣摩与体验到自然环境描写对刻画人物形象的重要作用等，或赞赏，或质疑，或建议，一切以朋友的心态都做了从容、坦荡的评价，这是值得赞赏的。

其实，教学环节的转换正是教学思路的一种外化形式。教学思路设计的要素是：教学线条简洁，教学步骤明朗，教学板块清晰。教学思路的理想追求是：讲究教学过程的流畅之美、教学内容的组合之美、教学时空的造型之美和教学双方的活动之美。由此反观余国元老师《孤独之旅》公开课教学环节的转换，其明朗和清晰是体现得比较充分的，其简洁稍显不足。如果郭琼老师能从余映潮老师创立的“板块式教学思路”的角度，对其进行研究，眼光就会更高，就会得出更新的结论。

（指导教师：杨武）

余国元老师《孤独之旅》公开课中运用多媒体辅助教学的有效性

周龙麟[①]

<table>
<tr><td>一</td><td>观察对象</td><td colspan="2">《孤独之旅》例文课堂</td></tr>
<tr><td>二</td><td>观察位置</td><td colspan="2">贵阳市第二实验中学九年级（5）班教室后面</td></tr>
<tr><td>三</td><td>观察过程及评价</td><td colspan="2">全堂运用多媒体辅助教学（按顺序）</td></tr>
<tr><td>序号</td><td colspan="2">ppt 名称</td><td>评析</td></tr>
<tr><td>1</td><td colspan="2">目录设计</td><td>操作方便</td></tr>
<tr><td>2</td><td colspan="2">标题《孤独之旅》</td><td>字体大、加颜色，醒目</td></tr>
<tr><td>3</td><td colspan="2">作者及作品简介 300 多字</td><td>篇幅长，内容较多，用多媒体展示节省时间，学生能快速阅读，了解作者及作品</td></tr>
<tr><td>4</td><td colspan="2">故事链设计</td><td>向学生介绍了故事来源及故事梗概，同时也让学生了解故事发生的背景</td></tr>
<tr><td>5</td><td colspan="2">生字注音设计</td><td>如“撩（ ）、逗（ ）、撅（ ）断 戳（ ）破”等 6 组字词，运用动画，先让学生答后，拼音飞入，既科学又符合人们的认识规律</td></tr>
<tr><td>6</td><td colspan="2">屏展表格填空设计
把杜小康的心理活动描写的词语设计成两列对应表“不同阶段”——“不同感受”五段：
出发时——茫然和恐惧
达到芦苇荡时——害怕和胆怯
安顿下来时——孤独
在芦苇荡时间一久——不再茫然恐惧
经历暴风雨后——长大，坚强</td><td rowspan="2">设计 6 和设计 7，归纳很出色，清楚明白，也给教学节省了时间。缺点：设计 6 和设计 7 可以合成一个，就用设计 7 就行，而后面的“不成熟成长之旅”可用飞入式时适再现。多媒体也要适时而用，多了给人繁杂感</td></tr>
<tr><td>7</td><td>心理变化过程设计
刚刚出发时：茫然恐惧
↓
达到芦苇荡时：害怕胆怯
↓
芦荡安顿后：孤独单调
↓
住段时间后：不再茫然恐惧
↓
雨过天晴时：长大，坚强</td><td>不成熟
↓ 成长之旅
成熟</td></tr>
<tr><td>8</td><td colspan="2">本文主题设计：</td><td>文后用了 200 字归纳了小说的内容合主题，节省了板书，也节省了时间</td></tr>
<tr><td>四</td><td colspan="2">有效评价：</td><td>多媒体辅助教学作用是直观醒目，突出重点，突破难点，能使枯燥的知识形象化，让学生更容易理解文章内容。从这个角度看，本课的多媒体辅助教学应用是有效的</td></tr>
</table>

① 作者单位：毕节市大方县瓢井中学。

【评语】

多媒体课件是利用 ppt 或 authorware 软件开发出适合课堂教学的一套程序，也是用以辅助教学实施的工具。要有效地将多媒体课件运用于课堂教学之中，一般来说，应该遵循辅助性原则、科学实效性原则、启发性和趣味性原则以及审美艺术性原则；善于选择课堂教学的最佳作用点，即突出、强化教学重点，突破、解决教学难点，创设情境、引发动机，提供事实、建立经验，显示过程、形成表象，举例验证、建立概念，解释原理、启发思维和设置问题、引起思辨等；善于选择课堂教学的最佳作用时机，即有意注意与无意注意的相互转换，抑制状态向兴奋状态的转化，平静状态向活跃状态的转化，兴奋状态向理性的转化，克服畏难心理、增强自信心和满足合理的表现欲望等。

反观余国元老师《孤独之旅》公开课中多媒体课件的使用情况，通过周龙鳞老师的观察和分析可以看出，虽然余老师不是有意识地遵循上述原则，也没有特别地注意上述选择的最佳作用点和最佳作用时机，但余老师多媒体课件的运用还是具有简洁、清爽，丰富教学内容，拓展思维空间，外化教学思路，启发学生思考的作用。

（指导教师：杨武）

【专题指导】

选点：长文短教的关键
——有感于余国元《孤独之旅》公开课教学

杨　武[①]

《孤独之旅》选自曹文轩小说《草房子》，主要讲述了少年杜小康辍学后随父亲一起到荒无人烟的芦苇荡放鸭子，经历了从开始的恐惧、孤独到暴风雨夜之后变得坚强起来的故事。全文约 4 000 字，这对于初中学生来说，篇幅是比较长的；对于一个乡镇中学的语文教师来说，难度也是很大的。但“国培计划”（2015）贵州省教师培训团队置换脱产研修项

① 作者单位：贵州师范学院。

目初中语文培训班的余国元老师，在本组其他四位老师的共同支持下，通过自身的努力，在借班上课、对学情预估不够的情况下，仍然顺利完成了在贵阳市实验二中九年级（5）班《孤独之旅》的公开课教学任务，并赢得了该校指导教师和本组学员的一致好评，这是值得认真研究和总结的。

由此，首先，笔者联想到的是中学物理课上关于“杠杆”原理的知识，即如何确定“支点”的问题；其次，又联想到中国俗语所说“四两拨千斤”的寓意。最近一段时间，笔者通过余映潮《语文教学设计技法80讲》和《余映潮的中学语文教学主张》两本专著的学习，茅塞顿开，获益匪浅。前者以“长文短教，妙在选点”作为一讲进行了阐述，后者在《教材处理的生动手法》一章中提出了“化长为短，变难为易”的主张。这既是余映潮老师几十年的经验总结，也应该是余国元老师《孤独之旅》公开课获得成功的关键。

因日常教学的影响，我无缘到现场观摩余国元老师的公开课，但通过方芳的《余国元〈孤独之旅〉课堂实录》、余国元的《〈孤独之旅〉说课稿》《〈孤独之旅〉教学设计》《〈孤独之旅〉课后教学反思》、王国恩的《余国元〈孤独之旅〉教学课堂提问的有效性》、郭琼的《余国元〈孤独之旅〉教学环节的转换》和周龙鳞的《余国元老师〈孤独之旅〉公开课中运用多媒体辅助教学的有效性》的综合反馈可以看出余国元老师的主要选点所在，即要求学生在总体把握文意的基础上，以作品主人公杜小康的心理描写及其相应的自然环境描写为两个支点，环环相扣、循序渐进地引导学生揣摩人物心理的变化，深悟自然环境对刻画人物性格的奥妙，一步步地使其人物形象凸现出来：

一个曾经任性、撒娇，对油麻地留恋、难舍，对将要去的地方一片“茫然”而带着哭腔喊出“我不去放鸭了，我要上岸回家……”的小孩；一个因从未见过芦苇荡，看到芦苇如绿色的浪潮直涌到天边而害怕，深感芦荡有如万重大山围住小船而胆怯，甚至面对空气的清香和把水面照亮的萤火虫等美景也无意欣赏、也无法驱除其恐慌，紧紧挨着父亲，迟迟不能入睡的少年；一个置身于万重大山的包围之中，完全与社会隔绝，深感来自被社会抛弃的孤独，就连父子之间的交流也变得如此的单调和乏味，但白天不得不强忍着，夜晚梦中却再也控制不住自然喊出“我要回家……”的少年；一个因暴风雨袭击，旋风将鸭栏卷到天上，连曾经闯荡江湖的父亲也几乎晕倒在地，自己已经是一脸的伤痕和乌得发紫的双唇也还能冷静地说出“还是分头去找吧”，觉得自己突然长大了，坚强了的杜小康；一个与鸭相伴，鸭的孤独就是自己的孤独，鸭的成长就是自己的成长，鸭的成熟就是自己的成熟，看到鸭生蛋就朝窝棚大叫“蛋！爸！鸭蛋！鸭下蛋了！”的充满希望和向往的杜小康。

所谓“长文”，按照余映潮老师的说法，就是篇幅长、文字多的课文，一般来讲，在中学阶段的语文教学中，现代文课文在 2 000 字左右、文言文课文在 400～500 字之间的，就可以视为长文。所谓“选点”，“就是或选取课文的最丰厚之处，或选取其最优美之处，或选取其最精致之处，或选取其手法最特别之处，或选取其最繁难之处，或只选一个点，或选取几个点，组织起深入的品读教学过程”。所谓“长文短教”，讲究的是对教学内容的剪裁与选择。“或选取课文的某一个部位，如最精致的那一个部分，最核心的那一部分，最难以理解的那一部分等。或确定某一个话题，以带动课文中‘某个线索’内容的品读。或就某个知识点、某个能力点利用课文进行训练”。

对此，江苏省张家港市的樊丽华老师在《大胆取舍，长文短教》一文中介绍了三位老师对《孤独之旅》教学时选点上的做法：

秦晓丹老师的选点是“品语言”，先引导学生整体感知故事内容，然后紧扣杜小康说的四句话来品味人物语言，提示学生联系背景赏析不同的杜小康，体会人物的心理状态，让学生感悟到杜小康从茫然、恐惧、无奈、胆怯、无助到平和、有担当、惊喜、坚强的成长历程。

袁丽萍老师的选点是“摹心理”，共设计了四个板块：感受故事之美，品味人物之美，体验孤独之美，感悟成长之美。在“品味人物之美”时，侧重赏析了人物的心理描写；在“体验孤独之美”时，设计了一个造句联系：“孤独是……”，让学生根据课堂感悟，驰骋想象，自由言说，老师到最后才出示自己仿造的句子，帮助学生很好地理解“孤独”的含义，教给学生一种勇敢、豁达的人生态度。

方芳老师的选点是“悟环境”，首先提出一个主问题：“课文中的自然环境描写很出色，请找出来说说环境描写对表现杜小康的作用。”然后引导学生步步深入地进行探究。随着探究的深入，许多相关联的小问题也逐步得以击破，把那些小问题串联综合起来，学生对文本的认识就越发详尽具体了。

肖培东老师也曾在《语文学习》上以主持人的身份介绍了刘兆刚老师的“选点”是直面中心人物的孤独，从题目入手，巧妙地抓住了文中的一个句子，“与这种孤独相比，杜小康退学后将自己关在红门里面产生的那点孤独，简直就算不得是孤独了”，直指课文的核心。“孤独” 一词在这个句子中出现了三次，是小说中“孤独”出现频率最高的一句。这样，刘老师就可以引导学生通过探讨去理解“那点孤独”和“这种孤独”的内涵，通过比较去思考为什么“简直就算不得是孤独了”。葛福安老师则是剑走偏锋，独辟蹊径，把我们容易忽略的“鸭们”作为突破小说人物的一个点，借助“鸭子”去思考杜小康的“成长”。陈东生老师从小说的情节中探幽入微，牵一“哭”而动全文，点小却很是精妙。从“他哭了起来，但并不是悲哀”，而后经过芦苇荡里的孤独之旅，到最后在蛋前的激动呼告，从“哭”到“不哭”，我们可以清晰地看到杜小康的孤独之旅和精神成长史。

其实，长文短教的方法何止一二！很多教学名师早已为我们做出了示范。比如：经过余映潮老师提炼后的黄厚江老师关于《孔乙己》“引”“起”“承”“转”“合”的教学流程。

引：鲁迅先生说过，要极省俭地画出一个人的特点，最好是画他的眼睛。根据你的阅读印象，《孔乙己》这篇小说写了人物的什么？

起：现在我们来看看，鲁迅先生写了几次他的手？请大家一起到小说里去找一找，并画上标记。如果有想法的地方还可以写上评点。

承：现在我们看看，作者写他的手，主要从哪些方面写的？

转：下面我们也和鲁迅先生一起来塑造孔乙己。你自己找一找小说里哪个地方还可以写手？要求：找一处，写一句，表现孔乙己的性格特点，契合当时的环境。

合：这双手折射出孔乙己的悲剧命运，需要思考的是，孔乙己为什么会有这样的悲剧命运？

很显然，黄老师《孔乙己》“长文短教”的设计技巧在于“线条式选点切入”，即在教学中拉出了“手”的描写这条线。课文开讲以后，“切入”到了“孔乙己”的“手”并以此组织起流畅的教学过程。

而余映潮老师《孔乙己》“长文短教”设计技巧则在于“板块式选点比读”，即选择课文中两处重要的段落板块比较阅读。教学的主要内容如下：

活动一：说说《孔乙己》阅读的初步感受。

学生表达看法，教师与同学对话、交流。教师在交流中进行“微型讲座”，以进行厚重的铺垫。

活动二：请同学们在第 4 段与第 11 段中寻找对比点，感受这两个段落在这篇小说中的重要作用，感受鲜明对比中表现出来的孔乙己命运的变化。

师生交流的主要内容有：出场与退场，正常与残疾，伤痕与断腿，长衫与夹袄，青白与黑色，眼睛与眼神；站坐，语言，语气，动作，形貌，姿态，酒量，钱数，手的用途，时令……

这些细节描写的对比，把精神和肉体受到巨大摧残的孔乙己的形象鲜明地呈现在读者面前，激起人们深深的思索。

但无论是哪一种方法，无论是哪一类的“长文短教”，“选点”都是最为关键的。这也正如王荣生教授经常提醒我们的，教学内容的确定比教学方法的选择重要，“教什么”比“怎样教”重要。

课例研修四 《观沧海》

杨 波[1]

【背景】

活动主题：探讨“样本”的上法。
活动方式：《观沧海》课例研修。
活动流程：个人备课、上课，集体观课，各自选一个视角评课议课。
执教老师：国培学员王芳。
听课老师：蒙仁艾、柏登艳、李占飞、韦性作。
活动成果：课堂实录及其评析、观课报告及其评析、专题指导。

【课堂实录】

师：课前我们交代一点默契——一会儿的活动中如果有小组合作的时候呢，就请前后两桌的同学为一个小组，好吧？

生：好！

师：上课！

生：老师好！

师：真心地说同学们好！同学们对于诗歌一点都不陌生，也许在妈妈肚子里就接触到了各种诗歌，所以，你们来总结一下自己学诗歌的方法吧。（学生思考后小声说）——

生：读。

师：我刚才听见有同学说“读”“熟读”。

（学生举手）

---

① 此课例研修活动由杨波老师组织指导完成，并负责撰写课例研修专题指导报告、相关活动评议及活动成果整理。

生：先了解它的意思，然后按它的意思去背诵，这是我现在的方法，以前也是读。

师：哦，除了读，还要去了解意思，再去背。（边说边板书：学诗 1. 读，2. 理解，3. 背诵）

生：还有了解它的背景（师板书：背景）

生：在我们小学学诗的话都要“四知”——知诗人、知诗题、知诗意、知诗情。

师：你很专业哦！从同学们所说，我们来用几个字归纳一下学诗的方法吧，这个方法可能一会儿要用它来学习其他的诗。

师：第一点，是刚才你们都说到的一点是什么？

生：读！（师板书：1.读〈　　〉）

师：我们对读的要求和程度是什么呢？

生：熟读。

生：朗读。

生：有感情。

师：这个感情从何而来？

生：诗的意境。

生：对诗的理解。

师：哦，那么第一点要求读顺，第二点是读懂。（板书：顺、懂）读的就这两点简单的要求，但对后面的学习影响很大，对后面什么影响呢？就是对诗的——？

生：对诗的了解。

师：嗯，而这种了解已经不能停留在小学时候的反复朗读上了，更多的是希望通过作者的字里行间我们能够走进意境，这个意境怎么来？通过对字词句产生——？

生：联想。

生：想象。

师：对，产生联想和想象，只有我们产生联想和想象才能够走进作者真正的内心，所以，第二步我们要做的是想。（师板书：想〈　　〉）

想什么呢？

生：诗的意境。（师板书：意境）

师：我们走进诗的意境，走进作者内心，我们才能感作者所感，悟作者所悟。那么第三步我们归纳下，应该是——？用一个字概括。

生：（思考片刻）悟！

师：很好！悟！（板书：3. 悟）最后一步才是你们拿手的什么？

生：背诵。（师板书：4. 背）

师：好，我们就用这个方法来学习一首诗——《观沧海》。

（板书课题）

作者是——？

生：曹操。

师：不管是你平时积累还是你从书上找到的，谁来介绍一下作者。

生：曹操，字孟德，小名阿瞒，他当过……他死后被追谥为魏武大帝，并且他败袁绍、袁术，平定了荆州，还有（败）汉中张鲁，还杀掉了西凉贼马腾，他对东汉有很大的功绩，但他有功有过，挟天子令诸侯就是他很大的过失。

师：看来你全靠积累啊，不过纠正一下他不是平定荆州，是平定北方。除了他所介绍的这些，可能你们还得补充一些，比如书下注释里面，如果让勾画，你还希望掌握哪些？

（学生边勾画边说）

生：字啊，号啊，政治家军事家啊，等等。

生：考试的时候要考代表作的。

师：嗯，你们的学习很仔细！

这首诗选自——？

生：（边勾画边说）《乐府诗集》中《步出夏门行》中第一章。

师：穿插一下，《乐府诗集》原来是可以——？

生：编成歌曲。

师：对，可以唱的。所以有了这首诗最后两句不用翻译的句子。刚才你们勾画的曹操的信息中，他是政治家，军事家，还有——？

生：诗人。

师：今天我们就去领略他作为诗人的风采吧！他的代表作有前面我们学过的——？

生：《龟虽寿》。

师：从《龟虽寿》里面其实同学们肯定已经掌握了曹操这个人的风格，写诗风格。今天我们进一步去了解。这首诗写于什么时候？

（生思考）

师：也许书上有。

生：公元207年。

师：穿插一下：公元208年曹操挥师南下，于是有了闻名历史的赤壁之战。也就是说，这首诗作于大战之前，并且他作这首诗的时候——事件？书上有！

（生找注释）

师：此行观沧海，作者是特地来看海吗？

生：不是不是。

生：路过。

生：出征乌桓。

师：嗯，是因为出征乌桓，经过此地而登高看海。那么这个历史中，207年他出征乌桓结果怎样？

生：胜利。

生：大获全胜。

师：嗯，大胜回师的过程中经过碣石山而登高看海，怎么个大胜法？

生：好像打的乌桓贼叫踏顿。

师：嗯，当时乌桓20万精锐尽收他的麾下，算大胜吧？

生：（惊讶）算！

师：带着这样的心情，如果是你，此刻登高望远，此刻你居高临下，你心情怎样？

生：激动。

师：用诗来表达吧。先齐读一遍。（生齐读）

读得不错，不过老师提示一下四字句的节奏应该是怎样的？（师板书：节奏）

（学生思考）

师：其实就是怎么断句。（范读第一句）

（学生自己试读）

师：这叫“二二”节奏。（师再范读前四句）

师：读顺，你们一点问题都没有，不过读懂没有我就不知道了。给你们三分钟时间，合作完成“懂”的过程，这个过程可能你要加一点自己的——？

生：理解。

师：和想象。要不5分钟吧！开始。

（学生合作读懂课文，并不时举手向老师询问）

（师解而不答，将难题板书于黑板：萧瑟、心情、若）

师：我们一起来看看黑板上同学们的问题，有同学说既然是大胜回来，可文章又用了一个“萧瑟”什么意思？

生：悲惨。

生：凄惨。

生：悲凉。

师：哦，悲惨，衰败是吧？不过这里应该解释为它的本意，（教师板书：萧飒）指秋风的声音，那么如果我们知道它表示秋风的声音不是衰败的话可能就豁然开朗了，刚才我们为什么觉得会不符合作者心情的原因了。所以，同学们第二问题心情，我打了个问号（教师板书：心情？）

师：在我走动的过程中发现同学们在紧扣我们常说的一个词叫做借景抒情。

生：嗯，对。

师：她觉得这样的景是有目的的，可是，那样的目的好像没表达出来，当他大胜归来的时的心情是怎样的？

生：特别高兴、激昂。

师：甚至是激情澎湃，一下子来个“萧瑟”——？

生：不符合。

师：那么现在这个“？”理解了吗？

生：嗯。

师：好，这个问题应该说从理解“萧瑟”能解决吧？

生：嗯。

师：还有的同学说后面的“若”字不知道。“若”字出现在哪几句？

（学生读句子）

师：同学说了这句话是接日月它的轨迹，但这个“若”字怎么讲说不出来。

生1：好像。

生2：如同。

师：如同、好像，嗯，你们把这个意思放到句子中去理解一下，试一下。

（学生思考，未答）

师：可能各人有各人的看法，要不我们来听听你们的看法，你们对诗的理解，或者说由这句诗你生发的想象、画面，都可以说。

（师点一名学生回答）你喜欢哪句就讲哪句，说得不好没关系，这是在抒发自己的见解。

生 1：我喜欢“秋风萧瑟，洪波涌起”，因为我读了这句以后就想象出当时的这种情景。

师：描绘了什么样的情景？

生 1：壮观，后面是风吹树木的声音，前面是涌起的洪波。

师：你们看到了吗？我好像跟着他穿越了，书中没有他想象的秋风吹动树叶、百草的声音，夹杂着这种声音让人感到壮阔、壮观，看到什么壮观？洪波激打这岩石，书上没有岩石，这是什么？

生：想象。

师：通过这样的想象，不仅他走进去了，我也跟着他走进去了。

生 2：我喜欢的是“水何澹澹，山岛竦峙”，因为我觉得这句话也很壮观。

师：细致点，如何壮观呢？刚才他的是波涛击打岩石的壮观，你的是什么样的壮观呢？

生 2：山岛高高的挺立着，就感觉——（思考）

师：当时，曹操得胜归来，你能够形容他登上山顶时候的心情吗？

生 1：内心非常得意。

师：你刚才讲了一个情景，山岛竦峙，似乎就——

生 2：心情。

生 3：“水何澹澹，山岛竦峙”，就像是曹操是最高的人，下面都是——齐呼“万岁万岁万万岁”的人。

师：那种大胜归来之后的自信、高兴是吧？

生：对。

师：“水何澹澹，山岛竦峙”，“何”字是何解释？

生：非常的，多么的，何其。

师：嗯，一个叹词“多么的”，水是多么的——澹澹是什么意思？

生：荡漾。

师：哦，水是多么的荡漾，荡漾是什么样子？

（生思考）

师：波涛相互激打，浩渺接天的感觉，他借这种壮阔的感觉让同学感到居高临下，他觉得自己现在异常的——？

生：强大。

师：哦，那种山岛竦峙就是这种感觉。

生4：我喜欢的是“星汉——”，这句话它描写出曹操在仰望星空时看到银河的漂亮，非常灿烂，看着看着就仿佛身临其境了，生在它其中。

师：“其中”指的是？

（学生思考）

师：日月星辰从大海映出还是升起？

生：升起。

师：似乎它们就产生于——？

生：大海中。

师：日月星辰在古代人民心目中是什么形象？

生：至高无上。

生：神灵。

师：而日月星辰他们出自大海中，更显得大海——？

生：气势磅礴。

师：能够吞吐日月的气概是吧？由于他的带动，我们走进了作者当时的内心。回过来，作者表达心情所写的这些是什么？

生：景色。

师：为什么写景色？

生：借景抒情。

师：抒什么情？

生1：高兴。

生2：雄心壮志。

师：还记得“老骥伏枥，志在千里”吗？

生：雄心壮志。

师：他的雄心壮志仅是将北方统一吗？

生：不止。

师：他的抱负是——？

生 1：全世界。

生 2：一统天下。

师：要一统天下必须有——？

生：远大的志向。

师：和如大海般磅礴的气势，如吞吐日月星辰——？

生：气魄，胸怀，气概。

师：由这些你们感觉到了由景色表达的什么？

生：作者觉得自己有大海这样的气魄，他很自信。

师：作者表达这些时的写法是什么？

（生茫然）

师：这样，小组合作，将这首诗划分层次，帮助我们了解这一点，3分钟，够了吧？

（生合作探究）

师：第一层到——？

生：一二句，写地点，第一层到“洪波涌起”，写景。

师：准确的说法是“实景”。

（教师板书）

师：实景写了：山、水。

生：树、百草、秋风、洪波。

师：第三层有的同学质疑了，后面两句怎么办？前面我提示过，乐府诗是用来唱的，相当于我们现在唱的歌里“啦啦啦”之类的没有实际意义，可以划在第三层里。

第三层写什么呢？

生 1：日月星辰。

生 2：想象。

（师板书）作者的写法，归纳一下。

生 1：借景抒情。

生 2：借大海的壮阔抒发自己的雄心壮志。

师：日月星辰暗含着一种什么样的雄心壮志啊？

生：一种想统治天下的雄心壮志。

师：对，把这一句加进去更完整，你来读一读这种感情吧！

（生朗读）

师：大家自己试一试。

（生自读）

师：让我体会一下你们的感情。

（生齐读）

师：刚才我发现你们很投入，我都受感染了。

（指名生读）

（生激情朗读）（生鼓掌）

师：我们试着背一下，按黑板上分层的思路来。

（生试背）

师：同学们这节课我们借作者选取的景物体会了作者博大的胸怀，进一步地了解了借景抒情的写法，本文的几首诗是不是都一样呢？请课后预习后面的几首诗。

师：下课……

【评析】

记录很详细，完整地展示了整节课的教学内容。从实录看出，这节课从诗歌的学习方法的讨论入手，对《观沧海》作了较为全面的教学。其间有字词的辨析，部分句子的琢磨，也有对于诗歌意境的分析，以及对于作者的宏达襟怀的感悟。教师通过启发，很好地掀起了学生的思考、体悟的涟漪，这才是真正启智的教育。

关于教学内容方面的建议是："意境"的使用一定要注意，从字词句直接过渡到意境，是不对的，这中间还有"画面"的构建，当然需要阅读者（学生）的联想和想象的进入。尤其要注意的是，并非所有的诗歌都有意境，教学中一定要注意这一点，千万不能一遇到诗歌就谈意境。另外，迁移能力的训练少了些，就这首小诗的教学，本节课是毋庸置疑的，但是我们需要以这首诗的学习为范本，教学生学会其他诗歌的阅读和品味，这才是关键，教学中如能能将这样的教学内容加入进来，就更有意思了，这是"样本"的教学。如果是"例文"，有需要将《观沧海》更深次的内容尤其是文化内涵发掘出来才是。

从记录方面来看，各个环节都记录了下来，只是部分地方还需要斟酌，如标点的使用。语言方面，一般是照录原来的说法，但是，个别地方也需要修缮才是。

（指导教师：杨波）

【观课报告及其评析】

《观沧海》课例分析
——课堂讨论的有效性

蒙仁文[①]

课堂教学倡导小组交流合作学习。许多课堂都有小组讨论环节。一般以2～4人为单位小组。在相互交流与倾听这个过程中，不仅有学生的独立思考能力，还有学生之间的信息交流和思想碰撞，从而获得知识。这种学习方式，既训练学生的听说能力，又提高语文综合素养。这个过程既强调了学生学习的主体性，又重视教师的引导作用。应该说这是一种值得提倡的运用的有效的学习方式。王芳老师在教学《观沧海》时也采取小组讨论环节，在整个教学过程中设计了两次课堂讨论。

第一次讨论：读懂古诗词。(教学过程略)

在第一个讨论的环节中，学生的疑难是无法理解“萧瑟”“若”的词义，也理解不了作者的心情，王芳老师就通过不同角度进行引导，为了说清“萧瑟”的词义，她就从这个词的本义（悲惨，衰败）说到它的引申义（指秋风的声音）这样学生就不难理解“萧瑟”在诗句中的含义；在理解“若”字时又让学生放在句子中理解，这种学法学生容易接受，他们一读一下子就明白了“若”在此应该是“好像”；特别在让学生把握作者心情时，又由写作背景和景物描写中一步一步启发，学生脑子中就清晰地出现了一个有雄心壮志、有远大志向、有大海般气魄、有自信的曹操的形象。通过王老师的引导，同学们初步读懂了古诗，达到预期的效果。

第二讨论：给这首诗分层次。(教学过程略)

在第二次讨论中，同学们分歧最大的是“实景”“虚景”、最后四句

---

① 作者单位：黔西南州望谟县第三中学。

的划分，关于“实景”“虚景”王老师稍稍点拨：作者写的山、水、树、百草、秋风、洪波这些就是实景，而日、月、星、辰是作者想象的所以是虚景，这么一提示，学生就明白了；但第三层又要回忆到乐府诗的特点，所有的乐府都是可以伴随音乐伴唱的，为了说得更形象直观，王老师就用同学们比较熟悉的音乐“啦啦啦”来解释，学生就领悟了最后两句既不是实景也不是虚景，跟正文内容没有任何关系，这只是汉乐府加在最后的常用格式，所以单独分为一层。王老师这里的解说，体现了老师的引导身份的作用，学生能从老师的点拨中真正了解了诗意，真正把握了分层的方法。

在课堂讨论的环节中，学生积极参与，在轻松愉快的氛围中获取知识，达到了这堂课的教学目的。能取得这么好的效果，主要有以下几个原因：

一是在必要时讨论，问题难易适中。

在教学中，王老师避免了为讨论而讨论。课堂讨论之前，王老师已经和同学们共同学习了读诗的方法、认识了作者、读诗的节奏。读诗的方法和读诗的节奏这两项内容在小学已经接触过，在这难不住学生，加之学生对曹操并不陌生，所以这三项内容都比较简单，没有讨论的价值，而到读懂古诗这个环节就有一定的难度了，大多数学生只会从字面去理解，特别对于那些运用引申义、又要从汉字的结构来理解的字、词就弄不懂，词义不懂就会造成对诗句的理解有误；还有对于乐府诗的特点，学生第一次接触，所以一问学生茫然，不知怎么分层。王老师就在这两个环节设置了课堂讨论，在学习读诗的方法、作者的认识、读诗的节奏时，王老师已经把学生的思维和积极性调动起来了，现在在学生讨论时老师稍加引导，课堂气氛非常热烈，教学效果就不言而喻了。所以说王老师每一次讨论都是在必要时进行的，能够恰当把握时机，所讨论的问题是教学中的重点、难点和关键问题，也是学生学习中存在不同看法的问题，如果问题太简单学生不感兴趣，讨论难以组织；过难学生不理解，无法讨论，不利于调动学生的积极性，王老师所讨论的这两个问题，形象地说是学生跳起来摸得着的。总之，王老师在选择讨论问题上都是有价值的，都是在有一定难度的地方或有欣赏价值的地方组织学生讨论，这些地方具有一定的挑战性，学生会主动思考，能调动提起交流的兴趣，进入角色，积极参与。

二是讨论适时，点拨引导，及时评价。

在学生讨论热烈时，王老师始终处于“主导”地位，在需要之处作适当点拨和启发。引导学生围绕一个中心讨论，寻求解决问题的办法和根据，不偏离主题。老师在巡视中，关注讨论进程，了解各组讨论情况。发现存在的问题，做到心中有数，适时点拨。比如“萧瑟”“若”这两个词，及时给予点拨，适时调控。

在交流的第一个问题时，有学生说，我喜欢“秋风萧瑟，洪波涌起”这句，它写出了大海的壮阔，仿佛看到洪波拍打岸边的情景。老师及时评价：大家看到这位同学所说的景象了吗？……我看到了，我好像已经穿越时空，跟在曹操的身边观赏大海。学生在朗读古诗时，王老师又说：刚才我发现你们很投入，我都受感染了。老师的这种肯定，激励性评价，让学生获得精神支持，从而激发学生的创造潜能和合作积极性。

三是足够的交流时间。

第一次讨论“读懂古诗”，虽然这首诗不长，但要读懂有一定的难度，学生可能会采取：第一，借助书中注释理解；第二，抓住重点词理解；第三，还要加于自己的想象。如果讨论时间过长，学生会厌倦，无所事事，影响正常教学；时间过短，学生不能充分发表自己的见解，起不到讨论的作用，所以王老师在这个环节给了 5 分钟时间。第二次讨论分层次，从问题难易来说，比第一个问题稍难，但是是在读懂古诗的基础上完成，就不算难，因此只用了 3 分钟就能完成了。课堂讨论王老师能给予大部分学生足够的思考、交流时间，重视学生的互动，让他们有机会进行相互切磋，共同提高。这样一来，学生彰显了学习的主体性，自然产生求知的欲望，将学习作为乐趣，最终进入学会、会学和乐学的境界。在他们最后朗读古诗时就能把感情融入其中。

课堂讨论形式，有利于调动起全体学生参与到学习的全过程，有利于培养学生的团结协作精神。只要把握好尺度，就是获得知识的另一个重要途径。王芳老师的这堂课就充分体现了这个功能。

【评析】

蒙老师对于王芳《观沧海》教学中课堂讨论的有效性进行评述，选择的视点非常准确，并且很有价值。需要注意的是，你的探讨应该聚焦于这一节课的“课堂讨论”部分。不能将大部分篇幅用于课堂实录的再现，应该将《观沧海》课堂讨论的内容有机融入你的论述中。从讨论问题的设置、讨论节点的提出、讨论时间的控制等方面进行深入剖析。同时，你的论述中，还应该有你自己对诗歌原文的理解，以及对这首古诗的一些教学体会、看法，等等。

（指导教师：杨波）

《观沧海》课例分析报告
——课堂阅读的有效性

柏登艳[①]

《观沧海》是曹操的名篇佳作，它通过对沧海的描绘和歌咏，表现出诗人壮阔的胸襟。它的教学要求引领学生对诗歌产生立体的画面感，感受作者一统天下的雄心壮志。

一般而言，学生难以体会诗歌中呈现的情景，是需要在教师的引导下反复深入的阅读才能领会诗歌的深层含义。本堂课从阅读切入，引导学生在诗歌阅读中感悟，取得了较好的教学效果。本堂课教师设计了八次阅读活动：

第一次：让学生齐读

师：当时乌桓20万精锐尽收他的麾下，算大胜吧？

生：（惊讶）算！

师：带着这样的心情，如果是你，此刻登高望远，此刻你居高临下，此刻你心情怎样？

生：激动。

师：用诗来表达吧。先齐读一遍。（生齐读）

教师充分让学生感知诗歌，熟悉诗歌。若是直接就诗讲诗，学生根本不熟诗歌，那效果会大打折扣。新的《语文课程标准》提出：“阅读是学生的个性化行为，不应以教师的分析来代替学生的阅读实践。”这就要

① 作者单位：贵阳市白云区第五中学。

求教师高度重视学生的主体地位，引导学生充分进行阅读，让学生在阅读中领会语言规律，提高阅读理解和鉴赏能力。

第二次：师范读

师：读得不错，不过老师提示一下四字句的节奏应该是怎样的？（师板书：节奏）

（学生思考）

师：其实就是怎么断句。（范读第一句）

教师这样引导，让学生懂得诗的节奏，并且便于诗歌的理解。教师不能以“教”代“读”。教师在课堂上的阅读教学观念若是陈旧落后，以教材为中心，教学的目的和过程是学一篇解析一篇；在课堂教学中，老师为完成教学任务，只看重问题的探究、知识的拓展，轻视学生的当堂阅读，只是让学生粗略地“扫描”一下，便急匆匆地去提问、分析、归纳，最后给学生几条规律，让学生背背；老师教得太多，学生阅读时间太少，很少真正走进文本。那么，这种传统课堂就会造成学生的文化积淀太浅，语文功底缺乏。

第三次：学生自己试读

师：这叫“二二”节奏（师再范读前四句）

教师引导读诗歌的节奏“本诗歌是四字句，应该为‘二二’节奏”，让学生自由读 2 分钟，初步感知读懂诗歌，教师指导学生按照一定的节奏读懂本诗歌，读的过程中学生有些重点字词难以理解，如：“萧瑟、若、何……”让学生带着问题阅读诗歌，也为教师下一步教学奠定坚实的基础。这样教学生读诗，让学生有具体可感的印象，并且学生学起来也相对轻松些，对诗意的理解又进了一步。

第四次：师再范读

师：读顺，你们一点问题都没有，不过读懂没有我就不知道了。给你们三分钟时间，合作完成“懂”的过程，这个过程可能你要加一点自己的——？

生：理解。

师：（补充）和想象。要不 5 分钟吧！开始。

（学生合作弄懂课文，并不时举手向老师询问）

（师解而不答，将难题板书于黑板：萧瑟、心情、若）

“阅读是学生的个性化行为，应该引导学生钻研文本，在主动积极的思维和情感活动中，加深理解和体验，有所感悟和思考，受到情感熏陶，获得思想启迪，享受审美乐趣。要珍视学生独特的感受、体验和理解，不应以教师的分析来代替学生的阅读实践”。

第五次：生朗读

师：日月星辰暗含着一种什么样的雄心壮志啊？

生：一种想统治天下的雄心壮志。

师：对，把这一句加进去更完整，你来读一读这种感情吧！

（生朗读）

教师让男同学试读，目的是让学生感受诗人的雄心壮志和一统天下的远大抱负，因为男生更容易进入那种意境，很适合男生朗读，如果教师在这里稍加入音频朗诵指导，引领学生从声势感受意境，效果会更好，会达到一种高潮。

第六次：生自读

师：大家自己试一试。

（生自读）

在传统的诗歌教学中，教师常常重“义”轻“文。在指导学生阅读中，大多数教师凭自己的教学经验，习惯于扎进文意的海洋里，看重的是对文章内容的理解，看重的是对文章内在含义、主旨的体会，忽视了对文章语言表达的体悟和认识，仅有的涉及更多的也只是停留在词“好不好”“为什么好”这个层面上。这样造成学生缺乏主动积极的思维和情感活动，难以获得独特的感受和体验。“文以载道”是中国的文化传统，于文中“寻道”“取义”是语文教学的传统，语文教学重“义”轻“文”由来已久，语文新改革以来，教师在这方面一直试图纠偏。

第七次：生齐读

师：让我体会一下你们的感情。

（生齐读）

师：刚才我发现你们很投入，我都受感染了。

教师循序渐进地让学生读，学生也就循序渐进地加深了对此诗的理解。

第八次：指名生读

生激情朗读

（生鼓掌）

这时教师请一个具有朗诵天赋的同学，大声并带着感情朗诵就会达到余音绕梁的效果 。再让全班学生放声朗读，会让学生更加深刻理解诗歌要表达的那种诗境和雄心壮志。

总之，本堂课的阅读，几乎都是阅读的有效教学。教师的阅读指导也使目标总体达成，不失为一堂形象生动的诗歌阅读课。

【评析】

分析报告很好地分析了王芳老师执教的《观沧海》的阅读活动，按照课堂中进行阅读的次数分别展开剖析，其中也结合了一些理论依据，显得较有说服力。我的建议是：每一次阅读活动的课堂实录可以概说，不必照录过来。同时，针对每一次阅读活动的分析，一定要结合课堂阅读行为进行，不能完全将课堂阅读活动和你的分析分开进行，至于如何将课堂实录融入其中，可以是概述，也可以是某一细小环节的引入，可以是直接引用，也可以是间接引用。概而言之，就是针对本节课的阅读活动的分析还没有完全深入，就像解剖麻雀，外体剖开了，内脏还没有理清。

（指导教师：杨波）

阅读教学中课堂提问的有效性
——基于王芳老师教学《观沧海》的思考

李占飞[①]

诵读古代诗词，有意识地在积累、感悟和运用中，提高自己的欣赏品味和审美情趣。教学中常见的问题很大原因是一部分教师缺乏深厚的古典文学功底，忽视了古诗词的文体特点；或是对新课标的理解不够到位，没有很好地遵循语文教学的基本规律。本文就本组成员王芳执教的《观沧海》课堂提问的艺术，来探讨如何让古诗词课堂教学提问更有效，从而提高学生鉴赏古诗词的能力。

王荣生在《语文学科知识与教学能力》一书中指出：“课堂教学中的

① 作者单位：黔西南州望谟县第四中学。

提问是指教师根据一定的教学目的，针对有关教学内容设置问题，要求学生思考回答，以促进学生积极思维并获得相应的知识与能力的教学行为，提问是课堂教学的最基本的教学行为和手段，是课堂里沟通教与学的桥梁，是教师教学技能的集中反应，直接影响着课堂的教学质量。”

课堂教学中，教师所设置的问题，是否能有效地推进教学进程，能否激活学生的思维，启迪学生思考、反思，激发学生对知识的理解和感悟，决定了一堂课教学效率的高低。传统的古诗词教学中，教师的教学步骤常常作如下安排：导入新课、介绍作者、范读课文、齐读课文、正音解词、教师分析、布置作业。一节课中教师唱起了独角戏，课堂气氛显得沉闷、枯燥，难以激发学生参与学习的热情，学生的思维积极性根本没调动起来，这样的一节课只能说是以失败告终，而失败的原因之一就是教师没有提出有价值的问题来启发学生的思考和激发学生学习的兴趣。实践表明，教师提出问题的水平越高，教学效果越好，越能培养学生的思维能力，提高古诗词学习的积极性。

王芳老师在教学《观沧海》一课时，在新课学习之前，和学生展开这样一段交流：

师：我们来用几个字归纳一下学诗的方法吧，这个方法可能一会儿要用它来学习其他的诗。

师：第一点，是刚才你们都说到的一点是什么？

生：读！

师：我们对读的要求和程度是什么呢？

生 1：熟读。

生 2：朗读。

生 3：有感情。

师：这个感情从何而来？

生 4：诗的意境。

生 5：对诗的理解。

师：哦，那么第一点要求读顺，第二点是读懂。

读的就这两点简单的要求，但对后面的学习影响很大，对后面什么影响呢？

就是对诗的——？

生：对诗的了解。

师：嗯，而这种了解已经不能停留在小学时候的反复朗读上了，更多的是希望通过作者的字里行间我们能够走进意境，这个意境怎么来？通过对字词句产生——？

生：联想。

生：想象。

师：对，产生联想和想象，只有我们产生联想和想象才能够走进作者真正的内心，所以，第二步我们要做的是想。想什么呢？

生：诗的意境。

师：我们走进诗的意境，走进作者内心，我们才能感作者所感，悟作者所悟。

那么第三步我们归纳下，应该是——？用一个字概括。

生：(思考片刻)悟！

师：很好！悟！最后一步才是你们拿手的什么？

生：背诵。

学生对作品的理解离不开教师的方法引领。王芳老师在进入文本学习之前，通过一系列的问题引导学生归纳诗歌阅读的方法：读（读顺、读懂）——想（想象、联想）——悟——背。由此也可见本节课教学的各环节的安排，教师通过一系列的问题把各环节的教学内容串成有意义的链条，将学生的思维引向教学内容所指，学生既明白了学习的方法，也知道了这节课教学的重点。教师的问题的设置，在引导学生学习的同时，也推进了课堂教学的进程，为本节课的有效性奠定了牢固的基础。

进入文本学习，教师设置了一个看似简单的问题："谁了解作者？"教师这个有意而为之的简单问题，其目的在于培养学生联系旧知，自主学习归纳。这样的问题，既解决了作者介绍的问题，又培养了学生的自主学习的能力。在此基础上，教师又追问："这首诗写于什么时候？"学生纷纷回答："写于公元207年，曹操亲率大军北上，追歼袁绍残部，五月誓师北伐，七月出卢龙寨，临碣石山。他跃马扬鞭，登山观海，面对洪波涌起的大海，触景生情，写下了这首壮丽的诗篇。"巧妙引入背景介绍，所设置提问环环相扣，达到了预期的效果。有利于调动学生思维的积极性，使他们自然地了解到作品的内容与主题，从而收到良好的教学效果。

在引导学生理解文本的过程中，教师设置了三个主要问题：

（1）从写作的背景中我们了解到，此诗写于作者带兵大胜归来，可文章又用了一词“萧瑟”，有什么意思？他大胜归来时的心情应该是怎样的？

（2）在同学们的品读中，我们走进了作者当时的内心。作者表达心情所写的这些是什么？你读这首诗的心情是什么？你读出了什么？你喜欢读哪句？并说出你读的情感。

（3）作者表达情感用了什么写法？

围绕这三个主要问题，教师辅以提出一系列次要问题加以追问引导，层层深入文本。在引导学生理解作者诗中所传达的心情时，教师围绕“萧瑟”一词加以追问：“‘萧瑟’是什么意思？”当学生找到文中所写景物时，教师问：“你能不能把你想象到的画面描述出来？”当学生体会作者的阔达胸襟时，师追问：“日月星辰在古代人民心目中是什么形象？而日月星辰他们出自大海中，更显得大海——？”以此引领学生通过意象的感知去体悟作者博大的胸襟及作者所抒之豪情壮志。

教师通过提问，引导学生往符合思维规律的方向去理解，使学生思维由散乱逐渐变为聚焦，由下意识的随感上升为有条理的认识，使学习由肤浅逐步走向深刻。学生小组讨论中思想得到了碰撞，展示成果中能力得到了锻炼。教师设置的问题培养了学生读诗的能力和探究合作的能力。语文教学中的提问，关键是提出合适的问题。王芳老师在整个教学过程中，均能根据学生实际的认知水平，设置了适合学生能力的问题，加之自己适时地引导和点拨，激起学生学习、思考的积极性，极大地提高了课堂教学的效率。

【评析】

文字不一定要很多，但一定要“言之有物”，建议根据王芳老师的课堂实际，好好分出几个方面，一点一点加以论述。论述中，将理论分析和课堂实录结合起来，可以概述，也可以细说；可以直接引用，也可以间接引用。

可以说，我们要做的事情，就是将《观沧海》这节课进行“麻雀解剖”，而该文的任务又仅仅解剖其中的“提问”的环节。所以要针对这节课的“提问”的地方，细细思考、细细品味，将其中的奥妙或者遗憾解剖出来，因为只有深入细节才可以看出分析的深度。

（指导教师：杨波）

《观沧海》课例分析
——小组讨论的有效性

韦性作[①]

小组讨论式教学是指在教学过程中通过教师提出问题，让学生围绕问题进行自学或互助式讨论，通过讨论获得问题的答案。这是一种能够激发学生学习积极性的教学形式。课堂教学倡导小组交流合作学习，许多课堂都有小组讨论环节，一般以2～4人为单位小组。在相互交流与倾听这个过程中，不仅有学生的独立思考能力，还有学生之间的信息交流和思想碰撞，从而获得知识。这种学习方式，既训练学生的听说能力，又提高语文综合素养。这个过程既强调了学生学习的主体性，又重视教师的引导作用。这应该说是一种值得提倡运用的有效的学习方式。王芳老师在教学《观沧海》时也采取小组讨论的教学形式，教学过程中设计了两次小组讨论：第一次讨论为读懂古诗词（教学过程略）；第二次讨论为给这首诗分层次（教学过程略）。

在小组环节中，学生积极参与，在轻松愉快的氛围中获取知识，达到了这堂课的教学目的。能取得这么好的效果，主要有以下几个原因：

一、合理编排小组

王芳老师在授课中，以前后桌的同学为一个小组，确保了班级的秩序，也为学生学习提供了方便，做到了合理编排小组，这是小组讨论的有效性的前提。

二、精心设计讨论问题

小组讨论这种形式并不适用于所有课堂内容教学，因此，教师要精心设计讨论问题，问题的设计要遵循有“讨论点”的原则，要让学生通

---

① 作者单位：黔西南州望谟县第二中学。

过讨论完成教学目标的要求。本堂课，王老师根据诗歌的意境与诗人所要表达的情感这一问题精心设计了“读懂诗意”“诗歌层次划分与写法探究”这两个讨论问题，我们认为围绕这两个问题展开讨论，能让学生读懂诗意，能够让他们清楚诗歌的层次，了解诗歌借景抒情的写法，能够让学生理解诗人借景抒发雄心壮志的情感。学生讨论这个问题的过程，实际上是对诗歌的理解和消化的过程。这种讨论问题能够激发学生的发言的主动性，让他们各抒己见，可以活跃课堂气氛，这一点从参加讨论的学生人数达百分之九十五以上以及讨论氛围的热烈就可以看出。因此，精心设计问题是课堂讨论有效性的基础。

三、留给学生独立思考的空间

王芳老师在讨论前先让学生独立思考，目的是不让学生毫无目的进行争论，而是为了让学生在讨论中获得正确的认识。如果学生没有独立思考就进行讨论，这样的讨论是毫无价值的，会造成许多学生在小组讨论时滥竽充数，让讨论流于形式。因此，在讨论前让学生独立思考，是小组讨论有效性的重要保证。

四、讨论适时，点拨引导

在学生热烈讨论时，王老师始终处于“主导”地位，在需要之处作适当点拨和启发。引导学生围绕一个中心讨论，寻求解决问题的办法和根据，不偏离主题。老师在巡视中，关注讨论进程，了解各组讨论情况。发现存在的问题，做到心中有数，适时点拨。比如“萧瑟”这个词，及时给予点拨，适时调控。

五、讨论时间的控制适度

王老师重视讨论时间的掌控，两个问题的讨论时间均控制为 3～5 分钟，时间控制合理，提高了课堂效率。因为，如果讨论的时间控制不好，就会导致课堂失控，甚至会导致无法完成教学目标。因此，控制好讨论时间是确保有效性的关键。

小组讨论形式，有利于调动起全体学生参与到学习的全过程，有利于培养学生的团结协作精神。只要把握好尺度，就是获得知识的另一个重要途径。王芳老师的这堂课就充分体现了这个功能。

【评析】

写得很认真，也很有条理。只是没有很好地结合课堂实录进行分析。其实，我们是在对王芳老师的《观沧海》这只“麻雀”进行解剖，大家采取的角度不同，得到的收获也有所不同，该文是针对“讨论”。所以步骤应该是：先把整个“躯体”剖开，看看这节课讨论的地方有几处，有何特点，可以怎样归纳（也就是文章论述的几个方面），然后深入内腹，把关涉“讨论”的地方的每一寸“神经”清理出来，并进行分析。

（指导教师：杨波）

【专题指导】

对农村初中语文课例研究的几点认识

杨　波①

贵州师范学院2015年国培项目初中语文置换班第三小组王芳老师在贵阳七中跟岗期间，执教了人教版七年级语文（上册）课文《观沧海》，小组成员以王老师的课例为基础，从课堂阅读、课堂提问、课堂讨论、小组讨论四个方面展开论述，研究语文课堂的有效性问题。笔者细读了王老师的课堂实录和四位老师的课例分析，查阅了关于课例研究的相关资料，现结合自己的教学实践和在一线的听课感知，就农村初中语文教学课例研究的必要性、可行性和操作性谈谈自己的认识。

一、何为课例研究，农村初中语文教学最缺乏哪一类课例研究

“课例研究（lesson study）是一种以课为载体，以教学实践中的问题为主题，经过‘设计—行动—观摩—反思和重新规划’以达到持续改善课堂教学，最终实现以学为中心的课堂教学研究模式。”[1]根据上文的论述，我们可以为课例研究做出这样的具体的阐释：课例研究的载体是“课”，即具体的教学过程，包括了教师对教材内容的处理、教师的教学行为、

---

① 作者单位：贵州师范学院。

学生的学习情况等方面，每一节具体可感的语文课程，每一次课程的每一个方面，均可成为课例研究的对象。其实，这样的研究抑或是如此的探讨，初中语文教师是经常进行的，只是没有上升到研究的高度，或者仅仅是课余的经验交流而已。另外，课例研究的主体是"教学实践"，亦即是说，课例研究的内容要紧紧抓住教师的课堂，而不是前期的教学设计，亦不是后期的作业布置，等等。

哪些课例可以供我们研究呢？根据河南教育学院张聪慧的说法，可以是名师名课，也可以是一般课例，即我们教师平常的教学课例。根据我们的了解，农村初中语文教研大多是就一些教师的教学进行探讨，很少有针对名师名课的课例学习，这亦是农村初中语文开展课例研究的必要性之一。

我们如何开展课例研究？课例研究的形态虽是多样的，但主要可以分为两种：一种是对课例的研究，就是针对一节已经上过的语文课的课堂实录或者课堂录像进行分析、欣赏、点评或者研讨、指正。这是我国也是我们农村初中语文教研的主要形式，简言之就是听课、评课。另一种课例研究是用课例来研究。就是通过课例来研究语文教学中的某个问题，这样的课例研究活动的开展，需要组织者预先设置一个研究问题，用课例来验证、分析所提出的问题，以让参与研究的老师获取理论的提升，同时也可以强化对自己的课堂教学的反思。这是专家型教师研究问题的最重要的方法。[2]

上述第二类课例研究，是农村初中语文教学研究最有价值也是最为缺乏的。我们第三小组的课例，就是采用了第二种课例研究的路径，小组成员根据王芳老师的《观沧海》的教学课例，摒弃了王老师在教学内容的选择、教学艺术的把握、学生的学习情况等该节课本身的内容，从初中语文教学的众多问题中抽绎出课堂阅读、课堂提问、课堂讨论、小组讨论四个问题，分别展开研究。虽然大家研究的深度稍显不足，但是至少显示了一种改进语文教学的路径，这是十分值得肯定的。

二、农村初中语文教研的现状及课例研究的可行性

立足课堂教学，开展相应的研究活动，是提升语文课堂教学质量的重要途径。但是，在农村初中，各地的教研活动开展并不尽如人意，所以县级、镇级的教研部门及人员想深入农村学校开展教研活动，往往事

与愿违，“不少农村教师对教研活动充满了厌恶之情”。[3]在农村学校，教研开展的内容也较为单一，“当前多数学校仍然沿用传统的组织形式和研究模式，在大部分农村中小学以 1 人为主的教学权威意识，使校本教研不能成为广大教师平等、真诚的交流平台……教研一定程度上成为教师的新‘负担’”。[4]

农村初中语文教研另一个突出问题是主题意识淡薄。教研活动大多仅仅是选取一名教师上的示范课或者公开课，教研组的教师开展相关讨论，因为活动主题不够集中，教师们也缺乏相应的理论准备，往往造成教而不研的情况，久而久之也就让大家对教研产生了“厌恶之情”。因此，形成了教研时形式大于内容，平时思考大于教研活动，工作交流大于正式活动的工作怪圈和教研现状。

针对上述农村语文教学的教研现状，我们认为，课例研究尤其是主题式课例研究是农村初中语文教学教研活动突围的有效途径。这是因为：课例研究高度聚焦了“例”字，将较为宽泛的示范课（公开课）的文本选择进行了有效收缩，作为教研活动的组织者，理应考虑哪一篇课文才是示范课（公开课）教学的最佳例子。同时，对主题的聚焦可以有效解决教研活动中教师讨论大而无边、泛泛而谈、不着痛痒的平庸局面。上述国培项目的几位老师写作的课例研究，基本具备了主题聚焦意识，笔墨没有延伸向其他枝蔓，如果再行进行相关训练，应该可以更加集中而主题鲜明。

据相关调查数据显示，有 53.6% 的教师认为教研对教学活动有促进作用。[5]这从另一个侧面说明，教师们是有教研热情的，这也为开展主题式课例研究提供了可能性。

三、农村初中开展语文课例研究要注意的问题

根据目前农村初中语文教研的现状，我们认为，需要注意以下几个方面的问题。

（一）课例研究的主题应该契合教师的“最近发展区”

纵观一些培训主题或者是教研活动的主题，有的过于宏大，教师们根本无法下手，有的主题本来就需要较长时间的研习、实践才能内化为教师的教学理念和教学技能，要想通过短期时间来完成，效果难以达成。

有的主题不切合农村语文教学实际，主要原因是对一线教学深入了解不够，对教师的研究不够，“自我陶醉，孤芳自赏，空中楼阁，雾里看花，难以贴近教师的‘最近发展区’”。[6]故课例研究的组织者在开展活动前，应该结合实际，认真确定讨论的主题。国培三组的老师们本次课例研究采取的是各自选定一个主题进行观课议课，在讨论中除自己的主题外，不涉及其他，这样就保证了观察的目标性和针对性，也提高了教学思考的有效性。他们确定的主题是课堂阅读、课堂讨论、课堂交流和小组讨论，现在看来，主题仍然有可以商榷的地方，如“课堂阅读”的问题显得有些粗放，可以进一步细化。

因此，课例研究的主题选择是很重要的，主题选好了，可以掀起参与教师的思想的波澜，使得探究活动积极而有价值。主题选得不好，就会使研讨活动如同一潭死水，消磨教师的积极性和信心，效果就会事倍功半。

（二）课例研究一定要突出“例”字

课例研究，顾名思义，就是对“课例”的研究，教师的公开课是作为“例子”而出现的，教师们的探讨也应该处处体现出例子的作用和价值。

上述几位国培学员的课例讨论，没有很好地将王老师的《观沧海》作为“例子”来讨论。因为各自的研究有所侧重，所以几位教师的讨论就应该呈现出不同的格调。较为遗憾的是，教师的研究有的没有在讨论中结合《观沧海》的教学来进行。这里需要注意的是，教师们没有关注教学细节，须知，教学细节应该是教师教研探讨的重头戏，但忽略者十之八九。这可能是在学校因为教师间情面的顾及，也可能是长期的泛泛而谈的惯性使然。可以说，没有细节就没有深度。另外，有的教师在谈论王老师的《观沧海》时，论及的范围太广，造成聚焦度不够，“例子”的作用难以显现。

因此，课例研究的“例”的作用不仅要显现，而且研究者或者参与者还需明白，一堂语文课哪里可以作为研究的“例”，哪些教学细节是教师所研究主题的“例”。与其泛泛地空谈，不如抓住几个细节，深入地思考讨论。“麻雀”剖开了，还需把“麻雀”的内脏细分才是，不然，五脏俱全的“麻雀”便会在教师的手里形成一片乱象，没有头绪。

（三）农村初中语文课例研究的形式可以多样化

是不是课例研究一定要教育管理部门、学校、教研组的严密组织和实施？我们认为，在农村初中，课例研究的形式可以采取多样化的策略。

课例研究的最普遍的形式是通过组织教研活动来开展。除了学校在开展这样的教研活动外，现在有的培训项目中的“送教下乡”项目也在开展类似的活动，只不过效果并不尽如人意而已，存在“形式单一、形式主义、效果不明显等问题”。[6]造成这样的原因之一就是形式过分单一，没有达到应有的效果。

我们认为，课例研究可以是教育行政部门、学校、教研组的统一组织，可以是教师之间的教学交流，甚至可以是教师本人的自我课例的反思，只要是真正地围绕课例、主题较为明确的讨论与思考，均可算是课例的研究。值得注意的是，不管是何种形式的课例的研究，都需要教师具备研究的意识和一定的专业能力。

总之，课例研究是一项可以在农村初中进行积极尝试的教研内容，本文主要就国培三组的教师的活动开展提出了自己的看法，当与否，求教于各位老师。

参考文献

[1] 王梦媛. 课堂话语在课例研究中的转变——以沪教版语文教材《合欢树》为例[J]. 教育科学论坛，2015（11）：13.

[2] 张聪慧. 我国中小学语文课例研究述评[J]. 教育科学论坛，2015（2）：76-77.

[3][6] 刘业俭. 农村教师对教研的爱与怕[J]. 中国教育学刊，2015（3）：101.

[4][5] 崔天裕. 农村中小学校本教研现状的调查研究[J]. 教育理论与实践，2007（2）：33、32.

[7] 顾启州. “送教下乡”不能走秀[J]. 教学与管理，2015（5）：12.

课例研修五 《台阶》

杨慧琴[①]

【背景】

活动主题：探讨《台阶》的上法。
活动方式：《台阶》课例研修。
活动流程：个人备课、上课，集体观课，各自选一个视角评课议课。
执教老师：国培学员吴际飞。
学　　校：贵阳市十七中。
班　　级：八（6）班。
听课老师：吴在东、刘小亚、冯苹、龚文琴、罗勇、田文秀、安凤。
活动成果：课堂实录、说课及其评析、教学设计及其评析、教学反思及其评析、观课报告及其评析、专题指导。

【课堂实录】

（导入）
师：我们班有没有同学在农村生活过？
生：有去过农村的。
师：哦！只是看到过农村生活？
生：嗯。
师：有没有自己的父母在农村生活过？
生：有。
师：有的同学请举手。（学生举手）

---

① 此课例研修活动由杨慧琴老师组织指导完成，并负责撰写课例研修专题指导报告、相关活动评议及活动成果整理。

生：（很少）

师：有没有自己爷爷奶奶外公外婆在农村生活过？有的请举手。

生：（比较多）

师：越往自己的祖父辈推算在农村生活的人就越多，这么一来我们对农村生活有那么一点点的了解。

（引入课）

师：今天我们就来学习李森祥的小说《台阶》。作者有自己亲历的农村生活的感受。

（板书课题）

师：经过同学们预习的生字词，我们把它读一遍，请同学们打开书看到课后生字词。

师：齐读课后生字词。

生：（学生齐读）

师：（提出词语“尴尬”作易错点的讲解）（板书）

师：下面呢，因为同学们预习过了，这是一篇小说，小说有较强的故事情节。我们平时看书都喜欢看故事情节较强的，就觉得看上去要容易理解。下面呢，我就请几位同学起来把这篇文章的故事复述一遍。

生：台阶主要讲述了作者父亲在农村生活，制作台阶的过程，发现父亲日渐衰老。

师：这些在文中都有，但还能讲述得完整细致一点吗？

生：作者从小看到父亲修台阶的故事。

师：能再完整一点吗？父亲为什么要修台阶？

生：台阶越高表示整个家庭的身份地位在当地就越高。

师：还有要补充的吗？用讲故事的方式讲。

生：父亲觉得台阶太低了不安全，台阶太矮了在人们的眼里地位低下，所以父亲用自己的积蓄修起台阶，当台阶修好后，父亲反而不适应，通过挑水这件事情使我发现父亲变老了。

师：这位同学的讲述有点归纳中心思想的意思，但也很详细，我们把掌声送给她。（学生鼓掌）

师：那么，我来简单讲述这个故事。

在家庭经济情况不好的条件下，父亲用一生的时间和一身的力气造好了九节高台阶，造好后，父亲老了，身体也垮了，这是故事的大致情节。

师：在知道了故事情节以后，同学们说说，本文的线索是什么，或者说本文是围绕着怎样的一个中心来写的？

生：线索是台阶。

师：本文的主要人物是谁？

生：我和父亲，主要是父亲。

师：父亲和台阶作者是用什么方式来把本文的人和物联系起来的？可以用一个动词来形容？

生：修。

师：（板书：修）文中就用一个修把人物和台阶联系起来了，既然父亲要修好台阶，那么我们的问题又来了，父亲为什么要修台阶？

生：台阶越高，屋主人的地位就越高。

师：打开书的64页，讲述有台阶高地位就高的风俗，你们的台阶高相当于说你们家的地位高。有地位才能受尊重，所以父亲修台阶，这是父亲修台阶的原因。

师：在修台阶这个问题上，父亲的态度是怎样的？父亲修台阶前和修台阶后的表现是怎样的？可以从文章中找句子。

生：台阶修好前父亲在不停地准备，64页第10段中有描写父亲修台阶前的句子。

师：同学们，他说这一段话体现父亲在修台阶前的辛苦，你们赞同吗？

生：赞同！

师：这段说明父亲是一个勤劳的人。

生：64页第6～7段。

师：从这一段说明了父亲的不甘心。

师：有没有同学读出父亲其他的内容。

生：台阶修好之前很兴奋，65页17段体现出。

师：这是修好前的表现，因为终于可以修了，证明自己的能力也是父亲愿望快实现前的表现。

师：我们从父亲的性格中来找？

生：64页9段，说明了父亲自己的自卑，也说明了别人对他特别的尊重，然后说明父亲的老实厚道。

师：他用了一个词“老实厚道”，还有一个“自卑”。

师：文中哪里描写父亲的老实厚道？

生：文中有三百斤一块青石板，父亲一口气背了三趟，还是觉得自己没有花太大力气，只是磨破了草鞋，父亲感觉可惜了草鞋。

师：这句话不是很能体现问题所问。

师：在此段中，当屋子造好的时候，父亲是怎么表现的？除了这些地方还有没有其他的性格？

生："精力旺盛""节约"。

师：以上这些都是在修台阶前的表现。

师：13 段请同学读。

师：父亲为什么散不去专注的目光，他在看什么？

生：台阶。

师：看哪里的台阶。

生：别人家的台阶。

师：为什么老看别人家的台阶？

生：因为羡慕别人家的台阶。

师：父亲的不甘心，所以摇不散父亲专注的目光，因为台阶。

师：台阶修好后，父亲有哪些表现？

生：父亲是有期待，67、24 段中有描写。

师：赶紧到台阶上去走走看，心里感觉地位高了扬眉吐气了。(这是)父亲的期待。

生：68 页 27 段中有描写，"不自在""烦躁"。

师：经常劳动的人一旦没有事情做，会不自在和烦躁，父亲感觉到自己成了没有用的人。还有没有？

生："爱惜"，26 段描写。

师：在这里更多是不适应，不对劲。

师：这样一来，父亲在台阶修好前和修好后的表现是不同的，在台阶修好后，父亲反而不自在、不对劲。

师：父亲为什么在台阶修好后有不自在、不对劲的表现？

师：我们集体来文中找答案，21 段有描写。

师：台阶修好了，父亲应该高兴，为什么父亲反而失落？

生：自卑。

师：为什么自卑？

生：自卑来源于台阶。

师：在父亲年轻时因台阶低而产生自卑心理，一直延续到父亲年老，直到台阶修好，父亲在台阶修好后也是谦卑的心理。因为一时之间不能适应，台阶反而没有给父亲带来幸福的感觉和满足感。父亲身上的闪光点，背后还隐藏着另一种自卑，自卑不是父亲与生俱来的，而是当时时代背景。故事发生在农村，农村的落后、贫困、封建、闭塞，与先进的文明比较远，所以父亲的自卑，不是与生俱来的。

师：（总结）父亲一下是不能改变自己的，所以说需要很长时间。只有冲破性格中不和谐因素，我们才能树立更加远大的人生目标。

师：（作业）回家观察自己的父亲，写一则小作文。

（崔伟伟、罗勇等整理）

【教学设计】

教学目标：说出自己对课文内容的理解，把握父亲的形象和小说的意蕴。

一、导入课文

1. 我们班上有没有同学在农村生活过请举手，有没有自己的父母在农村生活过的请举手，有没有自己的爷爷、奶奶或外公、外婆在农村生活过的请举手。这样看来我们或多或少对农村生活有那么一点点的了解，今天我们来学习李森祥的小说《台阶》。

2. 检查预习：

（1）读一遍课后的词语。

（2）强调“尴尬”的写法。

3. 请同学叙述这个故事。

我家的老屋只有三级台阶，父亲看到别人的台阶高受人尊重，决心造一栋有高台阶的新屋。可是凭我们家的经济条件要造这样的新屋父亲得准备大半辈子，于是父亲便凭自己一身的力气干了大半辈子，一砖一瓦的捡，一角一角的攒，苦干了大半辈子，终于盖起了新屋，砌上了九级台阶。屋造好，高台阶造好了，人也老了，身子也垮了。

二、教学过程

1. 同学们经你们看课文后说说看本文的线索是什么？

明确：台阶。

2. 主要人物是谁？

明确：父亲。

3. 父亲与台阶是怎么联系起来的呢？

明确：父亲修台阶。

4. 父亲为什么要修台阶呢？

明确：(1) 家乡地势低，屋基做高些，不大容易进水。

(2) 台阶高，屋主人的地位就相应高。

5. 在修台阶这个问题上父亲的表现是否一样？

板书：台阶

修好台阶前	修好台阶后
父亲力大，勤劳，老实厚道	不对劲
朴质，坚韧，执着	不自在，失落

小结：这些就是父亲以“台阶”为中心、为线索的表现。(同学们仔细观察这个板书，看看父亲在台阶修好前后的心理是否一样？) 接下来我们研讨这些问题。

三、拓展迁移

新台阶砌好了，为什么父亲反而处处感到“不对劲”，感到失落呢？

1. 不对劲的表现：新屋落成时他不敢放鞭炮，“父亲的两手没有放处似的，抄着不是，贴在胯骨上也不是，他仿佛觉得有许多目光在望他，就尽力把胸挺得高些，无奈，他的背驼惯了，胸无法挺得高。因而，父亲明明该高兴却露出些尴尬的笑。”“坐在台阶上抽烟觉得不对劲”，(26段)。本来已经吃过饭了坐在台阶上说没有，坐在台阶上与人说话“不自在”。(27段) (29、30、31段)

2. 探究：台阶低意味着经济地位低下，父亲由此形成了谦卑心理，这种谦卑心理长期存在，难以一下子消除。台阶是修了高的台阶，与伴他一生的谦卑心理的鸿沟反而更深了，落差更大了，对比更强烈了。台阶没有带给他幸福感，满足感，他反而更失落。父亲的身上有许多“闪光”的性格，就在这“闪光”的背后隐藏着不和谐的谦卑，这个谦卑不是父亲与生俱来的，是特定的时代和特殊的地域文化熏染出来的，要想改变这些不和谐的因素不是一朝一夕，一时半会就能改变的，他需要从文化上去改变去熏陶，这是一个渐进的过程，可以说“任重而道远”。因此我们要探讨一下自己和自己前辈身上那些不和谐的因素，冲破这些因素的藩篱实现更远更大的人生目标。

小结：父亲是一个非常要强的农民，他有志气，不甘人后，他要自立于受人尊重的行列；同时他身上也有因时代和地域文化赋予他的不和谐因素，所以台阶造好了他反而觉得不自在了。

四、布置作业

写一篇小短文谈谈自己的父亲。

【评析】

教学设计的过程实际上就是为教学活动制定蓝图的过程。通过教学设计，教师可以对教学活动的基本过程有个整体的把握，可以根据教学情境的需要和教育对象的特点确定合理的教学目标，选择适当的教学方法、教学策略，采用有效的教学手段，创设良好的教学环境，实施可行的评价方案，从而保证教学活动的顺利进行。

教学设计是教学活动得以顺利进行的基本保证。通常情况下，一个完整的教学设计应该包括：教学目标、学情分析、教材分析、教学重难点、教学方法策略、教具、教学过程等内容。吴际飞老师的教学目标设定基本准确，但实际上是一个目标里包含三个方面的要求，也可以把教学目标再细化些。教学过程介绍较为详尽，但在学情分析、教材分析、教学重难点、教学方法策略方面均为空白，教学设计如果不是依托于学情分析和教材分析的基础，教学目标是缺少针对性和有效性的；教学重难点如果不能做到突出重点和突破难点的话，教学目标的达成也是不现实的；教学方法策略单一，主要为传统的教师讲授提问法，不利于调动学生思考的积极性，不利于培养学生的自主合作探究精神，因而可以考虑从这些方面着手来补充完善教学设计内容。

吴际飞老师的教学设计分为四个教学环节：一是导入课文；二是教学过程；三是拓展迁移；四是布置作业。

第一个环节“导入课文”除了导入外，还有检查预习（读一遍课后词语，强调“尴尬”的写法）、复述故事两个教学内容，第一个环节属于教学过程中的初读文本部分的内容，因此第一个环节定义为“导入课文”并不是很妥当，定义为“初识文本”要恰当些。

第二个环节“教学过程”，主要是围绕五个问题来展开的，这五个问题可以归属于教学过程中的提问和教师讲解课文方面，其中父亲为什么要修台阶，以及父亲在修台阶前后的表现是否一样这两个问题是较为重要的，对引导学生走进文本、发挥学生主体性，以及帮助学生理解父亲性格，把握文章内涵方面有一定作用。但另三个提问则显得深度不够，不能激发学生深入思考，其中第 3 个问题“父亲与台阶是怎样联系起来的呢？”则显得有点突兀牵强，会让学生不明就里，不清楚老师想表达的意思是什么，可以换一种通俗易懂的提问方式，如“父亲一生中所做的最重要的事情是什么？”

第三个环节“拓展迁移”，是围绕“新台阶修好了，为什么父亲反而处处感到‘不对劲’，感到失落呢”这个问题来展开，主要方式为传统的“一问一答”式，且可以从教学实录中看出，教师对学生的引导不够深入，在草草提问后，教师没有给予学生充分的思考时间，而是直接给出答案，因而文章的主旨没有挖掘出来。在此处可以设计一个小组间的合作讨论探究活动，让学生去思考导致父亲自卑的深层次原因，在学生充分表达想法之后让他们自行归纳概括出原因，老师再作总结。

第四个环节“布置作业”，让学生回家观察自己的父亲，写一则小作文。这个环节显得过于简单，仅仅是提出写作要求，对学生的写作没有任何的指导，估计学生完成作业的质量是不高的。这与中小学语文课堂存在的“布置作业随意化，作文轻指导”的现象是密不可分的。有的老师每教一篇课文就让学生写一篇作文，以为这样能有效借鉴作者写作技巧，从读向写进行迁移，从而提高学生写作能力，但老师忽略了知识的迁移不是一个简单的直线过程，是需要学生的知识得到真正的内化，是需要一段时间和过程训练来强化的而非一蹴而就的。这样做的后果是加重学生学习和作业负担，让他们谈到语文课就觉得无比沉重。因而教师要从如何布置优质少量的作业方面多去动脑筋想办法，不要把学生置于低效重复繁杂的题海战术之中。另一方面可看出语文教学中作文轻指导的问题，作文基本上就是教师布置一个题目让学生写，老师缺少审题立意、选材结构、谋篇布局、修改文章等方面的指导，只关注学生作文完成情况，在作文批阅后利用上课时间进行一番评讲，把存在的问题说一下，把写得好的作文读一读。作文教学过程中教师缺乏对学生有效的指导，仅仅体现为评判作文优劣得失，学生在作文时，往往无从下手，只能胡写一篇交差了事。长此以往，作文教学成效低微，学生的作文水平低下，打击了学生写作的积极性，造成学生对语文学科逐渐失去兴趣。

上海师范大学王荣生教授认为："在我国中小学的语文课里，几乎没有写作教学。据我们所知，中小学的'作文教学'，主要在两个阶段：一是在写之前，主要的工作是指导学生审题，或使学生进入写作的情景，或有构思的激发乃至"训练"。这一阶段主要解决"写什么"的问题，对"怎么写"只有原则性的引导或要求。二是在写之后，教师对学生的作文进行讲评，或展示好的作文，或做提升作文档次的修缮，有时是教师介绍批卷的感观，或解释本次作文打分的标准。这一阶段主要解决'写得怎么样'的问题，对学生是怎么写的，则很少顾及。中小学有'当堂作文'一说，但所谓'当堂作文'，只是给学生写作的时间罢了，具体的写作过程，教师通常很少顾及，更缺乏有效的指导。"一句话，写作知识的教学不应该外在于或脱离学生自己的语言实践，应当在他们作文的过程中进行传授。学生只有在写的过程中，才能真正领悟、迁移、运用作文知识。因而教师要注重对学生写作过程的指导，而不是在布置作业时随意抛出一个题目来"为难"学生。

（指导老师：杨慧琴）

【说课】

《台阶》是人教版八年级（上册）第二单元的一篇小说，是一篇自读课文。八年级的学生在阅读小说时兴趣较浓，但他们往往关注得多的是小说的情节，而忽视了对小说中人物形象的分析。这次课是在贵阳市第十七中学上，八（6）班的学生基础较好，我决定把分析人物形象作为其中一个重点。本文我只定一个教学目标，即说出自己对课文内容的理解，把握父亲的形象和小说的意蕴。我觉得本文只要理解了课文内容，分析了人物形象从而就能挖掘出小说的深刻意蕴，不用过多设置目标。直接就从父亲的形象来解读主题即可。也不必刻意强调用小说的要素来解读本文。

在设计本课时，我首先用情节导入法来导入课文，这样能拉近学生与文本的距离。在课前是布置学生预习过的，我就用读课后的生字词来检查学生对生字词的掌握情况，还对“尴尬”这个词的书写作了强调。目的是为了对易写错的字进行巩固。然后我又设置了一个让学生复述这个故事的环节，目的是为了进一步检测学生的预习情况，而且还能训练学生的语言组织能和语言表达能力。

在问题设置上，我设计了五个问题来解读文本。

1. 本文的线索是什么？

2. 主要人物是谁？

3. 父亲与台阶是怎么联系起来的？

4. 父亲为什么要修台阶？

5. 在修台阶这一问题上父亲的表现是否一样？（此问题需要教师稍作引导）

我希望通过这五个问题来让学生一步一步认识父亲，了解父亲。

最后，我还设计了一个拓展迁移的问题：新台阶修好了为什么父亲反而处处感到“不对劲”，感到失落了呢？想通过这一问题来让学生解读造成父亲这一不合常理的表现的根源，进而能更好地把握文本。

本节课的设计我没有按照小说的传统教法从小说的三要素入手来解读文本，我想这样能给学生一种新颖之感，更好激起学生的学习兴趣。但在对拓展迁移这个问题上的解读还缺乏深度，不知道从哪一个点来深入解读让学生更明白蕴含在小说中的意蕴。这是我的一个困惑之处。

最后，我希望我们的语文教学能更多地关注到学生要什么。

【评析】

说课通常指教师针对自己所上的具体课题，口头表述其教学设想及其理论依据。说得简单点，说课其实就是说说你是怎么教的，你为什么要这样教。一般包括说教材、说学情、说教学目标、说教学重难点、说教法学法、说教学过程、说教学反思等方面内容，可以各有侧重。

实践型说课主要应该有以下几个方面的内容：

说教材——主要是说说教材简析、教学目标、重点难点、课时安排、教具准备等，简而言之，目的是让听的人了解你要说的课的内容。

说教法学法——就是说说你根据教材和学生的实际，准备采用哪种教学方法，学生相应地用什么样的学习方法。

说过程——这是说课的重点。就是说说你准备怎样安排教学的过程，为什么要这样安排。一般来说，应该把自己教学中的几个重点环节说清楚。如导入、讲解、提问、板书、课堂练习、结束、作业安排等。在几个过程中要特别注意把自己教学设计的理论依据说清楚，即为何要这样教的理由以及理论根据是什么要讲清楚。

如果按照这个模式为标准来评判吴老师的说课，显然她的说课有不足之处。

一是在对教材、对学情方面分析得太少，而这两者是确定教学目标的前提条件，否则教学目标有效达成就成了空中楼阁。

二是在教法上，除了传统的问答式，老师应考虑引入丰富多变的教学方法来调动学生学习兴趣，同时要关注如何能做到“以生定教”，依据学情来确定有针对性的教法策略，体现学生在课堂上的主体地位。如在教学过程中有一个环节是让学生复述课文内容，这时老师应该要对复述的方法技巧要素等作一个具体的指导，学生才能学会如何正确地复述课文。

三是在对学生学法上考虑得也很少，这篇课文可以在学法上运用朗读法和质疑讨论法。朗读法：通过默读、朗读等方式读出感情，读懂文章内涵，从而把握“父亲”这个人物形象。质疑讨论法：在学习过程中对不懂的地方提出来共同讨论解决。教师做好充分的学情预设，以便在学生质疑环节中因势利导，有的放矢。这篇课文的教学难点是引导学生体味那个特殊时代下的父亲“谦卑”的性格特点，可以在拓展迁移部分，当学生理解父亲自卑性格有难度时，组织一个小组合作讨论交流活动，充分尊重学生的主体地位，践行自主、合作、探究的学习模式。

四是教学重难点没有确定，导致教学目标达成与否难以衡量，课堂教学要想完成教学目标，就需要解决好“突出重点”和“突破难点”这两个常规问题，这就需要老师在讲课时必须做到：突出重点、讲清难点，帮助学生理清头绪，从而有效地学习教材。因此说课时有必强调说清教学重难点。

五是说教学过程不够具体全面，只体现为用 5 个问题来解读文本，再用 1 个拓展迁移的问题来让学生加深对“父亲”这一形象的了解。说教学过程是说课的最重要环节，因为只有通过这一过程的分析才能看到说课者独具匠心的教学安排，它反映了教师的教学思想、教学个性与风格。也只有通过对教学过程设计的阐述，才能看到教学安排是否合理、科学和艺术。

（指导老师：杨慧琴）

【教学反思报告】

《台阶》教学反思

吴际飞[①]

《台阶》是一篇小说，在上本课前我经历三次备课。

第一次备课时，我的立足点是想从人物的语言上去挖掘人物的形象，这一想法来源于看了《语文学科知识与教学能力》一书中关于小说阅读的教学，又看了书中用语言来解读人物形象的两个事例，一个是李卫东老师解读鲁迅的小说《故乡》中的人物形象，另一个是李先梅老师的《变色龙》，我觉他们用语言来解读人物形象小说中的人物就像站在学生的面前，而且这样来做也给人与众不同之感。当我把本文中父亲的语言全都找出来后，发现问题远不是我想的那么简单。本文父亲的语言不够典型不足以体现父亲的形象，这样就不能更好地解读文章主题了，便就此打住。

第二次备课时，我仍用《语文学科知识与教学能力》一书作为我的指导。我先“裸读”后借助资料来读文本，拟定了两个教学目标：一是了解课文内容，把握父亲的形象和小说的意蕴；二是学习课文围绕“台阶”组织材料表现主题的方法。而且还设计了两个导入（目的想让指导老师给予斟酌），在教学环节中我还有作者介绍、写作背景介绍，但没有字词的梳理。我认为自读课文这个环节可以让学生在课前预习去做，然后通过问题的设置来分析人物形象，但我没有用多媒体教学也没有设计板书。此次备的课人物形象得以分析，可我设定的教学目标 2 备课中就用了两句话的一个小结就完成了，这样从目标的有效性就没达到。

第三次备课时，经过三位老师的指导我做了很大的改进。首先目标

① 作者单位：铜仁市印江县第四中学。

的设定为：说出自己对课文内容的理解，把握父亲的形象和小说的意蕴。“两个导入”，一个生僻，一个过大二者都引不起学生的关注，产生不了互动。删去作者介绍背景介绍，把生字词的处理加上，还有一个让学生复述本文故事的环节，有了板书设计。用“台阶修好前”和“台阶修好后”作为一个结构来分析父亲的形象，同时也用此来板书，既简洁又明了。

该课结束后明显地感觉我对教材的熟练度不够，在学生复述故事情节时一共让三位学生复述，前两位同学的复述时他们明显地理解成了简单概括，第三位学生基本上复述清楚，但在此环节上我没有在明确方法上引导，只是一味强调像讲故事一样来复述。

本想让指导他们从故事的开端、发展、高潮、结尾来讲，可教案中没预设这一环节，一来怕时间不够，二又担心自己引导不到位反而会影响后面的教学环节，于是就放弃了这个想法。

另外，在课上有两位同学解读出了父亲的自卑、不甘心、期待等性格和心理特征的，我却没有很好抓住学生挖掘出来的这些“亮点”给予充分的利用，特别是父亲的“自卑”对于深层次的解读父亲，对于父亲后来的“不对劲”“不习惯”“失落”的理解至关重要。没能由“自卑”追问下去，层层剥离问题从而达到目的。这是一大缺憾。通过课上的这些情况，充分体现我对课堂的驾驭能力不够好，应急处理能力欠缺。通过此次上课我得到了很多的收获和感悟。

【评析】

吴际飞老师的教学反思清楚地记录了三次备课的过程，可以看到经过一次次的思考、设计和再思考、再设计，按照教学规律不断改进课堂教学方法，教学思路逐渐清晰，教学目标得以确定，教学环节不断做出调整与改进，教学策略方法的选择趋于合理，可见教师要想上好一堂课，课前下足够的功夫是十分必要的。吴老师能够认识到自己教学中的一些不足问题，如在学生复述故事时没有给予及时的指导；没有抓住小说的文体特征来进行教学设计；在学生体会到父亲有根深蒂固的自卑心理，但对产生自卑心理的深层次原因不能回答时，老师没有把握住教学契机进行适时引导，帮助学生解决课文的难点问题，从而加深对文章主旨的理解。吴际飞老师对自己教学中存在的问题有深入的认识，其实这堂课也有不少亮点和可取之处 ，吴老师在写教学反思时也应该客观地展示出来，以资别的老师借鉴和参考。

（指导老师：杨慧琴）

【观课报告】

《台阶》教学环节过渡分析报告

罗　勇[①]

《台阶》是李森祥的一篇小说，通过描写父亲终年辛苦，积铢累寸，准备了大半辈子，终于建成了一栋有九级台阶的新屋。而新屋落成了，人也衰老了，身体也垮了。反映出父亲那辈农民为提高地位、赢得尊重，付出了巨大的代价。同时也赞美了父亲吃苦耐劳、拼命硬干、坚忍不拔的精神，表达了亿万农民渴望提高生产力、结束农村经济落后状况的心声，回荡着时代召唤的主旋律。

指导学生自读本文，要抓住“台阶高，屋主人的地位就相应高”这个文眼去把握情节，探究“父亲”形象的意蕴，理解“台阶”的内涵。制作课件时，选取了三幅图片，有些神似或相关的农民图像，引导学生感悟或对比父亲形象，加深对“父亲”的理解。同时还引导学生学习小说围绕中心选材，详略得当的写作技巧，教学中更不能忽视的是“人文性”，要引导学生联系实际谈谈自己的感受，加深理解。当然，教师“情”的投入也相当重要，教师的语言富有感召力，与学生的互动才能更有成效，效果才会更好。

教学过程：

一、导入到查预习

提问（对农村的了解多少？）过渡到新课。

分析：

1. 教师可能是想引起学生对农村的兴趣，但是对于贵阳市里面的孩子来说，农村很陌生，所以回答的孩子比较少。导致过渡到查预习笔记脱节。

---

① 作者单位：铜仁市思南县第五中学。

2. 农村和台阶的关系不是很直接，城市也有台阶。没有起到过渡到下一环节的作用。

3. 老师在设计教学的时候一定注意导入在课堂上的作用。

导入的作用：

1. 激发学生的学习兴趣。

2. 直指教学目标，能让学生在学习的开始就能明确自己努力的方向，并为其思维提供指向。

3. 可以帮助我们解决一部分重点和难点的问题

4. 承上启下，使学生有准备、有目的地进入新课的学习。

5. 营造良好的课堂氛围，为师生创造一个和谐的课堂环境。

二、查预习到复述故事

分析：

1. 查完预习，老师讲："下面呢，因为同学们预习过了，这是一篇小说，小说有较强的故事情节。我们平时看书都喜欢看故事情节较强的，就觉得看上去要容易理解。下面呢，我就请几位同学起来把这篇文章的故事复述一篇。"这个过渡的语言太多，不够简洁。

2. 过渡性语言应该尽量不出现"下面"这一类的词语，否则感觉像领导讲话一样。

3. 结语过渡：我认为上一个环节是查预习，结束后老师应该对同学们的预习做一个小结，例如，对于预习结果，表扬预习好的同学，提醒没有预习和预习不够充分的同学，提点他们预习方法等方面。然后直接让孩子们来分享预习的故事（讲故事）。

三、复述故事到整体感知

分析：老师过渡语："在知道了故事情节以后，同学们说说本文的线索是什么？或者说本文是围绕着怎样的一个中心来写的？"

1. 问答性语言过渡，巧设机关，一问一答求互动。课堂上，老师精心设计的问题，犹如一个个路标，可以使学生进入柳暗花明又一村的境界。

四、整体感知到拓展迁移

分析：1. 随文入境，自然过渡。教师带着学生从文本出发，找到表现不对劲、不自在、失落的句子。最终引导学生分析父亲为什么自卑，实现了学习重难点的突破。

2. 老师娓娓道来，像讲故事一般，引导学生学习文本。思路清晰。

【评析】

罗勇老师撰写的《台阶》“教学环节过渡”分析报告，抓住了每一个教学环节的过渡与承接转折之处，包括导入——查预习——复述故事——整体感知——拓展迁移环节，但流于空泛，没有结合具体的教学内容来进行分析阐述，对各环节设计是否合理有效，过渡是否自然流畅，是否环环相扣、逻辑井然，所作的分析总结不够细致全面，还有进一步修正完善的空间。

（指导老师：杨慧琴）

《台阶》“教师提问”分析报告

田文秀[①]

《台阶》是人教版八年级语文（上册）第二单元中的第三篇课文，是当代作家李森祥的一篇小说，小说以“台阶”为线索，用第一人称，叙述了一位“父亲”经过几十年的奋斗，终于将自己的三级台阶的房屋建成了九级台阶的新屋的故事，塑造了一位要强、勤劳又很谦卑的农村父亲形象，真实地再现了中国传统农民复杂的内心世界和坚忍顽强的人生历程，小说通过“父亲”花了大半辈子的时间修好台阶后反而处处感到不对劲，似乎若有所失，从年龄和心理的老化透露出农民的辛酸和凄楚，他们的梦想虽然实现了，可生活并不幸福，因为他们身上传统的旧观念已经根深蒂固，在愿望实现的那一刻也不可能一下子消除，所以九级台阶从形式上而言提高了他家的地位，但从精神上来看，这无疑是“父亲”一辈子的枷锁。从全文来看，作者对父亲的优秀品质表示敬仰和赞叹，对父亲身上的中国传统农民所特有的谦卑表示同情，对改变农村的面貌寄予希望，对旧观念予以批判。

---

① 作者单位：铜仁市印江县第二中学。

学生阅读这篇小说，容易理解父亲这个农民形象，但对于父亲修台阶前后截然不同的变化可能难于理解，毕竟城市里的孩子没有经历过农村艰苦的生活，他们不谙乡下人的观念和生活环境，所以，学生需要在老师的引领下紧扣文本深入阅读，才能领会文章的深层含义。

一、导入

教师提问："同学们去过农村吗？"

大部分学生举手表示没有去过，教师就此顺势引入新课，那么我们今天就一起走进《台阶》去了解农村生活。

学情分析是有效教学的重要维度，只有在了解学生所需的基础上教学，学生才愿学，有兴趣学，此问正是关注了学生生活实际的基础上了解学情，知道他们没有去过农村后，教师带领他们了解农村人、事、情和景，导入自然，与新课连接紧密，良好的开端是成功的一半，正是因为学生没见识过，对农村感到好奇，所以学生定会在好奇心的驱使下有目标地学习新课。

二、新课

1. 问：父亲与台阶是如何联系起来的？

此问一出，学生感到茫然，不知从哪个点来回答，毕竟范围比较宽，可以是梦想、地位、追求……此情此境，老师引出"修"，原来老师是想通过这一问理出情节——修台阶前、修台阶后。

当一个问题抛出后，学生不知所问，不如不问，毕竟无效。如果要理出情节，是否可以和学生说：父亲大半辈子的时间都为台阶而奋斗，围绕台阶写了哪三个阶段的故事呢？修建前父亲力大、勤劳、老实厚道，坐在台阶上舒服自在，但也总羡慕向往别家的高台阶，感叹自家的台阶低；修建中父亲是那么的兴奋，当大家的目光注视他的时候，他显得手足无措；修好后，父亲本应幸福、满足，却反而感到不对劲、不自在，身体垮了，人也老了。

2. 问：父亲为什么要修台阶？

文中有一句话，最能道明父亲修台阶的原因——台阶高，屋主人的地位就相应高。

这是全文中点明题旨的一句话，通过这句话，我们不难看出父亲原来修台阶奋斗大半辈子是为了提高自家的地位，通过这句话，我们也能了解到父亲一辈子就背负着沉重的精神枷锁，还能知道，原来这个地方的人们观念是如此地落后。这问紧扣文本，无论是从问题的创设还是运用上都实用有效，紧紧围绕课文文眼，可逐层引导学生探究文章深意。

3. 问：台阶修好后父亲有哪些表现？

学生答“烦躁、不自在、不对劲”，本文的着眼点就是父亲花了大半辈子的时间实现了愿望，可最后反而不高兴、不幸福，值得思考。此问紧扣文章主题，为难点的突破而做了坚实的铺垫，这也是学生要深入了解父亲形象的关键点。

4. 问：父亲在修房前后为什么会有这么大的变化？

这是学生学习的难点，也是教学的重难点，通过这一环的教学，能深入挖掘文章主题，体悟作者感情，作者敬仰父亲坚忍执着、拼命硬干，同情父亲的辛酸、谦卑的同时，也否定了父亲传统的旧观念，正是落后的地方文化造成了父亲的人生悲途，真是哀其不幸，怨其太争。教师可联系课文 26 段中“坐在台阶上抽烟觉得不对劲”，27 段中“本来已经吃过饭了坐在台阶上说没有，坐在台阶上与人说话不自在”，29、30、31 段引导学生感受父亲的变化，再分小组合作探究这样变化的原因，指导学生可联系课文中描写的这一地方的文化环境和特点来理解，然后小组代表阐述父亲这样变化的原因。在这个落后的农村，人们的思想非常传统，课文中讲道，大庭广众之下，夫妻俩不能合坐一条板凳，父亲的腰闪了以后，母亲用的是拔火罐的土方法医治，父亲一年到头只在大年三十由母亲端来洗脚水干干净净洗一次，村里的人还会戏说，你家的台阶真高啊，弦外之意是你家的地位真高！足见这是一个偏僻落后的角落，父亲长期受到传统旧观念的影响，由此形成了谦卑心理，这种心理难以一下子消除，是特定的时代和特殊的地域文化熏染出来的，这些不和谐的因素不是一朝一夕、一时半会就能改变的，这是一个渐进的过程。父亲是一个非常要强的农民，他有志气，不甘人后，他要自立于受人尊重的行列，同时他身上也有因时代和地域文化赋予他的不和谐因素，所以台阶修好后他反而觉得不自在。

这恰是阅读教学中的“主问题”，对课文阅读能起“牵一发而动全身”作用的重要的话题、活动。

总的来说，阅读教学中的主问题设计就是用精、少、实、活的问题激活课堂，精炼教学内容与教学过程，直指教学目标，达到高效目的。

有序的主问题设计，能有效地简化教学头绪，表现出一种高屋建瓴的设计风格，有着鲜明的教学内容特色，使教学内容于单纯之中表现出丰富，于明晰之中透露出细腻。

【评析】

田文秀老师的“教师提问”分析报告总体来说是非常不错的，对文本的解析清晰，分析精准，理解深刻，有一定理论深度。对每一个提问环节都作了较为细致准确的分析研究，对每一个提问的质量、难度、合理性、有效性作了分析。一个好的提问应该包含基础知识广泛、突出教学重点与难点、难度深浅得当、与其他问题关联密切、有较大的引申余地、问题答案灵活而不呆板等因素。田老师紧扣课例所提问题是否能面向全体学生、和学生平等对话；是否能解决教学重难点；是否能启发学生思维，帮助学生加深对课文的理解；是否是毫无价值的“满堂问”；是否是过于简单，不能引起学生思考的“伪问题”，并结合学情和课文内容进行剖析，客观地对教师提问各环节作了评价，并提出了一些自己的见解思考与教学建议，如提问“父亲在台阶修好前后为什么会有这么大的变化”时，田老师认为可联系课文26段中“坐在台阶上抽烟觉得不对劲”，27段中“本来已经吃过饭了坐在台阶上说没有，坐在台阶上与人说话不自在”，29、30、31段引导学生感受父亲的变化，再分小组合作探究这样变化的原因，指导学生联系课文中描写这一地方的文化环境和特点来理解，然后小组代表阐述父亲这样变化的原因。这样的教学建议是很有效的，引导学生走进文本，反复品味思考，抓住关键字词句来理解父亲这个人物形象。再联系当地地域特点和文化环境来分小组合作探究造成父亲行为变化的原因，这一活动能调动学生的学习兴趣，发挥学生在课堂的主体地位，符合新课程理念。因此，该报告具有一定实践价值和现实意义。

（指导老师：杨慧琴）

【专题指导】

《台阶》课例研究总结报告

杨慧琴[1]

一、组建研究团队

《台阶》课例研究团队成员是由 2015 年国培初中置换班第四小组五位老师组成，课例研修小组的老师们以《台阶》课例为研究主题，每位老师各有分工和任务，其中吴际飞老师负责撰写“教学设计、说课、教学反思”分析报告；罗勇老师负责撰写“教学环节过渡”分析报告，还与崔伟伟老师合作撰写“课堂实录”报告；田文秀老师负责撰写“老师提问”分析报告。由于课例研修小组内组员分工的不同，研修报告往往是在集体参与研究后，由组员个人负责完成，内容具有单一性和纪实性，把这些汇集在一起，就形成了能够指导自己和他人教学的课例培训资料。

二、《台阶》课例研究具体做法分析

小组成员在文学院及贵阳十七中指导教师的精心指导下，经过多次的观课、议课、评课、研讨、改进、反思等环节，对《台阶》的课例研究由最初的迷茫不解到思路逐渐清晰起来，能够从看似普通常见的课例中去发现教学中存在的问题，寻找教学中具有规律性的东西，分析哪些教学环节是好的，哪些教学时间是必要的，哪些教学环节是低效甚至是无效的，哪些教学时间是被浪费掉的，从而改变自身的课堂行为和教育教学理念，提高课堂教学有效性。

本次课例研究包括“集体备课”——“教学设计”——“上课”——“说课”——“观课”——“评课”——“教学反思”——“分工撰写分析报告”等一系列环节，经历这个全过程对小组每位成员来说都是一次难忘的体验与收获。课例研究要围绕课例需要解决的问题（样本教学）来进行集体备课，教师在不断的反思与改进中进行教学设计；按照“样本”教学理念和教学设计来上课，实施课堂教学；课后进行说课与教学反思；有

---

① 作者单位：贵州师范学院。

针对性地组织“观课议课”；通过比较课堂预设效果及实际达成效果，分析教学生成、教学策略、学生课堂表现及反馈、教学目标达成等因素，进行自我反思，组织同行和专家“评课”。通过撰写分析报告，小组成员对整个课例研究实践过程进行梳理归纳，其中有细致翔实的课堂实录，有线索清晰能看得到教学环节改进过程的教学设计，有基于理论视角和丰富实践经验的教学策略改进建议等，撰写报告的过程同时也是对自身教学经验进行归纳、总结与提升的一个过程。由于小组成员亲身经历了规范研究全过程，体会到了“做中学”的好处，从一节《台阶》课例中获得的启示与收获是远超一堂常态课甚至是示范课本身的价值的。

三、《台阶》教学过程值得改进的问题

第一，教学以传统的“问答式”为主，有些提问略显零散，建议采纳田文秀老师在《台阶》“教师提问”分析报告中的意见，采用主问题教学设计来精简教学内容，直指教学目标，提高教学效率。可以参考余映潮老师的“主问题”阅读教学设计方法。

第二，对课文主旨和对产生父亲自卑心理的根源挖掘不够深入，即教学的难点问题没有得到实质上的突破。建议重点段落可以让学生朗读精读，教师要精讲（如13段、21段、24段、26段、27段、29～31段等），体会作者遣词造句的精妙之处，感受作品的艺术技巧。可以让学生以小组合作的方式来探究父亲性格变化的原因及造成其自卑心理的根源，在学生充分表达观点后小组自行归纳意见，教师最后作总结。而不能是教师匆匆提问后，直接给出答案，没有引导学生充分深入地思考。

第三，对人物性格的把握还不够。教师要带着学生走进文本，结合关键字词句进行品味赏析，欣赏作品中精彩的人物描写细节，感受父亲这一形象的独特性与生动性，对人物性格的丰富性、复杂多面性，还需要教师深入钻研教材，读出自己的真切感受，才能更好地引导学生去体会父亲的性格特征及其变化过程。

第四，教师教学理念需要不断更新提升。新课程理念强调阅读是教师、学生、文本、教材编写者之间的平等对话过程，在阅读教学中要放手让学生去主动发现问题，提出问题并能解决问题，在《台阶》课例教学过程中，问题基本上是由教师提出来的，学生处于被动回答被老师牵着鼻子走的状况，放手让学生相互学习自主学习显得还不够。教师还需

在“如何以学定教”上多下工夫，充分发挥学生的主体性，把课堂还给学生。如可以设置一个开放性题目“父亲用一生的心血和时间来修建台阶这样做值吗？”来让学生进行自由辩论，也可以是小组合作讨论，让学生在讨论辩论的过程中，得出自己对父亲这一悲剧英雄似的形象的不同见解和认识，培养学生的思维能力和独立思考能力，培养真正的语文和人文素养。

四、撰写课例研究报告的意义

通过这次小组合作分工撰写课例报告，小组成员以《台阶》课例为研究对象，以体现教师行为跟进和能力建设的策略为主线，把原行为和新行为作对比，把“做”的过程“写”下来，经过反复思考讨论改进，提炼出新的教学经验，再通过理论学习，对实践操作层面进行理性思考和探求其规律，形成课例分析报告的成果。尽管课例分析报告存在疏浅不足之处，但这些在实践中探求出来的新经验和感受体会是集体智慧的结晶，对于小组成员更新教学理念、提升教学质量、改善常规教学，无疑具有重要的现实意义。也希望《台阶》这个课例研究报告能对其他语文教师有所帮助，能成为更多教师后续研究课程教学、借鉴同伴研究成果，提升教学理念和水准的学习资源，那本小组成员及作为指导教师的我就深感荣幸与欣慰了。

课例研修六 《大自然的语言》

尹 洁[1]

【背景】

活动主题：探讨《大自然的语言》的上法。
活动方式：《大自然的语言》课例研修。
活动流程：个人备课、上课，集体观课，各自选一个视角评课议课。
执教老师：国培学员任艳飞。
听课老师：王竹竹、王浩、潘红梅、王利。
活动成果：课堂实录、教学设计、教学构思及反思、观课报告、专题指导。

【课堂实录】

师：同学们，我先来做一下自我介绍，我的名字镶嵌在一句诗里，“海阔凭鱼跃，天高任燕飞”，来猜猜我的名字。

生：“任燕飞”……

师：对，我的名字叫任燕飞，不过不是“燕子”的“燕”，而是“鲜艳”的“艳”。

师：初来乍到，想跟大家借两样东西一用，放心，不是 money ，而是想借你们的自信和激情一用，（大声地）愿意吗？

生：（小声地）愿意。

师：似乎不太愿意，大声才表示你们舍得。

生：（声音洪亮地）愿意。

---

① 此课例研修活动由尹洁老师组织指导完成，并负责撰写课例研修专题指导报告、相关活动评议及活动成果整理。

师：非常感谢大家的慷慨！新课学习之前，请大家来看几幅图片。（大屏幕展示）说说它们给我们传递了什么信息？

（展示第一幅图片）

生：这是一个晴朗的天气。

师：为什么？哪里看出来？

生：白云飘得很高。

师：非常聪明，七年级我们学过一篇文章《看云识天气》，我们总结到一些经验，像这种高而薄的云层，预示着将会是晴天。那看看这一幅图呢？

（展示第二幅图片）

生：阴雨天。

师：嗯！很棒！看看这一幅。你们肯定不知道是什么。

（展示第三幅图片）

生：知道。

师：是什么？

生 1：豆芽！（全班笑）

师：（笑着说）这屏幕看得不是很清楚，实际上这是蕨菜，用我们的本地话来说叫“蕨苔”。看看它刚出土，告诉我们是个什么季节？

生：（大声地）春天。

师：再看这一幅图片。

生：（迫不及待地）秋天。

师：对。其实，无论是天空的云彩还是大地的植物，它们的变化生长，都向我们传递着某些信息，而这些信息，我们可以把它们称为大自然的语言。今天这节课，我们就来学习我国著名的地理学家、气象学家、科学家竺可桢先生写的一篇说明文《大自然的语言》。请大家打开课本，翻到第 16 课。

（教师板书课题及作者）

师：我们知道，人类有语言，大自然也有语言吗？什么是大自然的语言？一起阅读课文去认识一下。八年级的阅读有一定的速度的要求，通常要求达到每分钟 400 字，这一篇文章有 1 600 多字，那也就是需要——

生 1：4 分钟。

师：不过速度达到的同时，我们也要追求质量。读完这篇文章，要明白究竟是说明什么？想快速而有效的阅读，是有方法可循的。那你们平时是怎么读的？

生2：默读。

生3：浏览。

生4：找文中线索。

师：嗯！很好，今天我来给大家推荐一种阅读方法。请看大屏幕。女同学来读一读。

女生：（齐声读）找中心句：一般在语段的开始或结尾。找提问式语句：提问式语句有的以设问句的形式出现，往往提示了下文作者要介绍的内容。找衔接各段的连接词语。

师：声音很洪亮，非常好！那请同学们尝试着用这种方法，按照自己喜欢的方式快速阅读课文，筛选信息，概括文章内容要点。我给你们计时，4分钟，完成的给我一个“OK”的手势，开始。

（学生自由阅读课文，教师巡视）

（学生看完后，纷纷做出手势提示）

师：我发现我们班上的同学有一个很好的阅读习惯，大部分同学在读时进行圈点批注，非常好！那我们来检测一下大家的学习效果。

什么是大自然的语言？

生5：草长莺飞、花香鸟语、草木荣枯、候鸟去来等自然现象，叫做大自然的语言。

师：非常准确。其实，这些自然现象，我国古代劳动人民给它取了一个好听的名字，叫什么？

生：（齐声）物候。（师板书：物候）

师：对，那什么是物候学呢？

生6：利用物候来研究农业生产，已经发展为一门科学，就是物候学。

师：非常棒！（师板书：物候学）其实，总览全文来看，这一篇文章的说明对象就是什么？

生：（齐声的）物候和物候学。

师：文章围绕着物候、物候学还介绍了哪几个方面的知识呢？

生7：影响物候来临的因素。

师：嗯，很好！（师板书：因素）还有呢？

生8：物候对于农业生产的重要性。

师：非常不错！（师板书：重要性）除了这两个方面，还有一个很重要的内容，看谁最火眼金睛，能够最先发现。

生 9：还介绍了研究物候学的意义。

师：哦，你发现了一条非常重要的信息。掌声鼓励一下！

（师板书：意义）

生：（齐笑）（鼓掌）

师：大家筛选信息的能力的确非常强。课文在《大自然的语言》这个题目之下，给我们介绍了什么是物候、物候学，说明了它的重要性，以及决定物候来临的因素，研究物候学的意义。

明确了文章说明的内容，我们就进入第二个环节的学习：品读一大段，理一理说明的顺序。

师：请大家快速浏览 6～10 段，看看你们能不能在最快的时间内准确地找出决定物候来临的因素有哪些？

生 10：我找出来了！

师：哦！那你说说看。

生 10：有纬度、经度，还有高下差异、古今差异。

师：大家赞同吗？

生：（齐声）赞同！

师：对，很准确！不过这四个因素，我想先写谁就写谁，可不可以？

生：（齐声）不可以。

师：哦？那这几个因素是按照什么顺序来安排的？（师板书：顺序）

生：（齐声）逻辑顺序。

师：呵！很准确，不过具体点说，什么样的逻辑顺序？抓关键词。

生 11：由主到次的逻辑顺序。

师：哪里能体现出来？

生 11：说纬度因素时作者说的是“首先”，经度说是“第二个因素”，高下差异是“第三个因素”，说古今差异时作者用了一个“此外”，这就表明这四个因素是按照影响程度的大小来排列的，由大到小，由主到次。

师：分析得非常恰当！那这样安排有什么好处呢？

生：使文章思路更清晰，条理清楚，层次分明。（师板书：条理清晰、层次分明）

师：嗯!说得非常好！其实，这样的写作，也给我们一个启示，我们自己的作文中，无论写什么，也要合理安排材料，做到条理清晰，层次分明。

师：说明文能给予人知识，知识性强正是说明文的特点之一，而正因为知识性强，所以说明文的语言往往比较平实，而《大自然的语言》一文的语言却很有特色，一起走进第三个环节的学习：品读一小节，体会说明的语言。

请大家翻到第一自然段，这一段的语言很美，我想抢来过过嘴瘾，同不同意？

生：(大部分) 同意！

生 12：不同意。(全班笑)

师：哈哈……既然不同意，那就交给你们自己来读了，我给你们配上轻音乐，你们边读边感受，并勾画出本段中你认为用得漂亮的词。

(教师播放音乐，学生配乐齐读)

(学生读完)

师：声音洪亮，不过如果语速慢一点会更美。那你们勾出了哪些你认为用得好的词语呢？我们来采访一下。

生 13：我勾出的有苏醒、萌发、活跃、风雪载途等。

生 14：我觉得这些词用得很好：次第、萌发、翩然、簌簌、年年如是、周而复始。

师：嗯，很有独特的眼光，大家认为这些词用得好，究竟好在哪里呢？请大家在你喜欢的词中任选 1～2 个词加以品析。如：我觉得“苏醒”一词用得很好，它让我想到了咱们七年级学过的一篇文章——

生 15：《春》。

师：对，朱自清先生的《春》，小草——

生：偷偷地从土里钻出来……山朗润起来了，太阳的脸红起来了。

师：对，“苏醒”一词给我一种春回大地、万物复苏的感觉，拟人化的词语把大自然的景象写得更有灵性。(大屏幕展示示例)

师：你们可以模仿老师的方式做品析，把你品析的语言写在这个词的旁边。完成的举手示意，待会儿我们来一场男女生 PK 大赛，优胜组有奖励。

生：(兴奋地、大声) 好！

(学生品析语言，教师巡视指导)

师：女生们要加油哦！男生悄悄说要打败你们！

女生：我们才要打败他们！

师：呵呵……那都要加油啦！

(学生纷纷举手)

师：请同学们前后桌交互补充完善你的学习成果。

(学生交流)

师：大家都完成了，那我们就要来一场“男生 VS 女生”的对决。究竟男生会胜利还是女生会打败男生，我拭目以待！谁先抢占先机？

男生 16：我喜欢“翩然”一词，翩然写出了燕子轻快的舞姿，也突出了春天来了，燕儿飞回来了的愉悦的情态。

师：分析得很漂亮！给男生加上一分。

女生 17：我喜欢“次第”一词，次第表示的是一个接一个的意思，用在这里，表示花一个接一个开放，突出春天来，花儿们竞相开放，争奇斗艳。

师：(拍手) 哇！你的词用得好美！给女生加上一分！

男生 18：我觉得“萌发”这个词用得好，它写出了春天来了，小草长出来啦，树木发芽，非常有生气，突出植物富有活力的特点。

师：嗯！不错，男生又加一分！

女生 19：我觉得“簌簌”一词用得很妙！它写出秋天时树叶黄了，纷纷落下的样子。“簌簌”是一个拟声词，更有一种如闻其声、如见其景的感觉！

师：哦！概括得真精妙！女生加一分。

男生 20：我觉得“销声匿迹”一词用得好，它与前面“活跃”一词相对，突出冬天到，各种昆虫都冬眠了，田间草际无声无息，非常安静。

师：不错，男生再加一分。

女生 21：老师，可不可以说几个词？

师：当然可以！

女生 21：我喜欢“翩然”“簌簌”“草木萌发”“衰草连天”“年年如是、周而复始”等词，这些词都用得很典雅，写出了不同季节里自然景物的特征。“年年如是、周而复始”突出了时序的交替、四季的轮回。

师：哇！漂亮！恨不得给你加上两分呐！我知道很多同学还想展示，

但课堂上时间有限，大家课下交流。好，现在男女生打成平手，都是优胜队，都有奖励！

生：（鼓掌声）

师：奖励什么呢？嗯……奖励你们概括一下这一段的语言有什么特点！

生：啊！……

生22：这一段的文字，用词优美，生动形象！

师：非常准确！生动优美的词，在说明文中也就是生动性说明。（师板书：生动性）

师：这么优美的文字，我们再次来配乐美美地读一遍。

（播放背景音乐，学生齐读感受）

师：生动性的说明能给说明文增添魅力，说明文是介绍知识的，语言同时又必须是准确的，而对于说明文语言的准确性以及说明方法，我们会在下一节课研讨学习。物候学是一门复杂的科学，竺可桢是花了大半辈子的时间去研究的，我们能不能在这40分钟内把它全部搞明白？

生：不能！

师：但在这一节课的学习中，我们明白了习作时结构上要做到条理清晰、层次分明，我们还明白了文章中可以用上一些典雅优美的语言给自己的文章润色，增添文章的魅力！这也许是我们从《大自然的语言》一文中收获到的最重要的礼物！

师：（总结）同学们，我们知道人和人之间，因为有了语言，在交流中增进了情感。而大自然以它独特语言向人类传递着各种各样的信息。我们只要学会用心聆听，细心观察，关注身边的每一片叶、每一朵花，便能听懂大自然的语言，这样，人类便可和大自然和谐相处。

师：课文第三段中说，我国古代的很多农谚中也包含着丰富的物候现象，那今天的作业就是：请课下收集几则农谚，说说这些谚语所传递的物候现象。（大屏幕展示作业）

师：这一节课，和大家共同学习，非常愉快！感谢大家！下课！

生：老师休息！

师：同学们休息！

【教学设计】

教学目标：

1. 能把握文章说明内容 。
2. 能把握文章说明的条理性，体会说明语言的特点。

教学重难点：

1. 理清课文的说明顺序，体会说明的条理性。
2. 学习本文生动的语言，体会说明的生动性。

教学方法：

1. 朗读法。学生通过自由阅读、快速浏览、配乐朗读等形式的朗读，了解课文内容及文章说明的特点。

2. 讨论法、点拨法。引导学生充分发挥集体的智慧，自主学习、合作探究，共同分享合作的乐趣，感受成功的喜悦。在学习过程中适当地点拨。

3. 品析法。品析第一段文字，体会生动性说明的特点。

4. 分组竞争大比拼，激发学生参与学习的热情。

课时安排：1 课时。

教学过程：（见课堂实录）

【教学构思与反思报告】

基于教学《大自然的语言》的思考

任艳飞[①]

一、课前构思篇

《大自然的语言》是人教版八年级（上册）第四单元中的课文，这是一篇科普说明文，作者是我国著名的地理学家、气象学家、科学家竺可桢。文中主要介绍了物候、物候学的概念；研究物候学对农业生产的重

① 作者单位：六盘水市盘县盘江镇中学。

要性；决定物候来临的因素；研究物候学的意义等科学知识。在王荣生教授主编的《学科知识与教学能力》一书中，把科普说明文归于实用文章的范畴。书中介绍到："科普文章是从事科学技术工作的专家所写，目的是向非专业人士传播专业知识、介绍相关的规则与原理"，"科普文章的阅读教学以理解为目的，其基本阅读姿态是解读型的。把'课文内容'和'作者表达'结合起来，让学生完整而恰当地理解文章所表达的观点"。此类实用文章阅读教学时要把握两个要点：一是从"实用性"出发选择教学内容。二是依据"不同的读法"确定教学内容。

基于这些观点的理解，我仔细读了几遍课文，结合王荣生教授关于实用性文章教学设计的介绍，思索了一番，始终找不到突破口。读到课前阅读提示时，我注意到课前阅读提示框中有这样一句话：学习本文，了解作者是怎样运用清晰的条理和准确的语言来把一门复杂的科学介绍清楚的。反复研究这一句提示，又读了几遍课文，按照王荣生教授阅读教学阶梯式设计的理念，我确定了教学的目标：第一阶梯：引导学生提取和筛选有关物候的知识，明白课文向我们说了什么。这是科普作品阅读教学的基础。第二阶梯：指导学生学习课文富有条理的结构。在一个课时的教学中，如果引导学生全篇的梳理学习，时间不够，再加之着眼全篇，内容多而杂，学生反而印象不深刻，所以我决定把此阶段学习的重心放在课文 6～10 自然段，因为这几个段的条理性体现得最为明显。第三阶梯：引领学生品味文章语言特点。《大自然的语言》一文语言有两大特点：生动形象性和准确严密性。在这一课时的教学中，两者兼顾，定是完成不了的，只能有所取舍。语文特级教师郑桂华老师说过："阅读教学要教每一篇文章最显著的特征。如果在其他文章中还要学到的知识点，就可以舍去，放到其他文章学习时再教。"说明文语言的准确性在很多说明文中都体现明显，而生动形象的特点在《大自然的语言》一文中体现得较为突出。所以我想在本课时的教学中教生动形象的语言。这一特点在课文第一自然段体现较为突出，故教学时引导学生重点品读这一段。

明确了教什么，那怎么教呢？

首先是导入的设计。我从教育资源网上下载了一段一年四季大自然美景的视频资料，有动听的配乐，有四季自然的美景。我想，用来导入新课应该能激起学生的学习兴趣，同时，也能让学生对大自然美景有一个初步的感知。可是视频播放时间需要四分多钟，时间太长，不用又觉可惜。想来想去，我决定把这段视频放在课前播放，取名为“课前营养餐”。学生课前观赏视频，缓冲一下疲劳，愉悦一下心情，有利于课堂教学。

那么，课堂导入怎样做才能既简洁省时又有效呢？

七年级时学过一篇说明文《看云识天气》，文中有这样一句话，“云就像是天气的‘招牌’：天上挂什么云，就将出现什么样的天气。”这句话也可以理解为云层就是天空的语言。何不从这里入手呢？于是，我收集了两张幻灯片，一张晴天云层图，一张阴雨天云层图，用上这两张幻灯片，既联系了旧知，又过渡到新课内容，效果应该不错。但这两张幻灯片都是云层图，有些单调，而大自然的语言是丰富的，所以我又收集了一张蕨菜刚出土时的春景图，一张稻穗金黄时的秋景图，用上这四张幻灯片导入新课，既不费时，又与课文内容联系紧密。学生观看后就能顺势引出课题《大自然的语言》。

引出课题后就进入第一阶梯的学习：引导学生提取和筛选有关物候的知识，明白课文向我们说了什么。

这篇说明文介绍的是学生不太感兴趣的深难的科学知识，如果在理解知识上下工夫，学生既无兴趣，这样上也偏离了语文课的轨道，很容易上成科学课。我认为第一阶段整体感知中只需要引导学生能筛选提炼出课文说明了哪些内容即可。那么，怎样做才能引导学生既快又准确地提炼出主要信息呢？经过一番琢磨，我准备在学生整体感知学习时做阅读方法的指导：找中心句，找提问式的语句，找衔接各段的词语。整体感知中还要考虑到学生阅读速度的训练，所以此处我提出了每分钟 400 字的默读速度要求。考虑到学生只有带着任务阅读才会更有效，所以我又布置学生结合课后练习第一题的四个问题（①什么是物候和物候学？②物候研究对农业生产有什么重要性？③决定物候来临的因素有哪些？④研究物候学有什么意义？）进行阅读。这样，学生既有学习的任务，还有方法的指导，便能有效阅读。

完成了第一个环节的学习，接下来要引导学生学习文章说明的条理性。

这一环节的学习主要是放在对 6～10 段的梳理。这一个部分介绍了决定物候来临的四个因素，作者按照从主到次的逻辑顺序来介绍的。怎样引导学生发现这一说明顺序的规律呢？我布置学生速读课文，勾画出衔接各段的连接词。学生很容易能找出关键词：首先、第二、第三、此外。然后布置学生小组研讨：这四个因素能否调换顺序，为什么？集小组的智慧，定能发现此处说明顺序的特点。教师还可适时加以引导学习。当引导学生总结出此处说明条理清晰、层次分明时，教师可简单补充：在自己的习作中，也应做到这一点。

之后要进入第三个环节的学习：品味生动形象的语言。这是本课时教学的一个重点，也是一个难点。为了突破这个重难点，我准备设置了学生配乐朗读，朗读中学生勾画出自己认为用得好的词语、短语或是句子。结合学生勾画出的词句，引导他们学习品析语言。此处，还应搭建一个学习支架，教师以“苏醒”一词为例示范品析，然后引导学生自主品析、小组交互完善后自主展示，为了激励学生参与展示的热情，设置男女生 PK 的竞争机制，通过这些方式引导学生品味课文生动性说明的特点。最后，让学生美美地读上一遍，加深体会。

在板书设计上我也花了点心思，把教学中提炼的要点词，将板书整理成一片绿叶的形式，期望能给学生留下更深刻的印象。

二、教后反思

一堂课上下来，想想，有得有失。

在上课前，我先做了个自我介绍，“我的名字在一句诗里‘海阔凭鱼跃，天高任燕飞’”，让学生来猜猜我的名字，学生纷纷猜测，有各种声音，有的说高飞燕，有的说高燕飞，因为我在名字处加重了语气，大部分同学还是猜出了“任燕飞”。我再强调不是燕子的“燕”，而是鲜艳的“艳”，这时学生就放松了，教师和学生之间开始融洽。课前 4 分钟“课前营养餐”时，我播放视频，学生观看，一开始，学生只是按教师指示再看，似乎没有什么情绪上的变动，我提示他们“你觉得美的地方，可以‘哇’‘哦’一下”，有的学生也照做了，他们觉得很有趣，此时，在一定程度上已激起了学生的学习热情。看到学生的这些表现，我的信心也更足了。

学习过程中，先对学生进行阅读方法指导，引领学生通过自读、合作、交流、展示等方式，明确说明内容及文章的条理性。第三个环节品味说明语言，设置了学生配乐朗读、教师示例品析、学生自主品析、小组交互完善、自主展示，在展示时设置了男女生 PK 的竞争机制，通过这些方式引导学生品味课文生动性说明的特点。

整堂课教学下来，基本上按照我预先设置的流程进行。拟定的教学目标基本达成，学生思维活跃，尤其品析语言环节，学生的表现超出了我的预想。当我做了示例品析后，把学生分成男女生两个大组开展竞赛，为了捍卫自己的荣誉，男女生都非常投入地开展学习，和同性别的同学积极交流，我巡视了一番，有三分之二的同学至少品析了 2 个以上的词语。在展示比拼时，男女生争着举手发言，生怕自己组的比分落后输掉比赛，回答出许多让人惊喜的答案，有个男生抢先举手品析“翩然”一词，他说：“翩然写出了燕子轻快的舞姿，也突出了春天来了，燕儿飞回来了的愉悦的情态。”有个女生品析“簌簌”一词：“我觉得簌簌一词用得很妙！它写出秋天时树叶黄了，纷纷落下的样子。‘簌簌’是一个拟声词，更有一种如闻其声、如见其景的感觉！”还有个女生回答：“我喜欢‘翩然’‘簌簌’‘草木萌发’‘衰草连天’‘年年如是、周而复始’等词，这些词都用得很典雅，写出了不同季节里自然景物的特征。‘年年如是’‘周而复始’突出了时序的交替、四季的轮回。”一连说了好多词，我感到非常惊喜。

我想，在这个环节之所以学生表现得如此优异，得益于他们较扎实的语文能力，当然，设置男女生竞赛活动也激发了他们参与的热情。

一片绿叶的板书也给学生以惊喜，看得出，学生们很喜欢，也达到预期的效果。

但是，因为提前没有对学生做充分的了解，对学情预估不足，对于这个班的学生而言，我所设置的问题显得简单了些，而设置的教学内容贪多、贪全，导致课堂教学节奏有些紧，显得对文本的解读和挖掘不够深入。学生学习成果展示的时间也不是很充足。

我想，本课时的教学中，在整体感知，筛选明确说明内容后，只着眼于说明条理性的学习，或是只定位于说明语言生动性和准确性的学习。只在一个知识点上下足工夫，学习后还能设置学生课堂练笔，把学习到的这一点知识加以运用，通过师生的点评强化学习。或许，无论是选择说明条理性的学习，还是品味语言，效果都会更好些。

总之，这节课的教学让我获益匪浅，自己的教学设计水平和组织课堂教学的能力都还需要进一步提高，在解读文本、梳理教学点上的功夫还得继续提升。特别是在引导学生深入学习文本方面更需加强学习。李卫东老师说过：“语文教学四至上：教材解读至上；教学内容取舍至上；语言表达至上；学情分析至上。”我还想说，作为语文教师也需四至上：学习至上；实践至上；反思至上；提高至上。

教学是一门艺术，更是一门有法的艺术，法从何来？实践中探索，学习中总结，反思中提炼。在今后的教学中，我会继续学习，多研读教材，多研读学生，讲究课堂的教学艺术，提高课堂的教学质量。

【观课报告】

浅谈在科普文教学中品析语言方法的有效性
——基于《大自然的语言》课堂实录的思考

王竹竹[①]

文章语言是读者领悟作品思想感情内容，体会作者思想感情的桥梁。因此，语言教学是语文教学中一项重要的内容，作为语文教师，我认为语文教学重在教学生学会品味语言、理解语言、积累语言，并运用语言。

“品味语言，在落实语文阅读教学中起着不可忽视的作用，文学作品的品味大概分为两类：一为赏析富有表现力的语言，二为品味句子的含义。”

“品味语言实质就是挖掘文学作品中字里行间所蕴含的意思。”一般来说，科普文章能给予人知识，知识性的强烈也是它的特点之一，正因为知识性强，所以这样的文章的语言往往都会比较平实。学习语言是本文学习的一个重点，而《大自然的语言》一文的语言深具特色，具有生动形象的特点。

《大自然的语言》教学课堂使用到我们在教学中一般使用品析语言的方法——读—品—悟。师生抓关键字词，在宽松愉悦的氛围中积极展开对课文中语言的赏析学习。那么，要品析语言，就得读。阅读教学中是要求“带学生阅读”，正如语文老师常说的“教会学生阅读”，“授人以鱼，不如授人以渔”，从而来培养学生的阅读能力。在很具有语言特色《大自然的语言》这堂课中，教师在教学生品析语言就是从阅读开始：

师：请大家翻到第一自然段，这一段的语言很美，我想抢来过过嘴瘾，同不同意？

生：（大部分）同意！

生 12：不同意。（全班笑）

师：哈哈……既然不同意，那就交给你们自己来读了，我给你们配

---

① 作者单位：毕节市黔西县沙井中学。

上轻音乐，你们边读边感受，并勾画出本段中你认为用的漂亮的词。

（教师播放音乐，学生配乐齐读）

（学生读完）

师：声音洪亮，不过如果语速慢一点会更美。那你们勾出了哪些你认为用得好的词语呢？我们来采访一下。

生 13：我勾出的有苏醒、萌发、活跃、风雪载途等。

生 14：我觉得这些词用得很好：次第、萌发、翩然、簌簌、年年如是、周而复始。

从《大自然的语言》这样一个课堂实录看，是引导学生有想阅读的愿望，在阅读中遇到什么障碍，寻找解决障碍的方法。配乐朗读，给学生创设情境引导其喜欢读，爱读。在读的过程中有了一定的指导，提示阅读节奏快慢，在读中勾画认为好的词语。不言而喻，以读激趣，这方法的指导，是有助于学生在阅读的基础上进行理解，从阅读中品味语言，这样有助于学生在一定程度上掌握语言的特点。

理解课文的内容要求必须品析课文的语言，抓关键字词句，是课堂中教师经常使用的教学方法之一，也是学习语文的有效策略。在这堂教学中，教师就文章开头两段语言带学生进行了品味。学生在教师引导下圈划能体现语言生动形象的词语，如：“翩然”“簌簌”“草木萌发”“衰草连天”“年年如是”“周而复始”等词，很多学生都能举手说出这词语，而且配合很好。可见这样找关键词的方法是常见且有效的。

教师示范引导学生品味语言。以文章《春》中句式“偷偷地从土里钻出来……山朗润起来了，太阳的脸红起来了”为引导，这里对学生有学情的预估，由于学生基础较好，七年级学过朱自清先生《春》这篇文章。那么，学生能基本掌握怎么去赏析语言。教师问在文中哪些词用得好，学生都会说“苏醒”一词对这个词用得好，好在哪里？进行追问，那答案就参差不齐。要用什么方式品析，教师示例：“苏醒”+ 修辞+描写的对象+对象特点，即“苏醒”+拟人（划静为动）+大自然的景象 +万物复苏。教师通过例子示范，供以品味语言的方法，让学生来自主完成学习。

这一堂课的品语言，以活动的方式开展。也都是课堂上老师们都会常用的讨论、交流、展示、互评等这样的活动来进行，也确实是常见又实用的办法。“带学生欣赏”这样的设计理念，激发学生兴趣，有助于提高学生动手能力，促进教学活动的落实。

让学生体会语言的生动形象，就应该启发学生积极思考，用自己的话说出某些词是如何体会出来的。虽然班上大部分学生都积极参与课堂，老师也有相应的指导，对语言的品析也相当到位。但是，课堂上也有这样的一个现象，有同学带有参考书，而带参考书的同学大多数也积极举手展示，那少部分没带参考书的同学举手却占少数。从这种情况看，同学的参考书得到充分的利用，既然标准答案都出来了，学生也就没有讨论的必要。这对综合素质的提高是没有好处的，针对这样的问题，我们教师是不是在这个问题上多从学生的角度思考，多给学生一些时间动脑筋思考，如果思考不出，再让学生发挥集体的智慧，自主学习，合作探究。其实，学生如果能用自己的话说出来就证明真正理解了，也就达到了教学目标。

在这堂《大自然的语言》课上，就品析语言这一环节来说，教师是带学生品味了语言的，通过教师示例、学生自主品析、交互学习、成果展示这些教学方法展示出来。既然一再强调语言的生动性，那么只是通过这样的活动来品析《大自然的语言》中 1、2 段的语言是不够的，我们是不是可以让学生回顾前面学过的科学作品，比如《中国石拱桥》《故宫博物院》《桥之美》等，让学生列出生动形象的句子，用教师示范的方法去品析，使学过的知识进一步强化。既然学习语言生动形象的特点是本文一个重点，学生要学会用生动形象的语言来说明事物。那么，教师在设计这节课上不能把语言的生动形象和语言的准确性分离来设计，以至于达不到用生动形象的语言来说明事物这样的目的。

把课文当“样本”教，基本上是“组织学生交流和分享语文经验”的路径，简单来说就是和学生有“对话”，充分发挥学生自主学习的优势 ，使学生在交流中对语言的理解更深刻，问题研究更深入。从而在目标、方法、内容达到统一。正如《大自然的语言》这一节课通过与学生的“对话”，教学生品析语言的生动形象。这对今后我们老师在教科普类的文章有借鉴的意义。

吕叔湘先生说：“语文教学一半是科学，一半是艺术。”既然是艺术，那么，语文教学就离不开“美”字，语言文字的本质和灵魂就是情感，就是美。在阅读教学中，就要带学生去感受它的美妙。

当前语文教育阅读教学中存在的主要问题
——《大自然的语言》课例研讨

王 浩[①]

在贵阳十八中，我们2015国培语文班第五小组跟岗实习的学员争取到了一节上课的机会。机会来之不易，我们小组的组长任艳飞精心准备，上了《大自然的语言》这篇课文。

这堂课，任老师最大限度地发挥了自己的特长和优势，完整地为我们呈现了一堂非常有研究价值的课。

在这堂课上，任老师首先用一个非常巧妙的方式介绍了自己的名字，接着说向同学们借“自信”和“激情”一用，很好地调动了学生的情绪，为接下来的教学营造了良好的课堂氛围。纵观整堂课，学生在轻松愉快的氛围中完成了既定的教学任务。任老师的这堂课最大的优点在于整个教学过程非常流畅，如行云流水一般。但是从我个人的观点来看，这堂最大的失败也缘于此。为了课堂的完整和流畅，任老师忽视或是有意舍去了一些教学的难点。而这种做法，就导致了当前语文教育阅读教学中经常存在的一种现象，即阅读教学“浅尝辄止”。这种现象，在农村中学中普遍存在，尤其是在公开课上，老师为了追求课堂形式的完美，追求教学过程的流畅，刻意去回避学生的难点，而这其实是一种舍本逐末的做法，得不偿失。为什么这么讲呢？我们就以任老师的这节课来略作分析。

教学内容一：理清文章的行文思路

师：什么是大自然的语言？

生5：草长莺飞、花香鸟语、草木枯荣、候鸟去来等自然现象，叫做大自然的语言。

师：非常准确。其实，这些自然现象，我国古代劳动人民给它取了一个好听的名字，叫什么？

生（齐声）物候。

师：对，那什么是物候学呢？

生6：利用物候来研究农业生产，已经发展为一门学科，就是物候学。

师：非常棒！其实，总览全文来看，这篇文章的说明对象是什么呢？

---

① 作者单位：遵义市余庆县关兴中学。

生（齐声的）物候和物候学。

师：文章还介绍了哪几个方面的知识呢？

生7：影响物候来临的因素。

师：还有呢？

生8：物候对于农业生产的重要性。

师：除了这两个方面，还有一个很重要的内容，看谁能够最先发现？

生9：还介绍了研究物候学的意义。

我们来看一下，这里任老师为了完成作者的行文思路，连续问了7个问题，这7个问题，凡是读过课文的同学只要睁大眼睛就能立即找出来。既是这样，那这7个问题除了能帮助学生理清作者的写作思路，还能有多大的价值呢？这对于一节课45分钟的时间来说，实在是有点台浪费了。

其实这7个问题完全可以用1个问题来解决，即“本文作者的行文思路是怎样的？”这样学生就必须去思考，去发现，去概括，才能准确的回答出这个问题，同时也节约了时间。这是其一。

其二，任老师这节课的教学目标：1. 能把握文章说明内容。2. 能把握文章说明的条理性，体会说明语言的特点。

那么，这里学生能否把握文章说明的条理性呢？

从整体看，文章的思路是：自然现象——物候、物候学及其研究的对象——物候学的意义——物候现象来临的决定因素——提倡加强物候观测，争取农业丰收。这样由浅入深，由现象到本质，由具体到抽象地进行说明，既符合人们认识事物的规律，又使读者对物候学研究的对象及意义有了清楚的认识。

很明显，学生对此是不能把握的，因为到此处时，任老师把这个重要的问题“无情地”抛弃了！

教学内容二：品读一大段，理一理说明的顺序

师：请大家快速浏览6～10段，看看你们能不能在最快的时间内准确地找出立定物候来临的因素有哪些？

生10：有纬度、经度、高下差异、古今差异。

师：大家赞同吗？

生：（齐声）赞同！

师：对，很准确！不过这四个因素，我想先写谁就写谁，可不可以？

生：（齐声）不可以！

师：哦？那这几个因素是按照什么顺序来安排的？

生：（齐声）逻辑顺序。

师：什么样的逻辑顺序？抓关键词。

生 11：由主到次的逻辑顺序。

师：哪里能体现出来？

生 11：“首先”“第二个因素”“第三个因素”“此外”，这就表明这四个因素是按照影响程度的大小来排列的，由大到小，由主到次。

师：分析得非常恰当！那这样安排有什么好处呢？

生：使文章思路更清晰，条理清楚，层次分明。

师：嗯，说得非常好！其实这样的写作，也给我们一个启示，我们自己的写作中，无论写什么，也要合理安排材料，做到条理清晰，层次分明。

这里任老师再次连续 7 问，这 7 个问题可以精简为：“作者是按照什么顺序来说明影响物候来临的因素的？”“这四个因素能否调换位置，为什么？”任老师降低难度的处理看似煞费苦心，然而却毫无价值，因为这个问题本身难度并不大，分解之后，就相当于在问初一的学生 1 加 1 等于几，请问这样的提问有意义吗？

这四个因素能否调换，为什么？其实学生的理解是不完整的，因为学生只理解到了由主到次的逻辑顺序，而对学生有难度的先空间后时间的顺序，任老师再次忽视了。

我不否认学生在这里确实理解了由主到次的逻辑顺序，但学生是否会运用了呢？在日常的交际中，学生是否也能做到条理清晰呢？对此，我持否定的观点。因为教过了不等于教会了，教会了不等于能运用了。

《大自然的语言》
——谈三次课堂阅读活动的有效性

潘红梅[①]

通过任老师教学的这篇课文不难看出课堂阅读活动对于这节课的成功起到至关重要的作用。因为阅读教学是建立在学生与课文的链接之上，

① 作者单位：遵义市绥阳县清泉中学。

学生需要通过教师的引导才能很好地完成这一任务，那么教师如何引导学生通过反复深入地阅读使学生完全深入地领会文本的深层含义呢？在《大自然的语言》这一课堂教学中就有很好的体现。

《大自然的语言》教学中共有三次阅读活动的体现。因为我们的阅读教学始终离不开文本，而学生又是阅读的主体，如果在教学中教师对学生的引导不到位的话，学生就没有办法去解读文本，因为学生的生活经验毕竟是有限的，那么对文本中的作者所要传达出来的信息就无法理解，更谈不上体会作者的思想感情了。任老师所设计的这次课堂阅读的教学活动层次清晰、由易到难，可见是花了不少工夫的。通过教师设计的这三次阅读活动，使学生对这篇文章的内容有了更深层次的理解，以前不了解的，通过课堂阅读教学了解到了，达到了预期的效果。

首先，教师在第一步就创设了一个能够很好地帮助学生解读文本的情境（师：无论是天空的云彩还是大地的植物，它们的变化生长，都向我们传递着某些信息，而这些信息我们可以把它们称为大自然的语言，什么是大自然的语言，我们一起阅读课文去认识一下），从欣赏图片入手，激发学生学习的兴趣（这会儿学生的学习主动性被老师调动起来了，七嘴八舌地说图片所传达出来的信息，师生互动得相当的好），那么学生就迫切地想从文章中找到答案，就有了想读这篇文章的愿望。学生的学习主动性被调动起来了，老师就让学生快速的阅读课文，并且还向学生提出了要求（阅读要有一定的速度）。也就是说第一次活动开始了，教师的教学目标就呈现出来了，就是布置学生初读课文、读懂文章大意、读懂意思、概括文章内容要点。学生的学习任务就是快速地自由地阅读课文，筛选课文信息，概括要点，在这一过程中教师也对学生的阅读有指导。师生交流这一过程中（师：想快速而有效的阅读是有方法可寻的。生：默读、浏览……），教师的阅读指导就是向学生推荐了一种阅读方法：可以在文中找中心句、找提问式语句、找衔接各段的连接的词语，学生在教师的指导之下带着问题自由阅读课文不时进行圈点批注，然后教师就检测阅读效果。通过学生的自主学习再加上老师的方法指导，第一个阅读活动就完成了。

其次，进入了第二个活动环节：品读（6～10段），读懂文意，梳理说明顺序，这就是教师呈现出的阅读目的，阅读方式同样是快速阅读，学生边读边思考教师所提出的问题，通过读使学生知道了本文的说明顺序，通过教师的引导使学生明白了文章思路清晰、条理清楚、层次分明就是巧妙安排材料的结果，使学生在以后的写作当中如何安排材料有了更进一步的认识。这些就是通过教师精心的教学设计、很好的引导才使学生在学习的过程中不断丰富扩展自己的语文经验，这些都是学生在阅读过程中的收获，由于教师引导得法，学生就能学到不少的知识，从而体现了一个教师在阅读教学中的指导作用是不可忽视的，老师就需要引导和帮助学生建立与文本的链接，也就是说学生与文本的链接是离不开老师的引导和帮助的。

最后，进入第三个环节：精读课文。李广田曾经这样去定义文学欣赏："喜欢读并且读了以后觉得喜欢"，那么我们教师就应该多想办法让学生喜欢，让学生感觉到作品的好，从而愿意主动去和作品亲近。这个活动环节既然是要去精读，教师就要创设一个情境让学生喜欢去读。任老师在这一环节的阅读目标是精读第一段，勾画自己喜欢的词句，进行品析，教师在这一环节中就通过教学生欣赏这一方式引导学生进行学习的。在教学过程中教师播放轻音乐让学生进行阅读，边读边感受并勾画出本段中认为用得漂亮的词，引导学生进入特定的教学场景。于是学生就通过朗读感受到了文段中的美，一下子就说出了用得好的词语，争先恐后的场面十分热闹，教师还以竞赛的形式吸引学生让男女生展开对决，以此来激发他们学习的兴趣，气氛十分热烈。从本堂课可以看出教师通过引导学生，让学生领略了文本的内容、文本的精髓，愿意并且自愿地走进文本，与文本对话，从中不断丰富自己的生活经验，唤起情感体验，这些都是和阅读教学分不开的。

从本堂课的三个阅读活动中，可以看出任老师的课堂教学是非常成功的，因为初中阶段是语文阅读教学的关键阶段，教师应当充分把握本阶段学生的特点，充分调动学生的学习自主性，激发学生学习的兴趣，促成语文阅读教学的有效进行。在本堂课中，任老师在这些方面都注意到了，还分为了整体感知的去读、品读和精读，并且每次阅读都安排有相应的活动，三次阅读活动的教学目标在课堂阅读中都达成了，内容安排得当，十分具体合理，其结果也通过检测达到了预期的目标。所以《大自然的语言》课堂教学中的三次课堂阅读活动是有效的。因为初中语文阅读教学是语文教学的重要组成部分，所以为践行新课改理念，就需要我们结合学生认知基础、思维模式、知识与能力发展方向，探寻科学的初中语文阅读教学策略，也可着重从更新教学观念、优化教学策略、改善现有的阅读教学模式，以提升阅读教学的有效性，从而不断提升学生语文素养。

阅读教学中引导的有效性
——基于任艳飞教师教学《大自然的语言》的思考

王 利[①]

新课程教学在教与学的关系上要求多项交流——交往、互动。教师应主动到学生中间，参与学生的学习，成为学生学习强有力的支持者。如果没有老师的正确引导，学生的学习可能会偏离教学目标，如果没有老师的及时引导，学生的学习可能要走弯路，由此可见，真正落实以学生为主，有效促进学生思维的发展，教师恰如其分的课堂引导无疑极为重要。下面，就任艳飞老师所教学的《大自然的语言》这一课来分析一下，怎样的引导是有效的。

首先，要创建和谐的师生关系。在课前，任老师的自我介绍（因为她不是在本校上示范课，学生不认识她）。她说："如果把我的名字镶嵌在一句诗里，'海阔凭鱼跃，天高任燕飞'，你们猜猜我的名字。"她这种独特的富有诗意的自我介绍方式，一下子就吸引了学生，学生的兴趣就引发了，学生自然就对老师有了好感，拉近了师生关系。古人云："亲其师，信其道。"这样就顺理成章地建立了和谐的师生关系。和谐的师生关系有助于发挥学生的主动性和积极性。学生答出教师的名字后，教师又说："老师想跟大家借两样东西一用，放心，不是 Money（钱），而是想借你们的'自信'和'激情'一用，你们愿意吗？"这样幽默而有感召力的语言使得课堂气氛十分活跃，也为后面学生积极主动的发言做了铺垫。当然，我个人认为，教师们也不是每堂课都要这样做，这种方式适用于刚接触的学生。

其次，要注意导入的有效性。好的开始是成功的一半。在导入部分，任老师展示了几幅图，晴天云层图，阴天云层图（《看云识天气》中介绍过的），春芽的图片、秋景图，这些图片与课文联系密切，学生一看就能说出图片中传递的信息，教师顺势就引出课题。如果复杂的导入反而耽误了时间，又起不到好的效果。比如有一个老师教学"说屏"这一课，

---

① 作者单位：六盘水市盘县乐民镇第二中学。

他利用珠帘的图片导入，还播放了与珠帘有关的一首歌，让学生猜猜这节课教学的内容，结果没有一个学生能猜出，这样的导入就没有起到好的效果。当然，导入的方式很多，要针对文章的内容选择不同的导入方式。但有效的导入要具备启发性、针对性、趣味性、简洁性的特点。语文教学是一门艺术，一堂生动的语文课，对学生来说，就是一次艺术享受，导入是课堂教学艺术的重要组成部分，它融知识性、趣味性、思想性、艺术性于一体，“教学有法，教无定法，贵在得法；导之有法，导无定法，贵在得法”。

再次，要注意提问和方法指导的有效性。任老师导入课文之后，又紧接着问：“我们知道，人类有语言，大自然也有语言吗？什么是大自然的语言，让我们一起阅读课文去认识一下。”然后任老师对学生提出了4分钟读完整篇文章，并且筛选信息的阅读要求，又展示了阅读的方法指导（找出中心句的方法，提炼课文信息的方法），再说“读完了以后给老师‘OK’的手势”。在这样启发式的提问指导中，学生既有了阅读的方向，同时也有一定的压力，促使阅读的效率有所提高。当4分钟过后，全班的同学都举着“OK”的手势。这充分体现了阅读时，教师的启发式的提问和阅读方法的指导是非常重要的，如果不要求在4分钟读完，如果没有指导学生找中心句，也许这么长的文章学生就会用很长的时间来读，读完以后也不会提炼出需要的信息出来，阅读的效率也相应降低了。在提炼信息时，任老师的问题也是简洁、明确、层层深入的，首先提问：“什么是大自然的语言？”学生回答之后，紧跟着问：“这些自然现象，我国古代劳动人民给它取了一个好听的名字，叫什么？”学生齐答物候。教师又问：“那什么是物候学呢？”……层层深入的一系列问题。任老师在问题设置时，是经过深思熟虑的，没有太难的问题，没有与内容无关的问题，也很少有不需要思考的无效问题，而是有梯度的进行引导，深入课文的理解。任老师在引导学生分析说明顺序的时候，也没有泛泛而谈，而是引导学生从逻辑顺序比较鲜明的6～11自然段来进行分析。首先，教师提问：“决定物候来临的因素有哪些？”学生回答：有纬度、经度、还有高下差异，古今差异。教师顺势引导提问，“这四个因素，我想先写谁就写谁，可不可以？”引发学生思考，然后再引导学生抓关键词“首先”“第二因素”“第三个因素”“此外”这些关键词，自然而然地引出由主到次的说明顺序的知识的学习。在这个环节，教师的提问也是层层深入，一个问题引出多个问题，而且这些问题紧扣教学环节，引发学生不停思考，最终引领学生轻松达成目标。

行文至此，我想归纳一下，阅读教学中怎样设置问题会更有效：(1) 尽量少提“是不是”“对不对”“好不好”这类似的问题，这些问题学生回答时，表面上看起是非常热闹，实际上，这样的问题非常简单，没有多少思考的余地，对促进学生思考、引导学生关注课文是没有多少益处的。(2) 所提问题要难度适宜。既不能过于肤浅，没有思考的余地，又不能太艰深，让人难以琢磨，无从下手。(3) 设计问题要面向全体学生，要不受“标准答案”的束缚，让答案具有多维性，力争引发发散思维，培养学生的创新意识和独立精神。王荣生指出：“课堂教学中的提问是指教师根据一定的教学目的，针对有关教学内容设置问题，要求学生思考回答，以促进学生思维并获得相应的知识与能力的教学行为。”提问是课堂教学最基本的教学行为手段，是课堂沟通教育的桥梁，是教师教学技能的集中反应，直接影响着课堂的教学质量。

总之，“导”是放手但不放眼，让学生自主探究，但不失引导；让学生独立思考，但不失方向。只要是正确的，学生可以有出乎教师意料的想法，可以不跟着固定的思路走，这就是“创新”。这样的“导”是“引导”，是尊重学生主体的导，是教师把握住了“度”的导，也正是我们新课程所需要的“导”。教师要实现有效的引导，必须做到适时、适人，合情、合理。要以学生已有的知识经验和认知水平为立足点，通过导向、导法、导思，提高学生学习的成效。在这一过程中，教师不仅要成为课程资源的开发者，而且要成为课堂教学过程生成的重组者和动态生成的推进者，努力使语文阅读课堂成为开放民主、互动对话、以学定教、充满活力与智慧、师生共同成长与发展的课堂。

【专题指导】

《大自然的语言》课例研究报告

尹　洁[①]

本小组五位老师在跟岗期间，共同备课，结合小组成员集体智慧，

---

① 作者单位：贵州师范学院。

展示了一节《大自然的语言》汇报课。该课由任艳飞老师执教，小组其余四名老师献计献策，共同参与教学设计。由于汇报课与本人在师范学院的课上课时间冲突，很遗憾未能亲自到课堂听课，只能以老师们记录的教学实录为依据来进行初步的课例分析。

王荣生先生认为，阅读是一种文体思维。阅读总是对特定体式的具体文本的阅读。不同体式的课文，其阅读方式、阅读方法有所不同。因此我们在进行教学设计时，首先要从该文本的文体入手，先辨体，再设计。《大自然的语言》属于实用文章中的科普类文章。科普文章大致可分为两种：一种是科学说明文，一种是科学小品。科学小品，其特点是带有文学色彩，形式简短，融知识性与趣味性于一体。《大自然的语言》是一篇科学小品文，文章行文顺序清晰、明确，语言生动、严谨，文章准确抓住一年四季的典型特征，描绘物候变化，形象生动地说明什么是"大自然的语言"，把物候学介绍得浅显易懂，生动有趣，既丰富了读者的物候学知识，还激发了读者探索科学奥秘的志趣。

第五组老师从文本的体式特征入手，进行教学设计，最终把本文的教学目标拟定为：(1) 能把握文章说明内容。(2) 能把握文章说明的条理性，体会说明语言的特点。

可以看出，老师们能基本按照科普文章阅读教学的要点，抓住《大自然的语言》一文的体式特性，如从行文顺序，语言严谨、生动的特点来引导学生完整而恰当地理解文章所表达的观点。但是在目标的表述上不够清晰、明确。两条目标都用了动词"把握"，但是到底什么算是达到了"把握"的程度呢？不够明确，不好检测，建议可以根据预设的达成情况用"了解""理解""掌握"等词，更为恰当。"把握"的含义更贴近"掌握"一词，如果几条目标都要达到"掌握"的程度，在一堂课有限的时间内，实现起来有难度。当然如果师生配合程度很好，水平较高也不是绝无可能，但从课堂实录记录情况来看，所有目标都达到"掌握"的程度，确实有难度。建议在所有目标中，确定一两个最重要的目标，在表述上达到的程度也应有所区别。

另外，本文的教学目标表述为两条，但是其中第二条目标里实际包含着两个重要的目标：既要把握文章说明的条理性，又要体会说明语言的特点。建议把第二目标里的两个内容，分别列为两条目标。本文的说明语言特点是严谨、生动。但是从课堂实录上看，执教老师在语言特点这一部分，重点引导学生去体会本文说明语言的生动，完全没有提到说明语言的严谨、准确。由此看来“体会本文说明语言的特点这一目标”，不能完全达成，最多达成了一半。跟任老师交流时，她也提到，两个语言特点都讲，时间就感觉不够，根据课堂情况，建议可以把目标修改为“体会本文说明语言的生动性”。

课后，本小组几位老师，从不同的角度入手，对这堂课进行了思考。王利老师通过本堂课的几次课堂引导，谈到了阅读教学引导的有效性问题，认为本堂课的课前交流、导入、概括课文内容等活动引导十分有效。王老师认为，“导”是放手但不放眼，让学生自主探究，但不失引导；让学生独立思考，但不失方向。任老师教学经验丰富，语言流畅优美，在课堂中确实有一些很好的课堂引导。在王利老师的文本中已经列举，不再赘述。王浩老师另辟蹊径，以该课例为依据，提出了一个十分值得探讨问题，即语文课上经常出现的问题——“阅读教学的浅尝辄止”。王老师认为，为了课堂的完整和流畅，任老师忽视或是有意舍去了一些教学的难点。而这种做法，在农村中学中普遍存在，尤其是在公开课上，老师为了追求课堂形式的完美，追求教学过程的流畅，刻意去回避学生的难点，而这其实是一种舍本逐末的做法，得不偿失。王竹竹老师则从在科普文章中如何有效品析语言的角度进行了课例研究，王老师提出，文章语言是读者领悟作品思想感情内容、体会作者思想感情的桥梁，作为语文教师，语文教学重在教学生学会品味语言、理解语言、积累语言，并运用语言。

就本节课堂实录来看，教师思路清晰，课堂层次清楚，在教师的有效引导下，学生积极发言，任老师还采用了男女生 **PK** 的形式来品析文章语言，课堂气氛热烈。教师带领学生先了解文章的大概内容，然后进入文章说明的条理性，最后感受本文语言的生动性。整堂课可以清晰的划为三个台阶，每一个台阶基本围绕教学目标展开教学活动，是一堂较好的语文课。但是，这堂课也可以引发几个常见的语文课堂问题，值得大家思考。

1. 一堂课下来，学生是否真正明白课文向我们说了什么？

这篇课文而言，教师要引导学生提取和筛选有关物候的知识，学完以后，学生能明白课文的主要内容，这是科学作品阅读教学点基础。在这堂课中，结束导入后就直接进入了解课文内容的板块。

课堂实录片断

师：什么是大自然的语言？

生5：草长莺飞、花香鸟语、草木荣枯、候鸟去来等自然现象，叫做大自然的语言。

师：非常准确。其实，这些自然现象，我国古代劳动人民给它取了一个好听的名字，叫什么？

生：（齐声）物候。（师板书：物候）

师：对，那什么是物候学呢？

生6：利用物候来研究农业生产，已经发展为一门科学，就是物候学。

师：非常棒！（师板书：物候学）其实，总览全文来看，这一篇文章的说明对象就是什么？

生：（齐声的）物候和物候学。

师：文章围绕着物候、物候学还介绍了哪几个方面的知识呢？

生7：影响物候来临的因素。

师：嗯，很好！（师板书：因素）还有呢？

生8：物候对于农业生产的重要性。

师：非常不错！（师板书：重要性），除了这两个方面，还有一个很重要的内容，看谁最火眼金睛，能够最先发现。

生9：还介绍了研究物候学的意义。

师：哦，你发现了一条非常重要的信息。掌声鼓励一下！

（师板书：意义）

生：（齐笑）（鼓掌声）

师：大家筛选信息的能力的确非常强。课文在《大自然的语言》这个题目之下，给我们介绍了什么是物候、物候学，说明了它的重要性，以及决定物候来临的因素，研究物候学的意义。

这是本课实录中理解课文内容的重要部分，老师通过一系列的问题，帮助同学们梳理了一个文章内容的框架，后面的课堂活动再也没有涉及相关内容。我们需要思考的是，通过这一片段的学习，学生真正掌握了文章的主要内容吗？学习一篇课文，学了框架就等于获取了文中要传达的重要信息吗？这与学完一篇课文之后，最后留下的只有一个中心思想不是一样吗？从上面的课堂实录可以看到，每一个问题提出以后，都止步于学生的概括性的回答。学生只知道，课文给我们介绍了什么是物候、物候学，说明了它的重要性，以及决定物候来临的因素，研究物候学的意义等内容。仅仅知道文中介绍了什么，是远远不够的，正如王浩老师提出的，课堂不能“浅尝辄止”，就这篇课文而言，我们不仅要知道课文介绍了什么，还要知道什么是物候、物候学，物候学的重要性是什么，研究物候学到底有什么意义。这些被抽干了水分的枯枝框架，不能很好地体现这篇科普文章想传达的内容信息。

2. 学生找到就等于体会到吗？

在体会本文语言特点这一部分，老师把着眼点放在语言的生动性上。让学生自己勾画用得漂亮的词，并加以品析。老师还采用了男女竞赛的形式，学生十分活跃，发言踊跃。学生自己勾画词语之后，教师作了示范，接着全班分享自己品析的词语，这一活动符合新课标的精神，“引导学生专研文本，在主动积极的思维情感活动中，加深理解和体验，有所感悟和思考，受到情感熏陶，获得思想启迪，享受审美乐趣”。从课堂实际看来，教师在引导的时候，未能更进一步，把学生的思维引向纵深发展。学生找到了许多的词汇，也说了自己对这些词语的思考，有的说的比较到位，有的还是比较笼统。

课堂实录片段

女生 21：老师，可不可以说几个词？

师：当然可以！

女生 21：我喜欢“翩然”“簌簌”“草木萌发”“衰草连天”“年年如是”“周而复始”等词，这些词都用得很典雅，写出了不同季节里自然景物的特征。“年年如是”“周而复始”突出了时序的交替、四季的轮回。

师：哇！漂亮！恨不得给你加上两分呐！我知道很多同学还想展示，但课堂上时间有限，大家课下交流。好，现在男女生打成平手，都是优胜队，都有奖励！

在这一片段中，这位同学一连找出了好几个词语，但是对这些词语的好处并未说得很具体，其他同学很难对这些词语产生体会。课堂上常会出现这种情况，学生只是找到这些词，不一定能很准确地感受它的温度，学生只是模糊的、隐隐约约的对词语产生了一些感觉，但这种感觉还不够细腻，不够到位。教师应该通过进一步的引导和追问，把这些模糊的、隐约的感觉更明晰、具体起来。从课堂实录中看出，在词语品析这一部分，老师对学生品析词语后的回应和评价比较单一，没有具体的对回答的内容进行评价，没有对学生的分析进行总结提升，也没有对分析不够深刻的地方进一步的引导。学生找到这些词语，不代表能很好地感受，因此，教师的引导作用，不能止步于此。《大自然的语言》一文，词语的生动性，在标题上就可初见端倪，也可以考虑引导学生从标题入手，感受本文的语言特色。

课例研修七 《心声》

张荣刚[①]

【背景】

活动主题：探讨《心声》的上法。
活动方式：《心声》课例研修。
活动流程：个人备课、上课，集体观课，各自选一个视角评课议课。
执教老师：国培学员王燕。
时　　间：2015 年 11 月 3 日下午第 2 节。
地　　点：华麟学校三（4）班。
听课老师：肖序红、唐文英、李素娟。
活动成果：课堂实录、课件、教学设计、教学反思、观课报告、专题指导。

【课堂实录】

(导入设置)
师：今天我们来学习《心声》这篇课文。
师：课文叙述的主要人物是谁?
生：李京京。
师问：《心声》是一篇什么体裁的课文，它有什么特点?
生：小说。阅读这种文体，我们要从三要素着手：人物、故事情节、环境描写。
师：人物我们找到了，那么我们来概括故事情节。
(梳理故事情节)
活动一（阅读）
师：现在阅读课文，用圈点勾画的方式理清故事情节。

---

① 此课例研修活动由张荣刚老师组织指导完成，并负责撰写课例研修专题指导报告、相关活动评议及活动成果整理。

师：（板书）某人+某事。

师：只留给你们 5～8 分钟。

（阅读活动：生自主阅读）

活动二（小组）

师：（按小组分任务）

（小组活动：交流概括）

活动三（师生互动）

师：公布答案的时候到了，有请第一组同学。

师：（板书）

生答：

场景一　李京京　想在公开课上朗读课文

场景二　独自朗读课文

场景三　偷听赵小虎读课文

场景四　在公开课上朗读课文

师：现在，请同学们将标段落，按地点分层。

生答：放学后，教室里　1——17

回家路上，树林中　18——27

教室窗外　28——44

公开课上　45——59

师：举手复述故事情节。（言之有理即可）

生 1、生 2：（复述故事）

（师点评、总结）

（分析人物心理，探究主题）

活动四（跳读）

师：现在，请同学们在场景一中找出反映李京京“想读书”的句子或词语。

（生阅读勾画）

师：（板书）《万卡》为什么那样打动李京京？李京京为什么非常想读《万卡》这篇课文？

生答：身世相同。

生答：遭遇相似。

生答：李京京可怜万卡，他也想他的爷爷。

师：这是《万卡》为什么打动李京京的原因，也是李京京万分想读它的动力、源泉。现在，我们来看看，程老师为什么拒绝李京京的请求？

生答：声音沙哑，不能把课文读好。

师问：在程老师的眼中京京是一个什么样的学生？

生答：上课不认真，学习不好。

师：所以，程老师拒绝了他。李京京，甘不甘心？

生：不甘心。

活动五（精读）

师：为什么？请在文中找出表现京京不甘心的句子或语段。

（生阅读勾画）（2～5分钟）

师：（板书：从哪里〈句子、段落〉——看出京京——〈什么样的〉心理？）

师问：从哪里（句子、段落）看出京京什么样的心理？要有理有据。

生答：从中看出京京不喜欢程老师。

生答：还体现了委屈的心理。

师问：27段中，有两个问号出现，表现出他什么样的心理？这种句子是什么句，两个问句有什么关系？

（生齐读27段）

生答：反问句。层层递进。京京心里很委屈很委屈。

师问：老师不让他读课文，他就不读了？

生答：他在小树林偷偷地读。放学后，悄悄地听赵小虎读。

师问：偷偷地听时，发生了什么？

生：争吵。

师问：为什么争吵？

生答：京京认为赵小虎读错了。

师问：为什么读错了？

生答：没有读出万卡的心理。

师问：现在，请大家思考一下，京京为什么那么渴望在公开课上朗读课文？

师：（板书：渴望　公开课上）

(师提示：身世相同、遭遇相似)

生答：喜欢万卡。

生答：他想发泄心中的苦闷，想要得到关注。

生答：京京想他的小伙伴妮儿、想他的爷爷。

生答：万卡就是京京，京京就是万卡。

师：赵小虎读的是万卡，京京读的是自己。这也是京京和赵小虎发生争吵的原因。

最终京京在公开课上，勇敢地举手，读出自己的心声。

师问：嗓子沙哑的李京京，能不能读好课文？举手回答。

生答：能。教室里静悄悄的，他打动了所有人。

师：李京京身上有哪些值得你借鉴的品质？（言之有理即可）

生：(回答问题，略)

生：(回答问题，略)

(写作方法)

师问：本文主要用什么方法成功地塑造了李京京？

生答：心理描写。

师问：心理描写有什么作用呢？

生答：使人物形象更加丰富真实。

作业：

师问：课文还用了什么方法来描写李京京？请在文中找出来。

生答：动作、语言等。(有理有据)

师问：同学们喜不喜欢程老师？

生答：不喜欢。

师：下节课，我让你们喜欢她！

(肖序红等整理)

【教学设计】

教学目标：

1. 简要复述小说情节，培养学生概括能力。

2. 分析和评价小说人物形象，理解“心声“的含义。

3. 学习本文运用心理描写塑造人物的方法。

教学设计：（例文还是样本？）

起点——感知故事——人物塑造、赏析人物——终点（学习塑造人物形象的方法）

一、预习

1. 字音：

棱角分明 leng　　　　毛毛剌剌 la　　　　蜷在 quan

2. 作者：

黄蓓佳，中国当代女作家。1972 年发表处女作《补考》，代表作有长篇小说《夜夜狂欢》、中篇儿童小说《唱给妈妈的歌》、短篇小说《在水边》等。选入课本的作品《作文本上的双红圈》。

二、阅读课文，整体感知。（感知体裁、故事）

这篇小说描写的是学生的校园生活。在读课文时，让学生很有代入感。

1. 课文的体裁：小说（知识点）。

小说以塑造人物形象为中心，通过故事情节的叙述和环境描写来反映生活。

小说三要素：人物、故事情节、环境描写。

小说的情节有四个阶段：开端、发展、高潮、结局。

小说按篇幅长短可分为：长篇、中篇、短篇、小小说。

2. 本文讲述了一个什么样的故事？请简要复述课文主要内容。

课文一共写了几个场景，分别发生了什么事？梳理故事情节。

教室里 1～17	想在公开课上朗读课文
树林中 18～27	独自在树林中朗读课文
教室窗外 28～44	在教室窗外听人朗读课文
公开课上 29～59	在公开课上朗读课文

三、赏析人物，探究主题。（具体：描写京京的段落或句子）

1. 板书问题，学生思考回答：

（1）《万卡》为什么那样打动李京京？

（2）京京为什么渴望朗读课文？

2. 本文主要用什么方法塑造人物？

心理描写。

3. 什么是心理描写？

心理描写是对人物在一定的环境中所产生的感触、看法、联想、情绪、意愿等的描写。它是人物思想、感情、性格的内在表现。使人物形象刻画得真实、丰富。

从文中________看出李京京________心理，表现了________。

例子：17 段：京京垂下头。他多么喜欢这个故事啊！……朗读课文难道一定要唱歌的嗓子吗？

从“垂下头”这个动作中，可以看出李京京失望、丧气、难过的心理。“他多么喜欢这个故事啊！……朗读课文难道一定要唱歌的嗓子吗？”是心理活动描写，反问句表现京京渴望在公开课上的愿望。

4. 人物形象分析。

文章运用了细腻的心理描写，刻画了一个真实、自然，让人倍感亲切自然的人物。

（1）在小说的主人公李京京身上你看到了什么？

提示：教室里老师不让京京读课文、教室窗外偷听别人读课文、公开课上自己朗读课文。

表现主人公自信勇敢，对生活很执着，不轻言放弃。朴实真诚，善良宽容，等等。（言之有理即可）

（2）你喜欢程老师吗，说说为什么？

提示：外貌描写，语言描写，神态描写，等等。

认真、负责，等等。（言之有理即可）

四、作业布置

作业：104 页课后练习小说为什么取名为《心声》？（课外引申内容）。

【教学反思报告】

《心声》课后反思

王 燕[①]

这是一篇比较长的小说，但是只能上一节课。于是在备课的过程中，

---

① 作者单位：遵义市湄潭县茅坪民族中学。

就找不到很好的切入点。虽然根据上一阶段“王荣生理论”的学习，采用了阶梯教学设计，但只是对教学的各个环节有了一个清晰的认识。其每一个阶梯所包含的内容还是含糊不清的。于是我就按照平时上课的习惯，进行备课，套用在阶梯上，经过起点、整体感知、跳读思考、分析人物、探究主题、终点等六个阶段。然后发现内容多而杂，一节课上不完。于是又开始整合教案设计，变成了四步：起点、整体感知、赏析人物、终点。

并最终形成的《心声》教学设计：

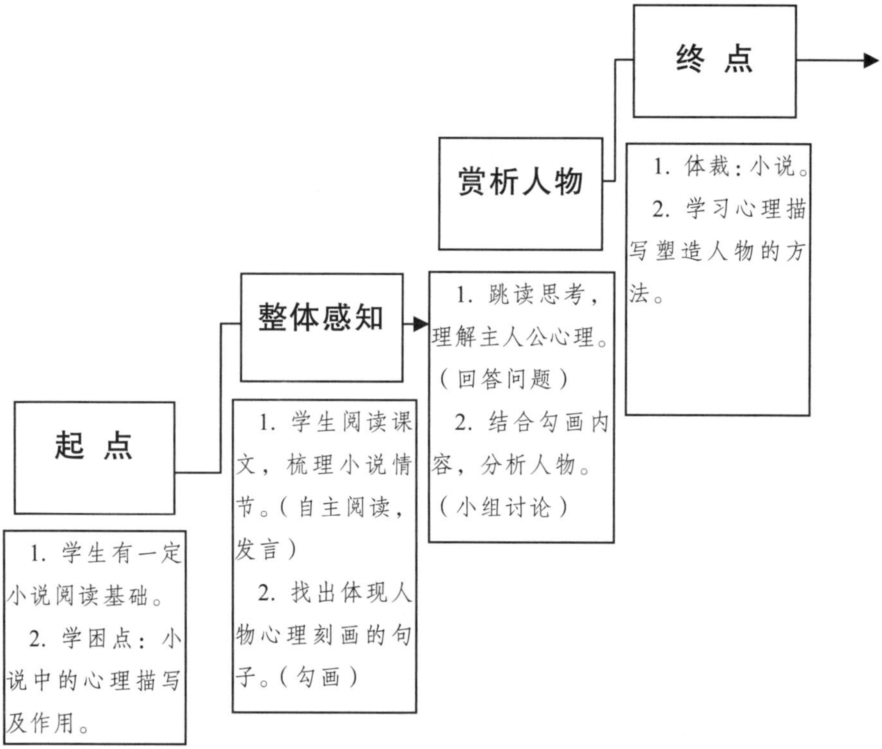

在上课的时候，没有对题目“心声”进行解说，明确一个导读方向，于是学生在阅读课文时没有方向感。整体感知阶段，学生知道这是一篇小说题材的课文，知道主人公李京京喜欢“万卡”，想朗读《万卡》这篇文章，程老师不准，京京便在小树林偷偷地读。因为时间的原因，在这个环节中我替代学生梳理情节，使学生对小说情节梳理不完整，对课文不理解。我问“文章主要用什么方法来描写人物的”时学生参差不齐回答："心理描写。"学生知道心理描写，我又问，"什么是心理描写？"这时没人回答。我又说道，也就是心理描写的概念，还是没人回答。于是我又说，"现在你们拿起笔，做一些笔记，什么是心理描写……"我念一句，他们写一句。将心理描写概念灌输给他们，且没有在文段中对心理描写这个概念进行分析。

紧接着进行第二阶段，赏析人物。指着板书问题，让学生思考，"1.《万卡》为什么那样打动李京京？2.京京为什么渴望朗读课文？"这时有学生单独起来回答，他们有相同的经历，相同的身世。我肯定了他的答案，并且让其他同学也翻到书中文段，此时应该让学生齐读，但是我又替代了他们。接着第二个问题，发现冷场，没有学生回答，于是我又开始自己解答：京京要发泄他内心的情感，爸爸妈妈对她不好，所以他思念对他好的爷爷，很想回到爷爷身边。在学校他没有朋友，想念小伙伴妮儿了。这时有些学生开始昏昏欲睡。于是我提出新的问题，我们来看一下李京京的心理历程，并且在黑板上边板书边说："从——（哪里）可以看出李京京——（怎么了），表现他——心情（怎么样？）。"在这个时候，我列举了一个例子，对板书的句式，进行了样式的回答，让学生按着这个样子，在书中找出例子分析，为人物分析打基础。但是学生有一大半开始做其他的事了，我一着急，就自己翻开书，开始列举表现京京心理活动的语段，分析人物。学生就翻书看着语段，听我讲人物分析。完了以后，我说，现在来看看程老师是一个什么样的人，喜不喜欢她，为什么？问题一完。我又说道，现在我们给他们打标签？反应者寥寥无几。"我们看到书上陈老师外貌描写的部分，书上……"我又替代学生活动。快下课了，我又匆匆开始布置作业。

我反复问自己，为什么出现这些问题。归纳起来有：1. 自己对文本解读不透彻，没有一条清晰的主线贯穿课堂，不敢放开课堂。（内容分析）2. 过高估计学生学情。没有留下足够的时间给学生思考问题。（学情分析）3. 问题零碎没有价值，与学生交流不足。4. 没有调动学生积极性。5. 在进行教学设计前没有对学情有一个准确把握和分析，做好准备。6. 在课堂上没有随时捕捉学情，调整教学内容，致使学生在课堂上昏昏欲睡。

【观课报告】

语文教学目标的确定与教学内容的选择

肖序红①

长期以来，语文教学低效、微效甚至无效的主要原因不是我们不努力，而是我们对“教什么”这个方向性的问题缺乏足够的重视。从某种程度说，“教什么”决定了应该“怎么教”，并影响着“教得怎么样”。就教学的有效性而言，“教什么”比“怎么教”更重要。

王荣生教授提出，语文课“好课”的最低标准是：

(1) 教师对自己的教学内容有意识，即知道自己想教什么、在教什么，并且知道自己为什么教这些内容。

(2) 一堂课的教学内容相对集中因而使学生学得相对透彻。

但该课程教学实际并非如此，问题有两个方面：

(1) 目标意识不强。

我们在平日备课，首先不是看教材，而是看教参。看教参是怎么分析教材，怎么确定目标，提供了哪些教学建议，安排了哪些课堂练习，甚至还会去查有哪些教师上过这一课，有哪些现成的教案、教学设计。然后，才匆匆地跟教材“见上一面”。教师备课时最不关心的教学目标，只是被当作一个条目抄到备课本上，如此而已。

(2) 教学内容模糊。

我国的语文教材基本上是“文选型”教材。除了少量课文是编者根据教学的需要编写的以外，大部分选自以文学作品为主的各类著作。可以说，几乎没有一位作家在写作时就预见到自己的作品以后要让老师当教材去教，让孩子们当学材去学，作家并不是从教学的角度来写作的。

语文教材不等于教学内容，由于课堂教学的时间有限，教师和学生的精力有限，我们必须对教材作“二度开发”，而不能眉毛胡子一把抓，看见什么教什么，这就是说要“用教材教”而不是简单地“教教材”。

我们应该旗帜鲜明地提出了“和‘内容分析’式的阅读教学说再见”，当阅读教学跟“内容分析”分手后，我们该教什么？这就涉及教学目标

---

① 作者单位：遵义市习水县东皇中学。

的确定和教学内容的选择。

一、确定适切的教学目标

教学目标是师生在课堂教学活动中预期达到的效果标准。也就是通过教师的教学，学生应当“学到什么程度，达到什么质量标准”。教学目标具有多方面的功能：

① 导向功能，指引着教学活动的方向。

② 评价功能，是评价教学活动的主要依据。

③ 调节功能，影响并制约着教学程序的设定和教学策略的选择等。

④ 激励功能，教学目标的实现对师生双方都能起到一定的激励作用，等等。因此，确定适切的教学目标尤为重要。

在确定教学目标时，我们还要特别注意课文特征与课后练习。一篇篇课文如同一个个人，其特点是十分鲜明的，每一篇课文所承载的教学目标都应该带有该文本特有的标记。教师要深入解读文本，充分把握文本特点，找出在语言表达上具有某种规律性的、可迁移的、可概括类化的语言现象作为教学目标与内容。再说一篇课文的内容是极为庞杂的，我们要选择那些最能体现课文特征的内容来教；而课后练习是语文课程内容建设一个不可或缺的组成部分。语文课“教什么”在很大程度上是由课后练习或明或暗指示给教师的。

就阅读教学而言，阅读不同样式的文章，课程标准也有相关要求——阅读叙事性作品，了解事件梗概，简单描述自己印象最深的场面、人物、细节，说出自己的喜欢、憎恶、崇敬、向往、同情等感受；阅读说明性文章，能抓住要点，了解文章的基本说明方法；阅读诗歌，大体把握诗意，想象诗歌描述的情境，体会诗人的情感。受到优秀作品的感染和激励，向往和追求美好的理想。如王燕所上人教版《心声》一课制定了如下教学目标：

1. 简要复述小说情节，培养学生概括能力。
2. 分析和评价小说人物形象，理解“心声”的含义。
3. 学习本文运用心理描写塑造人物的方法。

二、选择合宜的教学内容

语文教学内容不等于语文教材内容。在语文课上，我们不能将语文教材内容当成语文教学内容去“教课文”，应该以课文为“例子”，指导学生掌握语文知识、语文方法和语文技能，即“用课文来教语文”。

教科书是语文教学的重要依据。教材中具体的一篇文章则提供了一种可能性，蕴含着许多“可以教”的内容。我们应该重视语文教材资源，最大限度地发掘教材的教学价值。但是，不可能是所有的教学价值点都需要教学，我们必须有所选择。

一篇课文的教学价值在什么地方呢？它是教和学的内容的载体，它肩负的责任不仅是让学生获取信息，更主要的是让学生学习如何运用语言传递信息的。

言语形式的学习内容主要包括三方面：一是积累丰富的语言材料；二是学习掌握一些基本的语言形式的知识；三是体会语言形式对内容表达所起的作用。

教学目标是师生通过教学活动预期达到的结果或标准，是对学习者通过教学以后将能做什么的一种明确的、具体的表述。主要描述学习者通过学习后预期产生的行为变化。教学内容服务于教学目标，旨在达成教学目标。故教学内容的选择要紧扣教学目标，而不是教师想教什么就教什么、教师能教什么就教什么。

落实到一篇具体的课文上，教学内容选择和教学目标确定应当是一个反复互动的过程：根据目标选择教学内容；选定教学内容后修改教学目标，不断考虑教学目标的合理性和内容选择的适切性，才能产生良好的教学效果。

【评析】

没有多少谈《心声》的教学内容，要将所学到的理论与王燕老师《心声》教学内容紧密结合起来，进行分析研究，方能有的放矢。

教师课堂语言的技巧
——《心声》课堂语言上的得失

唐文英[①]

有位教育家曾说过：“干练的教育者就像卓有成就的音乐家一样，他们日积月累的苦练技巧，一旦获得技巧之后，就能运用自如，不露痕迹。”

---

① 作者单位：遵义市湄潭县石莲中学。

语言是人们进行相互交往和思想交流的工具，语言表达能力的如何，对任何人都很重要，对教师来讲就更有特殊意义。语言是教师向学生表达思想，传授知识，传播文明，启迪学生智慧，塑造学生心灵最基本的工具和桥梁。教师语言表达能力的强弱直接关系到教育、教学工作的成败。它对于学生语言能力的培养、智力的发展、思想觉悟的提高具有直接或间接的影响。因此，古今中外的教育家都十分重视教师语言表达能力的提高。《学记》中就曾提出“其言也约而达，微而臧，罕譬而喻”。就是要求语言简练而清楚，精细又要体贴。教师的语言，除需遵循一般的语言要求外，还要具有教育工作者的特点，比如，在日常教学活动和师生交往中，要求教师的语言不仅要简洁、生动、准确、清晰、通俗，而且还要富有一定的情感性、幽默性、节奏性和穿透力等。根据《心声》这一堂课，谈谈课堂中教师语言的技巧性。

一、教师语言要讲普通话，具有规范性

作为一名教师不仅要求会说普通话，还要符合语言的规范性，不仅要发音标准、吐字清楚、用语准确，还要修辞恰当并符合语法规律，以防止各种语病的发生。所以，教师在传授知识时，如果语言不符合规范，就不容易把概念交代清楚，就达不到“传道解惑”的功能。另外教师的语言，又是学生的榜样，对学生今后人生和事业的发展影响很大，因此，不论是课堂教学客观需要，还是从纯洁民族语言的角度上讲，教师的语言都必须规范化。在这堂课上，教师使用了普通话，但普通话不很标准，而且口头性、习惯性语言太多，这会影响到整堂课的表达效果。

二、教师语言要准确明晰，具有科学性

作为一名教师，要想上好一堂课，或想给学生解释一个问题，不仅要求教师上课要善于用周密的语言和精确的词汇去表达概念或阐述定理公式，进行分析综合，推理判断，使学生能够听得懂，学得进、理解深。要达到这一目标，首先必须要求教师的语言表达具有一定的科学性。因为，教师所教的各门学科，不论是自然科学，还是社会科学，都是科学知识，而学生所接受的也应是准确无误的科学知识，要做到这一点，就必须保证师生交流媒介——语言表达的科学性。新课中“理清故事情节”这一环节有这样一段对话：

师：请问，同学接触过小说这种文学体裁吗？

生（众）：接触过。

师：那么老师链接一个知识：小说的三要素是什么？

生：人物、故事情节、环境。

师：非常正确，小说正是通过一段段精彩的故事情节，为我们塑造了一个个经典的人物形象。大家回顾本单元：面对强敌，处变不惊，巧设空城计，吓退司马懿，我们认识了——

生2：诸葛亮！

师：发现水帘洞，带领众猴入洞居住，被拥戴为王，我们知道了——

生3：美猴王！

师：可见，故事情节是塑造人物形象的主要手段之一。前一课时我们已经初步阅读了这篇短篇小说，这节课我们来理清故事情节，分析人物形象，理解作者以“心声”为课题的深刻含义。

这段对话中，老师的目的是让学生从小说的三要素入手，对这篇文章的基本信息有所了解，但在这一过程中，他科学地把学生熟悉的人物故事和课文结合，让学生从根本上了解学习本科应从何处入手。

科学的语言应当是周到严密、含义明确、措辞精当、不生歧义的准确语言，只有这种科学的语言才能给学生以清晰的正确认识。

三、教师语言要简洁练达，具有逻辑性

一名优秀教师的语言应当像剥竹笋式的，虽然层层叠叠，但却非常富有层次感。所以，教师的语言表达要简洁明快、干净利落，既准确又干练，句句连贯，层次分明，具有内在的逻辑力量和高度的概括水平。只有这样，才能较好地启迪学生的思维活动，达到事半功倍的效果。所以，教师的每一个问题，每一个字都要紧扣教材中心，起到应有的作用。在这堂课中，教师额外的没有用的语言太多，学生注意力太多放在了老师其他语言上，课堂上笑料太多，有时学生觉得老师并没有正式开始上课，所以，有些学生开始打瞌睡、做小动作等。如，在开课时，教师一问学生的心声作为导入，就这一问题，教师一直追问：为何？怎么样实现？等等，这些问题既花费了很多时间，又远远的偏离了教学中心，使这堂课的目标变成了理想讨论课。为此，教师应对教材进行书面加工、提炼、斟酌，尽量用最简洁的语言表达最复杂的内容、用最明快的语言

表达最丰富的内涵，也是语言逻辑性的内在要求。

四、教师的语言要生动活泼，具有形象性

所谓语言上的形象性，就是要求教师在上课时的用语要新鲜活泼、生动形象，将抽象的概念具体化，枯燥的知识趣味化，深奥的哲理形象化。使学生“如临其境”“如见其形”“如闻其声”，客观上看，运用富有趣味的语言讲授，能够引起学生的直接兴趣，并可在趣味之中，完成向学生揭示科学概念的全过程，从而使学生能够听得进、记得牢。因为流畅生动的语言，是思维的外衣，是打开学生心灵、挖掘学生智慧宝藏的“金钥匙”。在《心声》教学中，教师为了加深学生对课文中主人公京京的认识，用了这样的问话：“若干年之后，也许你不记得有一部表现家庭教育观念的情景喜剧《家有儿女》，但那个性情冲动、爱以“新新人类”自居的 14 岁的顽皮小子，你一定会立刻喊出他的名字——刘星！同样，这篇小说也塑造了精彩的人物形象。通过刚才重温故事情节，那么哪个人物你印象最深呢？”这样的语言既生动，又能提起学生的兴趣，而且，在语调上，跌宕起伏，有高有低，有轻有重，是说话能使人注意的重点。课堂上，教师语言既要吸引学生注意力，又要让学生能抓住课堂的重点。形象生动的语言，必须具备思维的优良品质，如思维广阔、深刻、灵敏等，同时又必须掌握适当数量的词汇。以作为提高语言表达能力的补充，否则，语言教学的形象性也就无从谈起。

五、教师语言要有情感，具有穿透力

有情感的语言，能激发学生的学习热情，能激起道德情感的共鸣。有时慷慨激昂，有时心平气和，使学生在庄重的语言中感到激动，在流动的语言中体味宁静，在几秒钟的寂寞中领会出千军万马欲待出征的意境。在《心声》教学中，教师在教学生理清故事情节时这样问：“假如我们把这个故事拍成一部电视连续剧的话，下面请同学们结合课文讨论一下，拍成几集比较合适？”这个问题虽然新颖，也能让学生进入思考，但大部分学生不能步入正轨，因为学生不是导演，更不知道拍电视剧分级有何要求，甚至有学生说不感兴趣。这主要是老师在要求学生时，没有正确的创设情境，学生没有把自己的心情带到这样的环境中来，最后答案由老师自己讲了出来，学生没有被成功带入。

总之，教师语言表达能力的强弱对一堂课的好坏，有着非常重要的影响，而教师语言表达能力的提高也非一日之功，需要在今后的教学活动中，不断地进行探索，日臻完善起来。

苏霍姆林斯基曾说过："教师的语言修养对学生在课堂上的脑力劳动起着决定性的作用。"高度的语言修养是合理利用教学时间的重要条件，教师如果不能用儿童可以接受的、鲜明的语言表达清楚事物的现实和概念，因而不得不多次重复讲解，这是多么浪费时间啊！如果教师的引到不到位且说话啰唆不易理解，学生也不能够发挥自己的想法，因为这样即使说出来答案也可能是答非所问。如此看来教师的语言在教学过程中对学生有着很重要的意义。

教师的语言会给学生营造不同的学习环境，如果你的语言过于严肃，整个课堂气氛就会很沉闷；相反教师的语言很幽默，整个课堂气氛就会很活跃很愉快。对于语言方面的感悟笔者个人的感受还是比较深刻的，教学的时候我采用比较死板的话语，学生在课堂上虽不捣乱却不能够积极配合老师，而看到指导老师采用的较幽默轻松的语气教学，学生们也感到轻松了，不仅课上的积极性调动起来了，还营造了一种比较好的课堂氛围。

《心声》课例分析

李素娟[①]

本文根据相应的理论（阶梯教学理论以及自己的教学经验），分析王燕老师《心声》的教学。

教学环节在教学过程中起着非常重要的作用，关系到能不能在教学中体现以教师为主导、学生为主体、训练为主线的原则。教学环节设计得好，就能很好地达成教学目标。王燕老师的《心声》教学有四个环节。

第一环节：课前预习。主要是掌握字音和了解作者黄蓓佳作品的，这些内容可以让学生自己课外解决，毕竟他们是初三的学生，相应自我学习能力还是具备的。

第二环节：阅读课文，整体感知。主要让学生自己读书解决：1. 小说的概念；2. 小说三要素；3. 小说按篇幅长短分类；4. 梳理故事情节。教学目标 1、2、3 没必要在课堂中明确提出来讲，让学生先梳理课文中

---

① 作者单位：遵义市习水县二郎中学。

的几个场景情节，再引导学生思考这篇小说要表达的是什么，并用自己的话表达出来。只要这个问题解决了，其实小说相关的知识就已经慢慢渗透，关键在于重在学生理解。

第三环节：赏析人物，探究主题。设问题“万卡为什么那么打动京京”，“京京为什么渴望阅读课文”，让学生看课文回答后引出课文主要刻画人物的方法——心理描写，并以“从文中——看出李京京——心理，表现了——”的句式要求学生在课文中找出心理描写的句子。这篇课文很长，课文有几个场景来展现人物，如果可以不“广撒渔网”，选一个或者二个场景来细细挖掘，让学生弄透人物的刻画方法，而不需刻意去学心理描写的概念。“赏析人物，探究主题”，既然我们是要从人物赏析上来探究主题，就要通过刻画人物的方法去分析人物形象，再把人物形象放在故事环境中去探究主题。那么，本课刻画人物的主要方法是心理描写，如果只有心理描写，能不能把人物形象鲜活地表现出来？如果不能，要怎么样才能把人物写活呢？学生知道了这些，教学目标 3 和目标 2 就达到了。如若提出来，写成“例文”做第二课时的教学是否会好些？

第四环节：作业（课外）。“小说为什么取名为《心声》？”布置的作业其实是教学目标“理解‘心声’的含义”，只要学生理解了心声的含义就已经知道了小说取名“心声”的原因。把第三环节中问题“你喜欢程老师吗？为什么？（提示角度：外貌，语言，神态等）”做一个片段描写或者课堂中的口语表达是否会好些？

在教学环节的设计时，一定要注意教学内容的选择，教学环节时间的分配，师生活动和时间的分配，问题的相关性和逻辑性，等等。这些都是影响目标达成的重要因素。

【专题指导】

课例研修活动指导总结

张荣刚[①]

一、教学设计指导

教学设计关系着教学过程是否能够有效、有序地进行，直接影响着

---

① 作者单位：贵州师范学院。

教学效果。“阶梯式”教学设计，符合知识认知、学习的特征，对于中小学教学是一种非常有效的教学设计模式。然而不管是“例文”还是“样本”，除了教学内容中的知识点、知识链之外，各个环节之间的逻辑关系也是非常重要的，因为这种逻辑关系正是“阶梯式”的体现。

就上述四位老师的教学设计而言，对于课文的分析解读，知识点、知识链的提炼和梳理，一般都能够予以较好的把握。其不足之处主要体现在两个方面：首先是知识点之间的逻辑关系未能在“阶式”中很好地体现，其结果必然导致学生只是学到是“知”，而不是“识；其次是课文深度解读能力的不足，仅仅流于参考书的层面，当然这与教师个人的专业能力和素养有着直接的关系，非一朝一夕所能够达到的。

二、课例研究总结

课例，指的是实际教学中的一个例子，是对一个教学问题、教学决定的再现和描述，即“讲述教学背后的故事”。课例研究则是以教师的教学实践活动为基础，通过对一个教学例子的全程描述或其中若干件教学事件的描述，使之形成个人反思的对象、理论研究的素材或供他人学习的范例。其目的是为深化教学研究提供了有效的途径，并进而不断提高教师的教学水平。

文学院“国培计划”（2015）置换项目初中语文学科在培训过程中，在理论学习的基础上，结合课堂教学实践活动，以小组的形式进行相应的课例研究活动。目的是促使参训学员能够将理论与实践有效地结合起来，并通过反思、总结和研究等形式强化培训效果。作为指导教师，我有幸参与到此次国培学员的培训学习之中，并针对第六小组参训学员予以指导交流。此次课例研究活动，是以王燕老师于 2015 年 11 月 3 日在华麟学校初三（4）班所上《心声》为研究对象。

王燕老师针对《心声》这堂课，立足于小说这种文章体裁的特点，以故事情节、人物形象的塑造等方面作为解读课文的关键点，较好地抓住了教学内容中的核心所在；以“阶梯式”进行教学设计，既体现了由浅入深、由易到难知识认知的特点，又将知识点以较强的逻辑关系变为知识链；在教学过程中，能够适当激发学生的兴趣，从而使作为课堂主体的学生易于学习、掌握相应的知识。其不足之处，主要体现在对李京京心理活动描写的解读不够深刻、分析不够透彻。

通过课堂中的实践过程，根据其实际的教学效果，王燕老师也对其教学设计、教学活动进行了反思和总结。首先，反思其教学活动过程，总体上属于学生处于被动接受知识的过程，没有予以较好地引导，针对课文中的难点存在灌输式的讲解。其次，反思了其教学内容的安排。具体而言主要存在以下几个问题：

1. 自己对文本解读不透彻，没有一条清晰的主线贯穿课堂，不敢放开课堂。

2. 过高估计学生学情，没有留下足够的时间给学生思考问题。

3. 问题零碎没有价值，与学生交流不足。

4. 没有调动学生积极性。

5. 在进行教学设计前没有对学情有一个准确把握和分析，做好准备。

6. 在课堂上没有随时捕捉学情，调整教学内容，致使学生在课堂上昏昏欲睡。

总体上而言，其问题主要体现在内容分析、学情分析、教学方法以及对教学过程的控制等方面。

针对王燕老师《心声》课例，肖序红老师从教学目标、教学内容两个方面总结了其存在的问题。肖老师依据王荣生老师提出的语文“好课”所应具有的最低标准，分析了教学过程中易于出现“目标意识不强”“教学内容模糊”的现象，从而认为教学目标应该具有“导向”“评价”“调节”“激励”的功能；至于教学内容，则没有详细的、系统的论述。

整体上而言，肖老师关于《心声》的课例研究，虽然注意到了教学活动中的主要环节，但是就课例研究的目的与意义来说，未能达到预期的效果。并没有结合《心声》课例中的教学目标、教学内容来谈其得失，需要针对《心声》一课的教学效果进行分析，并进而分析王燕老师“教学目标”的得与失，也要将所学到的理论与王燕老师《心声》教学内容结合起来而进行分析研究。

唐文英老师从语言方面，总结和分析了王燕老师《心声》课堂语言上的得失。唐老师从课堂语言的“规范性”“科学性”“逻辑性”“形象性”和“穿透力”五个方面，分析了语言在教学活动中的重要性，并进而认为《心声》一课的语言在“情感”“具有穿透力”“逻辑性”方面存在着不足，如“老师在要求学生时，没有正确的创设情境，学生没有把自己的心情带到这样的环境中来，最后答案由老师自己讲了出来，学生没有被成功带入”。诚然，教师语言的使用关系着教学效果的好坏，是课堂上向学生表达思想，传授知识，启迪学生智慧，以及塑造学生心灵最基本的工具和桥梁。但从课例研究的方面来说，唐老师的总结和分析未能有效地与《心声》一课相结合，从而失去了进行课例研究的真正目的和意义。

李素娟老师从《心声》一课的四个教学环节，分析了其教学过程中的得失。在“课前预习”环节，李老师认为“掌握字音和了解作者黄蓓佳”等，可以让学生自己了解，因为“毕竟是初三的学生”；对于“阅读课文，整体感知”，像小说的概念、要素和分类等知识点，“没必要在课堂中明确提出来讲”；在“赏析人物，探究主题”环节中，“选一个或者二个场景来细细挖掘，让学生弄透人物的刻画方法，而不需刻意去学心理描写的概念”；对于最后的作业环节，关于对“心声”的理解，李老师亦有不同的看法。

教学环节是教学活动得以有效开展的重要部分，教师在教学活动处于主导地位，学生则处于主体地位，“主导”不等于教师在课堂中唱独角戏，“主体”也不意味着教师在课堂上置身事外。“主导”引导着“主体”去学习、认知，并发挥“主体”的主观能动性，只有这样，才有可能达到预期的教学目的和教学效果。

总体而言，四位教师针对《心声》的课例研究，各有侧重，各有特点，但也存在明显的缺陷。王燕老师是在反思的基础上，对其《心声》的实践教学活动进行总结和分析，而并没有针对存在的问题提出行之有效的策略，并没有起到课例研究的目的和价值。其他三位教师的分析和总结，未能与《心声》一课的实践教学活动紧密结合，其研究的价值仅仅是认识到了所研究对象在教学活动中的重要性。

课例研修八 《文从字顺》

兰石洪[①]

【背景】

活动主题：探讨《文从字顺》的上法。

活动方式：《文从字顺》课例研修。这是2015年10月在贵阳十九中"国培计划"跟岗研修期间，完成的一节七年级汇报课，研修形式是以小组为单位，以这堂课为研修对象。

活动流程：个人备课、上课，集体观课，各自选一个视角评课议课。

执教老师：国培学员尚国美。

听课老师：周光建、娄芳霞、杨占菊、段珊珊。

活动成果：课堂实录、教学设计、执教教师说课、教学反思、观课报告、专题指导。

【课堂实录】

师：上课，同学们。

生：老师好。（站起来）

师：同学们好，请坐。

师：在前面，同学们学习了在生活中去写作，是不是哈？都知道我们写作的素材来源于生活，在学习第二单元的时候，同学们还学到了我们的写作要说真话，抒真情，这样我们写出来的文章才能感人，才能打动人，是吧？那同学们你们在写作文的时候，包括你们小学的作文和你们到了初中的作文，都交给老师批改，是吧？老师给你们批改的时候，

① 此课例研修活动由兰石洪老师组织指导完成，并负责撰写课例研修专题指导报告、相关研修活动评议及活动成果整理。

可能会给你们修改一些句子，叫做批注，比如说你的这个词多余了，这两个词顺序又不对，这个句子可以删掉，删掉了更加通顺，表达更加流畅，有没有这样的问题啊？

生：（点头）

师：有没有？

生：有。

师：那么这就说明，我们在写作的时候，因为某一方面的原因，造成我们的表达不通顺，对不对？好，那我们在写作时就要做到通顺。所以，你们翻到书，今天我们讲的是第三单元的那个作文的训练内容，叫做《文从字顺》。

生：（翻书）

师：（多媒体展示“文从字顺”）翻到没有？

生：翻到了。

师：好，翻到语文书 83 页，这里有一句话，读一遍，看到了哈？齐读，83 页的第一段，看到没有？我起头，大家就读这一段，“文从字顺”起。

生：（齐读）

师：（举手示意），停，下面的不读了，好！下面我们来看几个句子和一个文段，（多媒体展示句子：1. 开刀的是他的父亲；2. 一百多年前，英法联军烧毁并洗劫圆明园，对这段惨痛的历史，我们怎能不忘记？）大家可以看这两句话，看了之后，觉得有没有问题，有问题把它改过来，改得没有问题，把你们改的内容写在这张纸前面的几行，同时把它标注顺序，好不好？现在你们观察，就改。

生：（动笔）

师：后面的同学能看得见吗？

生：（沉默）

师：（走到后面问一个同学）看得见吗？

生：看得见。

师：看得见哈，看得见就读句子，你认为有问题的怎样把它改得没有问题，然后写在纸上，好不好？

生：（沉默）

师：（沉默一会）一个句子一分钟能够完成吗？能不能完成啊？两个句子三分钟可以吗？

生：可以。

师：可以，好（走动、观察）好，同学们都要抓紧哈（看表）有提前写完的没有？哪位同学写完了？举个手好不好？（微笑）

生：(沉默)

师：没写完是吧？（走到一个男同学旁边）你写完了吗？（看了一会）把你写的念一下好不好？

生：(站起来)

师：(递话筒)

生：我改的第一句是“是他父亲开的刀”。

师：好，第一句改的是“是他父亲开的刀”，你的意思是说开刀的是谁？

生：是他的父亲。(笑)

师：哦，是他父亲开的刀，他的父亲是开刀的人，那我问你，如果是在医院，他的父亲是什么人？

生：(沉默)

师：你写的这个，是他父亲开的刀呢，那他父亲是什么人？

生：医生。

师：对了，在医院是医患关系，那么就是说，他的父亲是医生，他给别的病人开刀，做手术，对不对？

生：(点头)

师：好，请坐。同学们，他的表达清楚吗？听清楚没有？

生：清楚了。

师：好，清楚了。(问一名女同学)，你写完了吗？

生：写完了。

师：那你起来念一下你的句子好不好？

生：给我开刀的是他父亲。一百多年前，英法联军烧毁圆明园，这段惨痛的历史，怎能忘记？

师：好，同学们看她的第一句话改得怎么样？可不可以？

生：可以。

师：意思讲明白了没有，讲明白没有？

生：明白了。

师：好，讲明白了。她说“给我开刀的是他父亲”就是说，他的父

亲是医生，我是病人对不对。（面向刚回答问题的同学）

生：对。

师：好。这个句子，开刀的是他的父亲，我们要把它改过来。这是什么问题啊，这叫什么问题？（面向一位女同学）

生：缺少主语。

师：这不是缺少主语，哪个同学知道？

生：句中的词语颠倒。（男同学）

师：同学们还（没）找到是吧？我给大家讲一下，这个句子“开刀的是他的父亲”是表意不明，产生歧义，到底是他父亲是医生给别人开刀，还是病人被别人给他开刀。明白没有？开刀的是他的父亲，到底他父亲是病人还是医生，是不是不明白啊？像刚才这位同学改的就明白了，那改的第二句话，她说。（让刚才回答这个问题的女同学再念一遍自己的答案）

生：（大声念）

师：好，你找到了两个问题是吧！“英法联军烧毁圆明园”对吧？你把“洗劫”删了（面向回答那位同学）好，然后她还删了一个地方，大家看到没有？

生：（小声念）

师：她把哪个地方删了？

生：“不”。

师：“不”，同学们，你们是不是这样改的啊？然后她……注意“烧毁并洗劫圆明园”，我想请这位同学来讲一下（走到一位女同学面前）

生：“一百多年前，英法联军烧毁并洗劫圆明园，对这段惨痛的历史，我们怎能忘记？”

师：我们怎能不忘记，否定词“不”有问题是吧？同学们，赞不赞成她这种改法？

生：赞成。

师：好，这位同学找到的“不”，这里是什么问题呢？是滥用否定词，造成了不符合逻辑，对这段惨痛的历史，我们是应该忘记，还是不能忘记？

生：不能忘记。

师：对，我们是不能忘记，如果这段惨痛的历史忘记了，还是中国人吗？我们被别的国家欺负，这样的历史你都能够忘记啊？能不能忘记啊？

生：不能。（摇头）

师：不能，好。还有一个地方，“烧毁洗劫”请这位同学讲一讲。（走到一位女同学前）

生：“洗劫”和“烧毁”是可以互换的。因为当时英法联军是先把圆明园中有价值的东西洗劫，然后把不能带走的宝物烧毁。所以，这个地方应该是可以转换的。

师：你的意思是在词语上有问题？

生：（点头）

师：这位同学找得好。也就是“烧毁并洗劫”这两个可以互换一下，它搭配不当，应该是先洗劫，再烧毁，对不对？我先抢了，拿不完的再干什么啊？全部烧毁。说明他们侵犯我们中国的时候，手段非常残忍。好，看来同学们积累的知识还是不少，好，下面我们再来看一段（多媒体展示：“妈妈”，最简单的称呼，可是又不简单，简单之中包含最亲切、最有磁性的东西；“母爱”，最平凡的爱，可是又不平凡，平凡之中包含最伟大、最无私的东西）能够看见吗？大家齐读一遍，齐读一遍，看这个句子有什么问题，“妈妈”起。

生：（齐读）

师：（看表）这一段有点长，大家就不写在纸上了好不好？

生：（点头）

师：好，给大家思考 5 分钟，我找同学起来说，好不好？看这段话有没有问题，如果有，请改一改，如果没有，没有要改不改啊？（加大语气）没有要改不改？

生：（摇头）

师：没有问题改什么呢，没有问题就不改。（沉默一会）好，给大家一个提示，翻到你们的课本 83 页，看到 83 页最下面那个框。（生翻书）

师：看到了吗？提示一下。（过了一分钟）找到问题没有，这段话的问题在哪里？请一位女同学回答。（走到面前）

生：这段话的问题是重复啰唆，“简单”和“不简单”、“平凡”和“不平凡”这里。

师：好，坐下。也就是说，重复得太多，对不对？好，累赘（生点头）那么，重复累赘的内容多了，有必要吗？有没有必要？（生摇头）没有，我们可以把它怎么样？（生小声说“去掉”）去掉，把它删去，好，

你们认为是哪句话或者哪句话多余了呢？（话筒给了一位女同学）

生：可删掉“可是又不简单”和“可是又不平凡”。

师：大家赞同吗？（生赞同）她讲得太好了，多一个字她也不删，少一个字它的表达也不一样，她删得非常准确。好，大家给她一点掌声，好不好？

生：（鼓掌）

师：好，这一段话，它重复累赘的就是这里，“可是又不简单”“可是又不平凡”把这两句话删去，这段话就简洁了，明白了吗？（生点头）我们以上的这三个例子，出现的问题和我们平常在写作文的时候，在我们的作文中出现的问题是不是有类似之处啊？（生点头）好，有类似之处，那我们在写作的时候，对我们的作文需不需要改动啊？（少数回答：需要）如果出现了这些问题，需不需要改？

生：需要！（大声）

师：如果我们能一气呵成的把我们的作文写好，那么最好咯，但如果不能做到这一点，如果我们在写作文的时候，出现了这些问题，我们是不是需要多改啊？多改，就把我们的作文改得通顺了，（生点头）好，改的时候，可能有些词语需要调换位置，可能有些多余了，需要删去，可能有些词不用了也要删去。如果出现错别字，要不要改？（生答要）如果出现了标点使用不当，要不要改？

生：要改。

师：要，也要改。标点，我们有的同学说，标点我会用，这一段话前面全是逗号，后面全是句话，这我们称它叫什么，一逗到底。有没有这种现象？（生点头）我相信你们不会有哈。好，这些问题是影响我们的作文不能做到文从字顺的一个原因，（看表）那么，我们怎样才能做到，怎样才能避免这些问题的出现，如果这些问题出现了，我们又怎样去改动，把它修改，改动，这样我们的作文是不是就能做到通顺，就是我们今天讲的就能做到什么？“文从字顺”，那么，要让我们的作文要做到文从字顺，我们要注意哪些问题？

生：（沉默，翻书）

师：大家翻到语文书 84 页，一、二、三、四、五，把第五段文字齐读一遍，好不好。第五段文字中，就告诉了我们要注意的问题。“上面的例子提醒我们”起。

生：（齐读）

师：好，停一下，同学们上了几节课，可能有些疲倦了，我觉得声音不够大，我们声音再大一点好不好？我们从第三段开始，声音再大一点，好不好？

生：好。（大声）

师：你看你们的回答声音就足够大，再大一点，好不好？（生答好）那我起头，你们来读好不好？（生答好）“第三，”开始。

生：（齐读，大声）

师：这一遍就读得非常好。好，下面，刚才我们就说了我们这节课的内容，我们今天学习的内容就是要做到文从字顺，就是要通过修改自己的写的文章，让我们自己的作文达到文从字顺，所以，下一步，我们应该做点什么事情呢？（微笑）

生：写作。

师：下一步，我们应该做点什么事情呢？（生大声说写作）写一点文字，是不是？写一篇作文是不是啊？好，确实！同学们猜到我的安排了，下面我们就是要写作了，（多媒体展示写作内容，根据图片展示写一个 250 字左右的片段，想好再下笔，把语句写的连贯、顺畅。要求：注意观察细节，抓住总体特征，写出图画内容和你的感想。）下面，我要给大家一幅图画，根据这个图画的内容来写一个 250 字左右的片段，但是要想好了再下笔哦，把语句要写得连贯、顺畅。注意下边还有一个小要求，就是注意观察细节，抓住总体特征，写出图画内容还有你的感受。当然，就是说你可以自己发挥一下你的想象，知道了吗？请大家注意这个细节，可以是色彩和画的内容、形状，（看书）大家看清楚题目了没有？

生：（点头）

师：看清楚了，我就给你们图画。当然，图画上也有这些内容，只是没有那么详细。（多媒体展示图片）好，下面就观察图画，写一段……写一段话，在 250 字左右就可以了。就写在那张纸上，好不好？

生：（小声讨论）（无人下笔）

师：走动，和学生小声交谈。大家还考虑几分钟，是吧？抓紧时间写啊！（和学生交谈）

生：（疑问多）（交流）

师：十分钟好不好？（看表）抓紧写，刚才你们讨论的不算。从现

在开始，十分钟。（四处走看）

生：（开始写）

师：和学生交谈（大约过了十分钟）有写完的同学没有，哪一个同学写完了？

生：（一个男同学）写完了。

师：你的写完了是吧？如果写完了的同学，你们同桌，挨着的两个同学交换。交换读，你看对方哪个地方需要修改，给他提点意见，让他自己改，在原文上改，好不好？就在原文上改，原来写的不变，把需要改的圈一下，然后就把你改的那个词写在旁边，好不好？交换。

生：（相互交换改）

师：写完后交换读，给对方指出你认为需要改的地方。让他自己来改（看到一位同学帮别人改）对，让他自己改。（指一位同学）你读她的文章，你看她哪个地方需要改，你就给她说，字也好，错别字也好，标点也好，词语的顺序也好都可以。或者修辞手法你认为用得不恰当，你认为怎样改恰当，你给她改。就在原文上改，好不好？（走到另一组）交换了没有？哎，对了，挨着的两个组也可以交换。听懂我讲的什么意思了吗？（生答懂）你认为她哪个地方需要修改，你给他圈一下，然后你给她改，比如说，我认为你这个地方这样改，要好一些，字数不一定要写很多，200字也可以，你说你没写到200，只写到180，也是可以的。（走到一男生旁）你认为他需要改的，你给他画一下，给他说。你说，怎样改，改得更好。（走到另一边）你们两个交换一下。就在原文上改，她原来错的你不要删了，也不要抹掉，你就在她的旁边，上边、下边，左边、右边都可以。（到一男生旁）你读了他的吗？

一男生：读了。

师：你觉得他的怎么样，你给他改的什么地方？

一男生：（指出）

师：哦。在它一无所有的树枝上，我们看到树枝上是一无所有吗？

一男上：不是。

师：你认为有什么？

一男生：有各种各样的花。

师：不是一无所有哦，那你们相互改一下。（走到一女生旁）改好了没有？

一女生：好了。

师：(走过去拿话筒) 如果没改完的继续，我们改好的来看一看，她给你指出的是哪一个地方（一女生）拿着话筒讲好不好，她给你指出了几个地方。

一女生：有一个错别字。

师：哪一个错别字。哦，勇敢开放，之前写的“勇敢开方”。好，你起来把你的作文念给大家听一下，好不好？

一女生：(小声交谈，不愿起来)

师：我念好不好？

一女生：(沉默)

师：交流（一分钟后）好，请另一位女同学来读。她这篇文章只改了一个字，(另一女生突然坐下）还是由你自己来读是吧。(一女生）(交流）好吧，还是由另一女生读。

另一女生：随着冬天的降临……

师：这样吧，写完的同学，听她读。是你们班这个同学写的（一女生)，由她（另一女生）来读一下。好。

另一女生：随着冬天的降临，一切都仿佛被寒冬冻住了，树木失去了原本的生机勃勃，在寒风中摇曳，显得那样凄凉。但在这样的季节，唯有梅花不在夏天与百花争艳，而在冬日挺立绽放，远远地就能发现梅与其他树不同，稚嫩的花苞与枯枝的反差非常大，妖艳的粉色也在枝头显得格外生机勃勃，两只飞过的鸟儿看到如此绚丽的颜色，也不禁停在树上与他比较，是鸟儿的毛色更鲜艳，还是花朵更艳丽。其实，无论怎样，能在冬日里勇敢开放，也是值得赞扬的。

师：大家看一下，这篇作文写得好不好啊？（生答好）写出了这幅画的内容了吗？写出没有？(生答写出了)有她自己的感受和想象没有？(生答有）你看，写得这么好，应该让大家分享啊，是吧？让大家学习一下。好，她写得这一段啊，另外一个同学在给她指出修改以后，只改了一个错别字，好，只改了一个错别字，如果这个错别字不改，她的这个词肯定就有问题，通过另一位同学的指点，也提出建议，她的这个字改了，念起来就更加通顺了，“勇敢开放”但是她开始的时候写的“勇敢开方”把“放”字写错了，所以，你看，修改重不重要啊，一改就变得漂亮了。还有哪位同学愿意把你的拿来和大家分享一下，(一女同学举手)

是你自己念，还是我给你念，还是请同学给你念呢？

女同学：让她给我念。（指到另一女同学）

师：好，请你给她念一下吧。我先问你一下（举手女同学）你改动了几处，把你改过的圈出来，好，我给你提个建议（读的同学），先把她第一次写的念一遍，再把改动过的念一遍，好不好。懂我的意思了吧？

读的同学：懂了。“几处早莺争暖树，谁家新燕啄春泥”这是描写了一副生机勃勃的春景图，村居外，这初春的园林，竟是如此精彩，鸟儿伫立梅枝、枝头，鸟儿昂扬着头，一步一探间，自是弥漫着初春竟迷人的景致，“梅花香自苦寒来”，刚过去的严冬，不仅没有消磨那寒梅的顽强意志，反是令她以更盛的生命力傲放于此，这般活跃不屈的力量，本就值得我们学习。

师：你念的是她没有修改的时候，是吧？

读同学：（点头）

师：好，你在念一遍她修改之后的，她说她修改的是这里、这里（指着写的纸）一处，把描写改为了描绘，还有一个地方就是“更盛的”加了一个“旺”字，“更旺盛的”，你再把这两句话连起来，把这篇文章读一遍，好不好？（生点头）大声一点，好不好？

生：“几处早莺争暖树，谁家新燕啄春泥”这是描写了一副生机勃勃的春景图，村居外，这初春的园林，竟是如此精彩，鸟儿伫立梅枝、枝头，鸟儿昂扬着头，一步一探间，自是弥漫着初春竟迷人的景致，“梅花香自苦寒来”，刚过去的严冬，不仅没有消磨那寒梅的顽强意志，反是令她以更旺盛的生命力傲放于此，这般活跃不屈的力量，本就值得我们学习。

师：好，我来看一下（拿过读的那张纸）同学们听出来了吗？（沉默）听出来了吗？你听出来什么（问一男同学）她写了什么花？什么花？

一男同学：梅花。

师：大声一点！（梅花）看来这位同学还是认真地听哦，因为我看到有的同学好像不认真听，没有认真听这一课，所以我考察一下。看来还是听懂了的哈。好，她写的是梅花（看纸）但是，她是以这个春天的、写春天的这个诗歌来引起的，引出来的，是不是哈？好，刚才我们讲了，这位同学（写作文的女同学）她是修改了两个地方读起来就更加的通顺，所以，同学们，你们认为修改重不重要？

生：重要。（点头）

师：修改作文重不重要？

生：重要。（无精打采）

师：重要！好，那么今后同学们在写作文的时候，为了要让我们的作文达到文从字顺，（看表）也就是讲通俗一点，就是读起来通顺流畅，大家要多多的修改，好不好？

生：好。

师：好，能不能做到这一点（生答能）哎，大声一点，底气不足，能不能？

生：能。（大声）

师：能就好，好了，今天我们这个内容就学到这里，大家下去可以做一个内容，翻到书你们的课本 85 页，第二题，看到没有，在第一题的基础上，将写景或状物的片段扩展为一篇借景抒情或托物言志的作文，不少于 500 字。好了，刚才我们展示（多媒体）的是不是我们第一题？是不是？

生：（点头）

师：所以，同学们下去，可以把我们刚才写的片段再进行扩展，比如像刚才这位、这位同学的（刚念的两篇），再下去进行扩展，是不是就是一篇非常好的写景的文章啊？有的同学可能还没写完，没关系，下去再写，好不好？好，下课吧。

生：老师休息。（起立）

【教学设计】

文从字顺

尚国美[①]

教学目标：

1. 培养学生运用恰当的语句表情达意的能力。
2. 通过写作练习，培养学生理清思路、连贯表达的习惯和能力。
3. 以修改句子为载体，让学生学会连贯表达语义，养成推敲字句的

---

① 作者单位：都匀市瓮安县第三中学。

习惯，在写作时能做到文从字顺。

教学重点：

通过写作练习，培养学生理清思路、连贯表达的习惯和能力。

教学难点：

1. 培养学生运用恰当的语句表情达意的能力。
2. 以修改句子为载体，让学生学会连贯表达语义，养成推敲字句的习惯，在写作时能做到文从字顺。

教学方法：讲练法。

教学课时：一课时。

教学过程：

一、导入

上课，老师好，同学们好！请坐。

在前面，同学们学习了在生活中学习写作，知道写作的素材源于生活，写作时要做到说真话、抒真情，文章才会生动感人。同学们在写作时是不是遇到过语句不通顺，表达的意思不准确的情况呢？（学生回应）你们所说的这些情况往往是语句不顺畅，文不达意，表意不明确。今天我们就来学习写作时怎样做到文从字顺（板书展示文从字顺）。

二、展示内容

说说下述内容的表达是否存在问题，并谈谈原因。（点 1～3 人回答，展开教学。）

让学生读展示内容

1. 开刀的是他父亲。“开刀的”可以是主刀做手术的大夫，也可以理解为“被做手术的患者”。

2. 有一个八年级的学生学习了雨果《就英法联军远征中国给巴特勒上尉的信》后，写了这样一段读后感，其中有这样一句话：“一百多年前，英法联军烧毁并洗劫圆明园，对这段惨痛的历史，我们怎能不忘记？”

3. “妈妈”，最简单的称呼，可是又不简单，简单之中包含最亲切、最有磁性的东西；“母爱”，最平凡的爱，可是有不平凡，平凡之中包含最伟大、最无私的东西。

三、理论学习

用 PPT 展示要点，学生齐读课本第 84 页文段。

文从字顺是写作的基本要求，指的是语言表达符合写作内容的需要，表意准确，阅读起来通顺流畅。

上面的几个例子提醒我们，写作时要避免犯语句不通顺的毛病。那么，要做到文从字顺，需要注意些什么呢？

首先，语言表达要准确，避免产生歧义。比如“三个口腔医院的医生”，就有歧义，不如“三所口腔医院的医生”表达得那么清楚。

其次，要注意语句间的连贯，下笔前，最好先有个提纲或打好腹稿，这样思路就能比较连贯，下笔时一气呵成。不要断断续续，写一句停下来想半天，再去写第二句。

写作过程中，叙述人称不能随意变来变去，那样会让人感到混乱。

最后，写完后要读一读，还可以请别人来读。凡是读起来拗口、含混、不顺畅的，很可能有语病，就应修改。累赘多余的语词要删除，搭配不当的要更换，语序不顺的要调整，这样改出来的文章才会文从字顺。

三、写作实践

展示选定图片，让学生根据图片写一个 250 字左右的片段。想好再下笔，把语句写得连贯、顺畅。

要求：注意观察细节，抓住总体特征，写出图画内容和你的感想。

四、学生互评

学生交换作品互读，指出对方作品需要修改的地方，提出修改意见，让其在原文上进行修改。

五、展示，点评

先读未修改的文段，再读修改后的文段，体会变化，体会文从字顺。

六、作业

第 85 页任选一题作文。（课外写作）

1. 创新之处：在设计方面，以一幅图画为写作对象，让学生写作片段，写好后让同桌互读，指出对方习作中需要修改的地方，并给同桌提出修改意见，让同桌自己在原文上进行修改。在展示环节中，让学生读习作，先读原文，再读修改后的习作，并明确指出修改的地方，让学生体会文从字顺。

2. 困惑指出：本堂课的目标是培养学生的习惯和能力，但是我困惑的是学生的习惯的养成和能力的培养不是一朝一夕可以完成的，要想通过一节课的学习来完成这个任务，这真能完成吗？学生也真能做到吗？最好的途径和方法是什么呢？这些都值得去思考。

【执教教师说课】

一、文本样式特点

文从字顺是写作的基本要求，指的是语言表达符合写作内容的需求，表意准确，读起来通顺流畅。文本开篇便给出这个概念，让学生明白文从字顺是怎么回事。随后，文本便列出两段有表意不准确的语段·“一百多年前，英法联军烧毁并洗劫圆明园，对这段惨痛的历史，我们怎么能不忘记？”“妈妈，最简单的称呼，可是又不简单，简单之中包含最亲切，最有磁性的东西；母爱，最平凡的爱，可是又不平凡，平凡之中包含最伟大、最无私的东西。”让学生来读这两个语段，并说出其中存在的问题。这样，提炼知识点，让学生学习课本第 84 页的关于要做到文从字顺要注意的几个方面的理论知识，并在此基础上进行写作训练，培养学生养成阅读和修改的习惯，力求在写作中做到文从字顺。在开展教学活动时，可按例文的样式来进行教学。通过以修改语段为载体，培养学生修改的习惯，在修改的基础上把文章写得文从字顺。

二、学生情况

文从字顺是人教版七年级（上册）第三单元的写作教学内容，学生在第一、二单元的写作教学的学习中，学习了在生活中学习写作，知道了写作的素材来源于生活。在写作时要做到说真话、抒真情，写出来的文章才能感动人，才能打动人。但是，学生修改语句和文章的习惯还有待培养，对要做到文从字顺的知识还须学习。只有培养了学习修改语句和文章的习惯，学生对做到文从字顺才会有基础，也才会做到文从字顺。

三、目标定位

“文从字顺”的教学目标，是要培养学生养成修改的习惯；培养学生运用恰当的语句表情达意的能力；通过写作训练，培养学生理清思路，连贯表达的习惯和能力；通过修改文章，让学生学会连贯表达，养成推敲字句的习惯和能力。当然，习惯和能力的养成，不是一朝一夕就可以完成的，这需要长期的学习和练习。所以，要让学生在写作中做到文从字顺不是短时间内就可以完成的任务，在这节课的教学中，要重习惯和能力的培养，只要养成了阅读修改的习惯，培养和提升了阅读修改的能力，对培养学生在写作时做到文从字顺就有了基础，就有利于培养学生做到文从字顺的能力。在本节课中，以修改语段和习作为载体，培养学生阅读修改的习惯，培养学生在写作时做到文从字顺的能力。

【教学反思】

一、目标达成

这堂课的目标是培养学生的能力和习惯。培养学生养成修改的习惯；培养学生运用恰当的语句表情达意的能力；通过写作训练，培养学生理清思路，连贯表达的习惯和能力；通过修改句子和文章，让学生学会连贯表达，养成推敲字句的习惯和能力。在本堂课的教学中，先让学生修改句子，然后提炼知识，学生知道了修改的重要性，要重视修改，才能做到文从字顺。又通过对习作的修改，让习作文从字顺。学生认识了修改的重要，又把握了修改的技巧，认识到了文从字顺的好处。通过展示环节，我认为本堂课的目标已达成。

二、课堂组织与选材

在教学活动中，要善于组织和调控课堂，在修改句子的环节中，我发现学生用时长，便加以点拨，加快进度。在选材时，我们要仔细思考，所选的材料要让学生读懂，这才便于学习写作，在图画的使用上，学生不知花是什么花，鸟是什么鸟，长时不能下笔。这说明学生没读懂画，也就是读不懂写作对象。今后我们在选材上，首先要考虑让学生读懂，要学生能写。

【观课报告】

谈教学活动的有效开展
——以《文从字顺》的教学实录为例

娄芳霞①

一、选题说明

教学活动是通过一定的组织形式实现的。为了实现教学目标，如何把预定的教学内容教给学生，怎样组织好教学活动，怎样有效地安排教学时间、利用教学情境，怎样发挥教学媒体的作用等，这些都是教学组织形式要解决的问题。所谓教学组织形式，我们可以定义为教学活动中师生相互作用的结构形式，或者说是师生的共同活动在人员、程序、时空关系上的组合形式。

在许多的教学活动开展中，教师虽然在课前设计了认为可行的教学环节，但是在实际的开展中或由于时间安排不当，活动时间过短，学生接收知识信息较慢而老师急于想要尽快完成教学设定的内容，或教学环节安排过多，教学环节的设置没有梯度不能见实效等因素，使得教学环节虽然开展了，但是教学效果不一定很好。

下面我就以尚国美老师《文从字顺》的教学实录为例，就教学环节的有效组织谈谈我的看法。

二、教学环节浅解

（一）教学环节应围绕教学目的设计

教学环节就是组织“学的活动”，教学流程就是“学的活动”的充分展开，营造以“学的活动”为基点的课堂教学。每一个教学环节的开展都是有它的目的。在《文从字顺》教学的第一个环节“导入”中可以看出，教师的意图是希望通过结合同学们之前的写作知识结构来引入本堂

---

① 作者单位：都匀市瓮安县第四中学。

课教学，从学生获取知识的一般规律来看，这是可行的，也是有效的，这是对学生写作动机的激发。第二环节“展示语段，寻找病因”的开展是为了使同学们对“导入”中教师提出的写作中存在的问题有更直观的体验和认识，这符合了学生学习是由内在体验引发需求的一般规律，对于达到教学目标有着十分重要的作用。有了对问题的体验和认识，下一步就该是如何解决问题了，所以第三个环节“理论学习”，显得尤为重要，因为这个环节不仅要让同学们知道写作中出现这些语病的问题所在，同时也知晓了想要避免写作中出现上述错误应该如何去做。问题知道了，理论学习了，第四、第五环节“写作实践”和“学生互评”设计得恰是时候。因为要想知道同学们对以上的教学内容是否掌握，就需要在实践中进行检验，或者说同学们需要在运用中将所学知识进一步内化。第六个环节“展示，点评”，教师将同学们在这堂课上的练习情况加以展示，既可以使同学们明白修改是写作后的一个非常重要的环节，同时又使同学在写作的修改方法上有了互相借鉴的意识。知识的掌握不是一蹴而就的，它需要反复的实践和思考，在思考中形成自己的一套解决问题的方法。第七个环节“布置作业”的设置恰好符合了方法获得的一般规律，通过再一次的训练，帮助同学们加深对修改作文认识。

从整个的教学环节看，这堂课的设计是十分符合王荣生教授“例文”阶梯式教学的规律的，对于达到教学目标是起到了层层推进式的作用的。

（二）教学时间的安排

尚老师这堂课教学时间的安排未尽合理，有些环节时间设置不当，先来看这堂课的教学时间分布情况：

第一个环节：导入。（3 分钟）

第二个环节：展示语段，寻找病因。（13 分钟）

第三个环节：理论学习。（4 分钟）

第四个环节：写作实践。（15 分钟）

第五个环节：学生互评。（4 分钟）

第六个环节：展示，点评。（6 分钟）

第七个环节：布置作业。（2 分钟）

从这堂课的时间安排上来看，第一个环节导入得非常直接，给了同学生一个非常明确的学习方向，同时很好地联系了同学们以往的知识结构。第二个环节和第四个环节所使用的时间过长，而第三个环节中学习理论的时间却少了许多，我认为如果想要同学们在这堂课上将所学的知识加以实践，那么理论学习应该是一个重点。因为只有在掌握了写作知识的基础上，同学们才能更好地完成后面几个教学环节。第五、六、七环节的时间安排相对来说比较合理，但我认为展示点评的时间可以再长一些，这样学生们就更能从习作的展示及教师的点评中体认这堂课的教学目标。

教师在导入后，展示了三个有语病的语句，要求同学们找出其中存在的病因，目的在于引导同学们通过对这三个病句的分析，明白语病中存在的一些常见的问题。但教师在这个环节进行引导时花的时间过长，没有引出学生对语病问题的思考，然后就直接转入了向同学们介绍了写作中不能做到文从字顺的一些常见的问题。教师在转入下一个教学环节时应该要考虑到上一步的环节是否达到教学设想的效果，如果达到了，就该快速地进入下一个教学步骤，如果没有达到就要停下来给予学生进一步的指导，等大部分的学生都掌握了以后再进入下一步的教学。当然，留给学生思考、讨论的时间要适宜。一般参考这样一些规律：当学生出现跃跃欲试的神情、学生由个人思考纷纷进行交头接耳的现象出现时，小组的讨论声逐渐变弱等，就可以考虑进入下一个环节了。

在这堂课的教学中，教师紧接着就安排同学们进行写作，这使人感到课堂的节奏非常紧，并且又没有达到预期的效果。要想使课堂教学有效，对于课堂节奏的把握也是非常重要的，节奏就相当于课堂教学时间的有效分配。有效的教学特别强调和重视学生的参与程度，教师不得直接操纵课堂进度，但对课堂教学节奏进行有效地把握和控制却是必要的。若节奏过快，会使思维速度较慢的学生产生惶惑，若节奏过于缓慢，又会淡化学生学习的兴趣，产生懈怠情绪，若节奏“等速”又可能成为一首“催眠曲”。教师要根据课堂的具体教学进程情况和学生的情绪及时地调整课堂节奏，使教学紧凑而又有磁性引力。所以，对于这堂课节奏的把握教师不能急于赶进度，而把教学要达到的目的放在了第二位。

（三）教学设计内容应适合学生的接受水平

在《文从字顺》的教学活动的开展中，课前老师以一个轻松的笑话拉近了与学生之间的距离，对于上这样的公开课是十分必要的。但是如果话题的引入能够和接下来老师要讲的内容相切合的话效果会更好。

导入时教师采用了谈话的方式，结合同学们之前的写作学习结构来引入本堂课教学。从学生获取的知识的一般规律来看，这是可行的，也是有效的。在下一个环节中，教师直接给出了三个语段：

1. 开刀的是他的父亲 。

2. 一百多年前，英法联军烧毁并洗劫圆明园，对这段惨痛的历史，我们怎能不忘记?

3. “妈妈”，最简单的称呼，可是又不简单，简单之中包含最亲切、最有磁性的东西；“母爱”，最平凡的爱，可是又不平凡，平凡之中包含最伟大、最无私的东西。

目的在于引导同学们通过对这三个病句的分析，明白语病中存在的一些常见的问题。但由于语句的难度稍大，没有引起学生对语病问题的思考。分析病句之后，教师紧接着就安排同学们进行写作。在写作这一环节中，教师给出的写作图片过难，学生在看到图片后就产生了不小的骚动，在这时教师并没有站出来给学生进行写作指导，而是小声地和个别的同学进行交流，使得课堂上学生交头接耳的声音越来越大，这个教学环节明显没有达到预想的效果。之所以会产生这样的状况，是因为教师在进行教学预估时，对学生学情预判过高，对写作训练的材料没有进行过深入思考。同时，当课堂上出现骚动时教师应及时查明原因，及时地给予同学们写作上的指导，毕竟这堂写作课的目的在于让同学们学会通畅、表达清楚的进行写作，而不是让他们进行高难度写作训练。

教学活动的有效开展，需要教师在开展教学前弄清本节课的教学目标，并围绕此教学目标设计科学的教学环节，需要教师在教学过程中科学的分配好各个环节的教学时间，更需要教师在预设教学之前充分地考虑到学生的接受水平。

关于课堂提问有效性的思考
——以《文从字顺》为例

段珊珊[①]

课堂教学中的提问是指教师根据一定的教学目的，针对有关教学内

① 作者单位：仁怀市林阁中学。

容设置问题，要求学生思考回答，以促进学生积极思维并获得相应的知识与能力的教学行为。在课堂教学中，提问是保证课堂教学有效的重要条件，有效的提问，能激发学生学习的兴趣，吸引他们的注意力，启发学生思维，锻炼他们的语言表达能力，能活跃课堂氛围，是老师和学生沟通的一个好平台，也是一节课成功的重要因素。课堂提问是老师为了完成教学而采用的一种方法和手段，并不是一节课所提的问题越多，学生讨论得越激烈就好，对于问题的设置，教师应认真研读课本，挖掘出值得探讨的问题，突出重难点，让学生从问题中能受到启发，获得相应的知识。而且，所提的问题要有一定的价值，问题是为课堂服务的，不要随意。下面，就以一堂作文公开课《文从字顺》来谈谈个人对课堂提问有效性的意见。

一、课堂提问应及时评价鼓励

教师的课堂提问，还需要教师及时有效的评价，教师的评价，会给学生很大的影响。评价要适得其所，要关注学生的需要与状态，使表扬真正起到激励与促进的作用。

这堂课上，在第二环节（“展示语段，寻找病因”），当一女生回答后，教师及时给予肯定性的鼓励：“她讲得太好了，多一个字她也不删，少一个字它的表达也不一样，她删得非常准确。好，大家给她一点掌声，好不好？”还有一处，学生的看图作文完成后，大家都不愿意站起来读自己的作品，后来终于有一位女生站起大声朗读了自己的作文，教师见机予以表扬和鼓励：“你看，写得这么好，应该让大家分享啊，是吧？让大家学习一下。”上述两例，教师对于学生的回答，都给予了及时充分的肯定评价，这对学生来说有很大的激励作用，会激发学生的学习兴趣，使他们积极参与到课堂教学活动。第一例，当教师给出了问题后，只有一些学生小声说出答案，说明他们不够自信，害怕自己所说的是错误的，当一名女同学回答了之后，教师给予了她肯定，“删得非常好，给她一点掌声”。这无疑鼓励了这名学生，同时，也有一个示范作用，鼓励其他同学，要勇于说出自己的答案。第三个例子，当同学们听了同学读的文章后，教师问：“同学们听出了什么？”学生是沉默的，问到一名男同学“她写了什么花，什么花”连续问了两遍，说明学生很胆小，最后学生答出来了，教师顺带就表扬了他。教师的这种鼓励与表扬，会树立学生的信心，让他们打开心扉，畅所欲言表达自己的观点，这样，教师才知道学生到底听懂了没有，对教学是很有帮助的。

二、课堂提问内容应有的放矢

课堂提问内容有的放矢，能够有效地实现预期教学目标，提高课堂教学效率。课堂提问内容有的放矢意味着教师提出的问题能够引起学生的回应或回答，而且这种回应或回答能让学生更积极地参与学习，进而推进教学进展。但如果提问变得随意，没有针对性，那么就失去了提问的意义，浪费了教学时间。

首先，这节课中有很多的提问都是无效的提问。在这节课堂上，教师提了这样一个问题——“比如说你的这个词多余了，这两个词顺序又不对，这个句子可以删掉，删掉了更加通顺，表达更加流畅，有没有这样的问题啊？”这个问题本身就没有意义，激不起学生的任何兴趣。另一个例子——“看这段话有没有问题，如果有，请改一改，如果没有，没有要改不改啊？（加大语气）没有要改不改？没有问题改什么呢，没有问题就不改……”学生肯定知道没有问题当然就不用改，那这样问不是多此一举吗？因为学生没有回答要不要改，老师还加大声音问。上例老师的提问都是显得无效的，甚至有些是自问自答，没有波澜起伏，引起学生的注意，激起学生思考或回答的欲望，只要求学生简单的重复，属于低认知水平问题。

其次，所提问题不能过于简单。太简单的问题学生不屑一顾，认为没意思。例如，这节课中，“如果出现错别字，要不要改（生答要），如果出现了标点使用不当，要不要改？”这个本身就不算一个问题，学生当然知道，错了当然要改，这还需要问？教育家陶行知说过“发明千千万，起点是一问”，学生的思维就像静止的湖面，需要教师往中间抛一点东西，湖面才会有波澜，学生的思维才能打开，但抛的东西要有一定的重量，有力度，如果仅是一粒小沙子，是难以激起荡漾的。同样，在上述案例中，教师的问题没有任何值得学生加以思考的，太简单，没有回答的必要。教师的提问也没有深度，都是“对不对”“好不好”，学生没有兴趣，提问应把握重点，看清楚哪些是基础性的知识，哪些是学生值得探讨的，不要太肤浅。只有提出的问题足够引起学生注意，他们才会觉得有思考的必要，有挑战性，从能更好地提高教学质量。

三、课堂提问的及时评价性

课堂提问是一把双刃剑，问得好，能问出很多好处，问出学生的兴趣、问出学生的注意力、问出学生的思维、问出课堂的活跃、问出一节课的成功。相反，问得不好，会让学生对这节课失去信心，甚至对这名教师失去信心。并且，在学生回答之后，教师要有评价，不管学生回答得怎样，要让他们建立信心，这样，学生才能更有积极性参与课堂。所以，在设置问题时，需要考虑的因素太多，问题设置不要太简单，要多研读教材，把握重点，问题的设计要有梯度，要针对这堂课精心设计，不要什么都问，显得太随意，要严谨、准确，让学生有思考的挑战。因此，在教学中，要注意课堂提问的有效性，那是一节课成功的关键。

教师课堂教学语言的导向性

周光建[①]

课堂语言导向是指在教学过程中，教师对学生的方法、学习态度、学习效果等方面进行肯定，激励和引导的一种表达方式。贯穿于整个教学过程中，在课堂教学中起着推动学习进程的重要作用，恰当运用课堂导向语言，能让课堂充满生机，焕发出人文气息，也会对学生素质的提升产生潜移默化的影响。教师的课堂教学语言对学生具有导向性，恰当的教学语言能推动学生思维的发展，不当的教学语言则会阻碍学生思维的发展。那么，如何实施课堂语言的导向性才能使课堂教学更加有效呢？

一、教师课堂语言要有补充性

在贵阳十九中跟岗学习时听到的一节课，课堂气氛十分活跃，学生参与面非常广，对文本的理解和表达都得到了听课教师们的一致好评。这里以尚老师执教的《文从字顺》教学为例（是人教版初中语文七年级上册的单元习作课），我个人认为这节课的成功很大程度要归于尚老师的语言导向性。

在短短的导入之后，尚老师进入第二个环节，出示句子“开刀的是他父亲”，让学生说出句子传达出的意义，一开始，学生说，他的父亲是

---

① 作者单位：黔南州瓮安县希望中学。

医生，再在教师的追问下，有同学说他的父亲是病人，教师再追问，这个句子能准确传达所要表达的意思吗？对于初一的学生来说，需要教师做补充性说明，让学生了解“他的父亲是怎样的一个角色”，学生可能会从“医生”或“病人”的角度去思考。这样再回到句子的表意上来看。学生会指出这个句子不能准确表露这一信息。也就是说既可以理解为“病人”的角色，也可以理解为“医生”的角色，学生的思维是在教师的语言补充性解释下受启发的。

二、教师语言要有启发性

在课堂教学中，教师语言要富有启发性，尚老师在课堂教学中让学生修改一段话“‘妈妈’，最简单的称呼，可是又不简单，简单之中包含最亲切、最有磁性的东西；‘母爱’，最平凡的爱，可是又不平凡，平凡之中包含最伟大、最无私的东西。”他先是让学生读读语段，再问：“这段话的问题在哪里？”有学生便作出了回答“不简洁”，这时老师便从“简洁”二字说开，启发学生思考，这段话重复性语言太多，即累赘。那么我们对这类句子怎么修改呢？学生便得出修改方法是删除重复累赘的话，句子就变得简洁明白了。此时，教师深入浅出的讲解或画龙点睛中的一语往往能令学生茅塞顿开，再示之以思维方法，导之以思维途径，在学生“愤”与“悱”时给予“启”和“发”，一定使其印象深刻，收获甚丰的。这样的课堂也是活跃学生思维的课堂。

三、教师语言要有鼓励性

教师课堂语言简洁凝练，富有鼓励性，能使课堂教学精彩纷呈，同时能赢得更多的时间让学生思考问题。在这节课中，尚老师问“这段话的问题在哪里”，一是“问题”在“哪”，提示了存在问题，让学生找出问题，问题所在之处，还有学生在回答后，尚老师说“你讲得太好了”，这些语言高度肯定了学生的思考，做出的修改，更进一步地展示了学生勤动脑子的好习惯。这种鼓励性的语言能唤起学生的成就感，让更多的学生积极投入到学习思考之中，使课堂精彩纷呈，同时也推动教学的深入。在这堂课中，老师的语言简洁凝练，富有鼓励性，让课堂讲解条理清晰，逐层推进。

综上几点，我认为教师课堂语言对学生思维的导向性十分重要，它能使学生思维受局限时茅塞顿开，在学生思路钻入死胡同时帮助学生另辟蹊径，在学生思维懈怠时，帮助振奋精神。教师课堂语言是极为丰富的，我们要善用、活用，该用则用，还要恰当运用得体的姿态，丰富的表情来表现，总之，需要我们在教学中不断地去探索，以更好地发挥课堂语言的有效性。

论课堂教学如何有效展开小组讨论
——以《文从字顺》教学为例

杨占菊[①]

《语文新课程标准》提出教师应根据学生身心发展和语文学习的特点，保护学生的好奇心、求知欲，鼓励自主阅读、自由表达，充分激发他们的问题意识和进取精神，关注个体差异和不同的学习需求，积极倡导自主、合作、探究的学习方式。教学内容的确定、教学方法的选择、评价方式的设计，都应有助于这种学习方式的形成。课堂讨论，自古有之，孔子早在两千多年前就已经运用讨论法，并取得了很好的教学效果。鉴古观今，新课标倡导的课堂小组讨论就是师生共同提出值得探讨的问题，采用分组方式进行讨论，达成共识，小组讨论是一种发现问题、获得知识、培养能力的有效课堂教学形式。

从实际情况来看，由于教师理解偏差、操作方式不当等原因，致使课堂讨论更多地浮于表面，流于形式。在许多教学案例的小组讨论中，处理时只是走过场，或看起来轰轰烈烈，或让人感到死气沉沉，无论何种，都极大影响了小组讨论的效果，不仅没有起到课堂讨论的应有作用，反而降低了课堂教学效率。下面我就以《文从字顺》的教学为例，对小组讨论的有效性谈谈个人观点。

一、针对较难问题，开展小组有效讨论

新课标大力倡导学生自主、合作、探究的学习方式，相应地教师在课堂教学中到底采用什么样的教学手段发挥学生在课堂学习中的主体作用，贯彻落实新课标倡导的这三种学习方式？笔者认为，教师应该根据

---

① 作者单位：仁怀市二合中学。

教学内容或学生学情来灵活处理，组织学生分组讨论是合作学习的重要形式，在课堂教学中，遇到教学内容较难、学生学习存在困难时，应该积极采用小组讨论的教学方式。在《文从字顺》（人教版七年级语文上册第三单元的作文训练）的课堂教学中，教师预定目的是要求学生写作表意要准确，读起来要顺畅，这堂课第一环节是让学生修改病句。教师在ppt上显示三个病句让学生修改，接着让学生看图写作，写作要求：注意观察细节，抓住总体特征，写出图画内容还有你的感受。然后让学生相互修改、展示、点评。

在第一环节，教师直接给出了三个存在毛病的语段：

1. 开刀的是他的父亲。

2. 一百多年前，英法联军烧毁并洗劫圆明园，对这段惨痛的历史，我们怎能不忘记？

3. “妈妈”，最简单的称呼，可是又不简单，简单之中包含最亲切、最有磁性的东西；“母爱”，最平凡的爱，可是又不平凡，平凡之中包含最伟大、最无私的东西。

教师的目的是让学生热热身，通过三个病句中存在的问题进行修改，懂得文从字顺表达意思的重要性。而在这个过程中，老师要求学生3分钟完成修改，可是学生们花了13分钟才完成，也没有达到为下一步的写作做好铺垫的目的，原因是这三个较难的病句对七年级学生来说存在理解的困难，老师让他们自主完成，学生们觉得比较难，改好了也不敢举手发言，学生没有自信，也没有激发出主动求知的欲望。当学生自主学习遇到困难时，老师可以改变教学方式，变自主学习为小组讨论学习，将教学内容设计成几个问题，分配给几个小组讨论，这样可以让学生相互合作，一起来解决较难的问题。小组讨论结束后，各小组派代表向老师和其他同学汇报。学生汇报时教师不时点拨和提问，引导学生趋近问题的正确答案。最后，由教师和学生一起归纳出相关问题设计的知识点。如果这堂课上这个环节老师改变教学形式，让学生分组讨论，合作学习，那么这几个较难病句的修改就会迎刃而解了，既节省了教学时间，又充分发挥了学生合作探究和讨论的积极性，从而提高了课堂的教学效率。

二、营造氛围，创设讨论环境

新一轮课改要求教师要积极转变角色，从一个高高在上的传授者、领导者转变为课堂教学的组织者，学习的引导者，学生的合作者。只有这样，才能使学生积极主动探求知识，无拘无束地展开讨论，罗杰斯说："有利于创造活动的一般是心理安全和心理自由。"因此，给学生一个生动活泼自由的学习环境显得尤为重要，课堂中教师要把学生的主动权完全还给学生，对学生用于回答问题的行为必须加以充分肯定。至于对错却是其次，只要老师善于引导，带着学生一起"找茬儿"，让学生产生主动求知的欲望，就能让他们积极开动脑筋，那么课堂就活了，就真正起到了质疑探究的作用。无疑比那种在课堂教学经常会听到的"听懂了吗""好不好""对不对"之类的空乏问话，抑或把知识硬生生地塞给学生的教学模式要好。

例如在《文从字顺》教学中，关于"开刀的是他的父亲"一句，教师若能给学生一个明确的方向，"这个句子是有问题的，大家看，句子有几个意思？"简单明了，然后让学生共同讨论，说出自己的观点，找到症结之所在，得到所想要的结果，也许课堂就不会总是出现冷场了。若出现分歧，那更是好，引导学生再讨论，再分析，再思考。经过一番打磨，自然而然形成一个习得的过程，以后再遇到类似的问题学生就能迎刃而解，得心应手了。

三、抓住契机，引导学生有效讨论

教师对小组讨论时间的掌控非常重要，如果时机把握得好，就会产生事半功倍的效果，如果时机把握不好，可能会产生课堂沉闷学生情绪低落的效果。《文从字顺》的第三个环节学生看图写作完后，老师让同学们自由讨论、修改，很多学生无从下手，这个过程显得自由散漫、毫无目的，教师应该组织学生进行有目的的讨论，在这个过程中，教师要有较强的驾驭课堂的能力，随时监控学生，观察他们的讨论进度，瞅准时机，在理解知识的关键处，在总结规律性之在学生思维受阻时，学生思维发散时，抓住适当时机，引导学生讨论。整堂课不会沉闷，一堂好的课，教师可以换一个角度，不要把某一知识点直接告诉学生，而是让学生去发现，因为学生要得到的不仅是"知道什么"，更重要的是"要知道为什么，怎么样"。整个过程都要要求学生人人参与。只有让学生参与改写，反复改写，学生才会对文从字顺的知识掌握得牢。在讨论的过程中，不仅锻炼了学生思维能力，语言表达能力，培养了他们的合作意识，还能让他们在交流中得到不同的感受，增进感情，也是给学生展示的机会，培养学生的竞争意识，展示自己的勇气。使课堂收到事半功倍的效果。

总之，在小组学习中，教师既是小组学习的引导者，也是小组讨论的合作者，不仅要给学生学习的方向，还要积极参与到小组的讨论中去，以便及时了解讨论过程中出现的问题，及时给予点拨，尽量避免学生走弯路，从而达到师生之间、生生之间的有效的多元交流，形成多元互动的教学局面，用智慧启迪智慧，在互动式的交流研讨中实现共同发展、教学相长的目标。

【专题指导】

《文从字顺》课例研究总结报告

兰石洪[①]

观察课堂和课例研修是提升教师课堂教学实践能力及课堂教学理论素养的重要手段。教师在不断观察他人或自己的课堂教学实际中，对照相关教学理论和理念，不断反思自身的课堂教学行为，使之由感性化的观感层次上升到理性化的认知层面，从而不断提升自身的业务素质和理论水平。

2015年10月，贵州师范学院“初中语文教师教师培训团队置换脱产研修”国培班在贵阳十九中等学校举行跟岗实践活动。10月28日上午第四节课，由国培班第七组集体研修备课的《文从字顺》公开课在贵阳十九中如期举行，执教者为本组成员尚国美老师，课后又进行集体评课活动，每个成员承担相应的课例研修任务。各位老师围绕《文从字顺》这堂课进行反复观察和不断反思，经过本组成员和指导教师的共同努力，终于完成了各自的课例研修任务，交出了差强人意的课例研究报告。

这是一次由学员自主设计，集众人之智慧，并吸收跟岗学校名师指导意见，又不断改进几经打磨的公开课。在这堂课上，到底众人的集体智慧是否在这堂课中得到充分的体现，上课的效果跟大家预期的教学目标是否相吻合，这堂课是否贯彻落实了新课标理念等，可以说观察和反思的角度非常多，每个观察点又可以从中提炼出有价值的理论问题来，

---

① 作者单位：贵州师范学院。

这就是课例研究对于提升教师课堂观察能力和教师理论反思能力的重要意义。

每堂课都有它的优缺点，课例研究不是仅仅停留在对公开课优缺点评议的层次上，而是更要从教学教育理论的高度来观察和反思课堂，为我们的现实课堂把脉，从而总结出指导今后课堂教学的教学规律和教育理论。无论怎么评价，只要言之有理，言之成理，都是可以的。

《文从字顺》是人教版七年级（上册）第三单元的写作教学内容，学生经过一、二单元的写作训练，懂得了素材来源于生活并从生活中提炼素材完成写作的道理，也懂得了说真话、抒真情、以真情打动人对于写作的重要性。但是，学生习作中修改语句润色文章的习惯还有待培养，对如何做到文从字顺的知识还须学习。从实际教学看，尚老师这堂课按修改语段提炼写作知识、学生习作训练及展示点评来完成教学任务，符合将写作教学教、写、评三者紧密结合的写作教学规律，体现新课标发挥两个主体作用的理念，教学中教师主体作用的发挥（老师重在引导，而不是放羊式就让学生写）和学习中学生主体作用的发挥（学生修改病句和习作及互评等），基本达成了让学生懂得文从字顺的重要性和如何在习作做到文从字顺的教学目标。但是在我们的日常说课或教学设计中，我们往往好高骛远，将简单的问题复杂化，导致我们的课堂教学目标定位不够清晰明白，如尚老师将这节课教学目标定位为：

1. 培养学生运用恰当的语句表情达意的能力。

2. 通过写作练习，培养学生理清思路、连贯表达的习惯和能力。

3. 以修改句子为载体，让学生学会连贯表达语义，养成推敲字句的习惯，在写作时能做到文从字顺。

从表述目标看，这节课的教学任务稍显繁多，事实上一节课的时间难以使学生达到这样的理想化效果。另外，这种表述也没有从新课标倡导的三维目标角度去概括。“通过……提高……能力”属于“过程与方法”的表述，“养成……习惯”属于“情感态度价值观”的表述，尚老师这三点将二维目标的表述夹缠在一起，还缺少“掌握习作如何做到文从字顺的知识与技能”这一维度目标的表述。在今后的教学设计中，我们应根据学生学情和教学内容，确定我们在教学中能够完成的更加贴近实际的三维教学目标。如果目标定位不清晰，我们预设的目标过多过高，可能导致我们在教学中顾此失彼，事实上，尚老师这堂课学生写作及评改的时间安排过少，这样就没有很好落实“在写作时能做到文从字顺”的目标。

其他四位老师也在他们的课例研究提出了一些富有创意的见解。

娄老师就这堂课探讨教学环节的有效组织。娄老师认为：“为了实现教学目标，如何把预定的教学内容教给学生，怎样组织好教师和学生的教学活动，怎样有效地安排教学时间、利用教学情境，怎样发挥教学媒体的作用等，这些都是教学组织形式要解决的问题。”她还对“教学组织形式”进行了较为科学合理的界定：“所谓教学组织形式，我们可以定义为教学活动中师生相互作用的结构形式，或者说是师生的共同活动在人员、程序、时空关系上的组合形式。”接着从教学环节应围绕教学目标、教学时间安排及教学内容是否适应学生的接受水平三个方面对这堂课进行了观察和反思。她认为这堂课教学环节的设置和开展紧密围绕教学目标实施，第一环节（导入）、第二环节（“展示语段，寻找病因”）、第三环节（“理论学习”）、第四五环节（“写作实践”和“互评”）及第六环节（“展示、评点”），这些环节可谓环环相扣，层层推进，紧紧围绕学生如何在写作中做到文从字顺的教学目标展开，“十分符合王荣生教授‘例文’阶梯式教学的规律”。当然，娄老师也指出了这堂课存在教学时间安排不尽合理和教学内容设置脱离学生认知水平实际（第二环节展示的有病语段和第四环节展示看图写作的图片都较难理解，耗时过多）的弊病。娄老师的课例研究建立在科学分析（如对每个教学环节时间的准确记录）的基础，持之有故，有的放矢，并能从教学组织形式的理论高度审视教学活动的有效开展，富有一定的理论创新意义。

周老师作为经验丰富的语文教师，着重从教师课堂教学语言的导向性这个角度观察这堂课，他认为：“课堂语言导向是指在教学过程中，教师对学生的方法、学习态度、学习效果等方面进行肯定，激励和引导的一种表达方式。贯穿于整个教学过程中，在课堂教学中起着推动学习进程的重要作用，恰当运用课堂导向语言，能让课堂充满生机，焕发出人文气息，也会对学生素质的提升产生潜移默化的影响……这节课的成功很大程度要归于尚老师的语言导向性。”接着从教师课堂语言的补充性、启发性、鼓励性三方面研究这堂课教师教学语言上的特点。这是一个非常新颖的观察角度，对今后研究语文课堂教学中教师如何发挥主体作用有着一定的指导意义。可能大家对孔子“不愤不启，不悱不发；举一隅，不以三隅反，则不复也”（《论语 · 述而》）的启发式教学比较熟悉，对新课改倡导的民主教学氛围也不陌生，这应是周老师课例研究中教师语言要富有启发性和鼓励性的理论根据，但是对教师语言要富有补充性可能还不太清楚，就是指教师的语言有时要对相关教学内容作一些补充性的解释，这种补充性的解释往往对引导学生解决一个较难问题有着补充提示的作用，在课堂教学中也是必不可少的。当然，语文教师的课堂教学语言还有很多值得探讨的地方，如对语文教师语言幽默性、诗意化等特点的研究。

段老师初为人师，她的研究报告体现年轻教师对课堂教学的敏锐思考，她侧重从课堂提问角度观察和反思这堂课。她认为："有效的提问，能激发学生学习的兴趣，吸引他们的注意力，启发学生思维，锻炼他们的语言表达能力，能活跃课堂氛围，也是老师和学生沟通的一个好平台，也是一节课成功的很大因素。"接着就这堂课教师的提问，她提出了正反两方面的看法。从积极意义来看，段老师认为这堂课教师提问过程中能及时对学生的回答予以评价和鼓励。段老师从课堂实录中找到两个在课堂气氛沉闷有学生勇敢站起来回答问题而老师及时予以表彰肯定的例子，典型地说明了教师及时鼓励学生回答，对营造课堂的活跃气氛，激发学生的学习兴趣的重要作用。从消极意义来看，段老师也指出了这堂课上教师提问内容缺乏针对性的不足，像"有没有这样的问题啊""对不对""好不好"之类流于口头禅式的问题在内容不能有的放矢，使得教师的教学语言有时显得赘余啰唆，没有起到提问的有效作用。段老师为说明这个问题，引经据典，并打了一个精妙的比喻来论述提问无效性的问题：

教育家陶行知说过"发明千千万，起点是一问"，学生的思维就像静止的湖面，需要教师往中间抛一点东西，湖面才会有波澜，学生的思维才能打开，但抛的东西要有一定的重量，有力度，如果仅是一粒小沙子，是难以激起荡漾的。

我们今后应根据教学内容设计富有启发意义和思考意义的问题，以提高课堂教学的效率。

杨老师从如何有效展开小组讨论的角度研究这堂课小组合作学习的问题，也是运用新课程理念对实际课堂教学进行剖析的佳篇。她认为这堂课在修改语段的教学环节时，那几个语段对七年级学生来说有一定的理解难度，光靠个人自主学习难以完成，这个时候如果采取合作讨论的学习方式，应该会取得更好的效果，于是杨老师总结出"针对较难问题，开展小组有效讨论”的合作学习规律。杨老师还认为什么时候开展合作学习和讨论，这要视情况而定。如这堂课第三个环节学生看图写作完后，老师让同学们自由讨论、修改，很多学生无从下手，如果教师此时组织学生进行有效的讨论，学生发挥集体力量，能够激发他们评改作文的潜能，收到事半功倍的效果，由此杨老师顺理成章得出“抓住契机，引导学生有效讨论”的结论。这种从课堂教学某个点引申出相关教学原理的思考，是值得肯定和提倡的。

“一千个读者有一千个哈姆雷特”，不同教师对同一堂课也有各种各样的观察角度和评介视角，以上各位教师对同一堂作文教学课各具特色的解读和分析充分说明了这一点。当然，对这堂课还可以从其他观察角度进行反思，还可以继续探讨和研究。观察角度还只是我们总结反思教学行为的立足点，应用相关教育原理和新课程理念对实际课堂的教学现象教学问题等进行深刻反思，才是我们将之上升到理论高度的法宝。我们相信国培班通过课例研究的实践，各位学员基本掌握了怎样选择进行课堂观察视角以及如何分析观察课堂的方法和理论，这对他们今后的教学实践是大有裨益的。

后 记

本书是在“追求教材选文功能分类理论指导下基于证据的课堂教学持续改进”的思想指导下，“国培计划（2015）贵州省初中教师培训团队置换脱产研修项目”中39位国培教师及其8位指导教师共同研修的成果。

训前调研发现，中小学教师普遍缺少一种简单而且能够作为教学设计指导原则的教学理论。基于此，我们选用了王荣生教授的教材选文功能分类思想作为指导理论。

王荣生教授在其《语文科课程论基础》中，根据对国外母语教材的研究，鉴别出“定篇”“例文”“样本”“用件”4种选文类型。不同类别的选文，“有自己独特的功能，有自己独特的功能发挥方式”，自然有其不同的教学目标、教学内容、教学方法和教学评价；不同的教学内容，有其不同的学习条件和认知过程。

无疑，这是符合事实的。我们认为，该理论可以解决目前中小学教师拿到一篇课文，随意地想上什么内容就上什么内容，因而常把一篇选文上成“字词句短篇语修逻文”无所不包的“大杂烩”这种课堂教学现实问题。

于是，我们选择了“教材选文功能分类”理论作为此次国培的指导理论，并重点将“样本”和“例文”教学作为其课程的一个核心内容。意在让学员形成分类教学选文理念的基础上，先熟练掌握“样本”和“例文”的上法，然后再举一反三。

在培训方法上，主要运用了课例研修方法。我们认为，教学这种实践性活动，最主要的培训途径是“做中学”，最有效的培训经验是课例讨论。另外，学员在理论与实践之间始终存在一定的距离。为了缩短理论和实践的差距，我们选择了能够有效沟通理论和实践的课例作为学员学习的“认知支架”和专家与学员对话的“平台”，组织学员进行课例研修。我们主要采用两种研修方式。

一种是在学员中选一位老师来上一堂研讨课。执教老师根据自己的经验单独备课，课前把自己上课的想法和接下来的做法和大家充分进行交流后，进入课堂上课。其余老师听了执教老师的“说课”后，各自从不同的视角选择不同的观察点去观课。之后，执教老师进行教学反思，观课老师根据自己在课堂上所观察到的情况，结合自己以往教学的经验作观课报告，主要谈自己对这堂课的看法，指出其中存在的问题，并提出改进的意见和建议。最后专家从专业的视角，在各位老师报告的基础上作总结发言，揭示上课的道理，进行专业引领。

另一种课例研修方式的基本流程是：先由培训老师择取并组织研读某一特定类型（如可作“样本”或“例文”来教）的选文；然后组织专家参与的共同备课，讨论这种类型的选文应该“教什么”，应该“怎么教”；“共同备课”是大家围绕一个话题各抒己见，充分进行思想碰撞的讨论过程，直至大家对这种类型的选文应该“教什么”“怎么教”基本达成一致意见，形成一定“标准”后，“共同备课”才算告一段落；之后，从学员中选出一位老师，根据大家在“共同备课”中所达成的意见和形成的“标准”，执教该篇选文；观课老师则根据“共同备课”时所形成的“标准”进行观课；课后再根据“标准”进行教学反思报告和作观察报告，看教师想教的和实际在教的以及学生实际在学的东西与预定的“标准”比照有多少出入；然后围绕如何缩小“现存差距”主题，再次组织专家参与的“共同备课”，制订出缩小“现存差距”的方案和参照标准；由原来执教的老师依据“方案”和“参照标准”再次进行旨在缩小“差距”的教学，观课老师则依据“方案”和“参照标准”进行观课，之后，作反思报告和观察报告，进一步探讨“差距”的缩小情况，教学行为的改善情况……如此循环往复，以求取得基于“标准”的课堂教学持续改进。

前一种基于“个人经验”的课例研修方式，学员们称之为“横式”；后一种基于一定“标准”的课例研修方式，大家则称之为“纵式”。

我们的原初想法是，以王荣生教授的教材选文功能分类理论为指导，综合运用以上两种课例研修方式，组织学员对初中教材中每一种选文类型的典型课例进行研讨，揭示出每种文本类型教学中所蕴含的学理，让学员学会每一种选文类型应该“教什么”，应该“怎样教”，并进一步明白“为什么这样教”，最终学会教每一种类型的选文。

因此，在课例研修过程中，侧重关注三个层面的变化：一是学员对一篇课文“教什么”和“怎么教”的不同见解；二是专家对一篇课文“教什么”和“怎么教”的见解；三是学员在自己原有见解基础上经过课例研修活动后所形成的新的见解。

这一变化是责成各组指导教师引领学员在课例研修活动中去完成的。

本书客观地呈现了此次国培学员在贵阳市内跟岗阶段的备课、观课、评课、专题研讨、撰写课例研讨文章等活动的全貌，展示了 8 位国培学员的课堂教学样态，以及 39 位国培学员和 8 位指导教师借此所阐发的看法和观点。

实践证明，以教材选文功能分类理论为指导，以“定篇”“例文”、“样本”“用件”教学研讨为主要培训内容，以专家参与的课例研修活动作为培训方式，对于改善课堂教学、促进教师专业发展是有效的。因此，我们期望以课例研究为专业发展的主要方式，与中小学教师和教研员深度合作，一起推动课堂教学持续改进。这种想法和做法，在省内尚属首创。将此次国培课例研究活动内容作为资源型成果编撰成书，旨在推动学员的教研活动和专业发展进一步深入，同时，为广大中小学校本研修提供借鉴，为进一步进行贵州教师专业培训者提供“教情”依据，为贵州一线教师审视并改进自己的课堂教学提供不同的参考视角。

全书分八个课例研修专题。

课例研修一：研讨《风雨》课例，着重关注“例文”特定的“关键特征”，探讨“例文”的教法。

课例研修二：研讨《秋天》课例，着重关注“样本”特定的“关键特征”，探讨“样本”的教法。

…………

其他各专题内容及其旨要，学员及其指导教师各从自己视角，对所选课例进行了见仁见智的评议，具体见于正文内容之中，此不赘述。

此书强调研修活动的原生态特色。学员所上的研讨课及其对课例的反思、评议等原封不动地保留；指导教师的意见、建议也一字不漏地实录。意在强调所经历的研修过程，而不刻意去追求个案的代表性，知识的系统性，推论的严谨性，以及观点的权威性。取的是个性化的多元视角，侧重留意多角度多侧面呈现一个课例的不同看法，着意引领读者关注看待一个课例的不同视角，以及从不同视角所看出的课例中的不同的东西，及其给人的不同启迪。

此书得以面世，首先要感谢贵阳实验二中、贵阳七中、贵阳十五中、贵阳十七中、贵阳十八中和贵阳十九中等跟岗学校的领导和指导教师，即李俊杰、蔡瑞丰、徐茜、王炜、周珊、秦英、李小怡、刘贵江、舒艳、王璇、崔艳、龚文琴、刘小亚、方屏、冯苹、邹忠艳、卢改燕、刘平、姚玲、陈华、何秀珍、杨君英等诸君。他们提供了课例研修的条件以及各方面的帮助和指导。

其次要感谢39位学员，他们提供了课例研修的对象、前提和基础。

再次要感谢文学院的8位指导教师，他们负责组织并指导完成本组课例研修活动。

尤其要感谢此次国培项目负责人吴在东老师，他倡议、组织、指导、督促、申费、审校，默默地付出了很多。

另外，本书的出版，得到文学院领导和国培办领导的大力支持。

再就是出版社和印刷厂等为本书付出辛勤劳动的相关同志。

在此一并表示谢忱！

编 者

2016年8月